FONOAUDIOLOGIA, CRIANÇA E FAMÍLIA
CENAS CLÍNICAS COTIDIANAS

Editora Appris Ltda.
1.ª Edição - Copyright© 2024 da autora
Direitos de Edição Reservados à Editora Appris Ltda.

Nenhuma parte desta obra poderá ser utilizada indevidamente, sem estar de acordo com a Lei nº 9.610/98. Se incorreções forem encontradas, serão de exclusiva responsabilidade de seus organizadores. Foi realizado o Depósito Legal na Fundação Biblioteca Nacional, de acordo com as Leis nos 10.994, de 14/12/2004, e 12.192, de 14/01/2010.

Catalogação na Fonte
Elaborado por: Dayanne Leal Souza
Bibliotecária CRB 9/2162

S467f
2024
	Sellin, Sonia
	  Fonaudiologia, criança e família: cenas clínicas cotidianas / Sonia Sellin. – 1. ed. – Curitiba: Appris, 2024.
	  259 p. : il. color. ; 23 cm.
	
	  Inclui referências.
	  ISBN 978-65-250-6695-0
	
	  1. Clínica Fonoaudiológica. 2. Cuidados. 3. Fonoaudiologia para crianças. 4. Terapia. I. Sellin, Sonia. II. Título.
	
	                                                                      CDD – 615.8

Appris editora

Editora e Livraria Appris Ltda.
Av. Manoel Ribas, 2265 – Mercês
Curitiba/PR – CEP: 80810-002
Tel. (41) 3156 - 4731
www.editoraappris.com.br

Printed in Brazil
Impresso no Brasil

Sonia Sellin

FONOAUDIOLOGIA, CRIANÇA E FAMÍLIA
CENAS CLÍNICAS COTIDIANAS

FICHA TÉCNICA

EDITORIAL Augusto Coelho
Sara C. de Andrade Coelho

COMITÊ EDITORIAL Ana El Achkar (Universo/RJ)
Andréa Barbosa Gouveia (UFPR)
Antonio Evangelista de Souza Netto (PUC-SP)
Belinda Cunha (UFPB)
Délton Winter de Carvalho (FMP)
Edson da Silva (UFVJM)
Eliete Correia dos Santos (UEPB)
Erineu Foerste (Ufes)
Fabiano Santos (UERJ-IESP)
Francinete Fernandes de Sousa (UEPB)
Francisco Carlos Duarte (PUCPR)
Francisco de Assis (Fiam-Faam-SP-Brasil)
Gláucia Figueiredo (UNIPAMPA/ UDELAR)
Jacques de Lima Ferreira (UNOESC)
Jean Carlos Gonçalves (UFPR)
José Wálter Nunes (UnB)
Junia de Vilhena (PUC-RIO)
Lucas Mesquita (UNILA)
Márcia Gonçalves (Unitau)
Maria Aparecida Barbosa (USP)
Maria Margarida de Andrade (Umack)
Marilda A. Behrens (PUCPR)
Marília Andrade Torales Campos (UFPR)
Marli Caetano
Patrícia L. Torres (PUCPR)
Paula Costa Mosca Macedo (UNIFESP)
Ramon Blanco (UNILA)
Roberta Ecleide Kelly (NEPE)
Roque Ismael da Costa Güllich (UFFS)
Sergio Gomes (UFRJ)
Tiago Gagliano Pinto Alberto (PUCPR)
Toni Reis (UP)
Valdomiro de Oliveira (UFPR)

SUPERVISORA EDITORIAL Renata C. Lopes

PRODUÇÃO EDITORIAL Daniela Nazario

PROJETO GRÁFICO Danielle Paulino

DEDICATÓRIA

A todas as crianças. Que sempre haja alguém para delas cuidar e que, nesse encontro, o adulto emane confiança, condução firme e alegria.

A todos os pais e mães e a quem cumpre tais papéis. Que, neste percurso complexo e de tentativa e erro, sejam mais acolhidos e menos julgados.

Ao Gil, parceiro de todas as horas.

Aos presentes eternos da minha existência: Maria Cecilia, Caio, Lívia e Beatriz.

APRESENTAÇÃO

Fonoaudiologia, criança e família: cenas clínicas cotidianas, escrito por uma fonoaudióloga e, extensivo a profissionais de outras áreas, ocupa-se do (neuro)desenvolvimento da criança na primeira infância (entre 0 e 6 anos de idade). Nessa fase de vida, são intensas as relações entre *atenção, sistemas sensoriais, percepções, linguagem, fala, memória, cognição, funções executivas, psiquismo, pré-requisitos para a aquisição de leitura, escrita, raciocínio matemático e futuras aprendizagens* – temas que compõem as cenas clínicas cotidianas aqui retratadas.

Justamente por esse motivo, não faço uso do termo "capítulos", mas de "cenas", as quais remetem a diferentes cenários clínicos. Dizem respeito a questões com que lidamos na clínica fonoaudiológica cotidianamente e envolvem princípios éticos; noções contemporâneas de família e escola; crianças com atraso de desenvolvimento; crianças com diagnósticos de Transtorno do Déficit de Atenção, de Apraxia de Fala Infantil, de Transtorno do Espectro Autista, de Transtorno de Desenvolvimento de Linguagem, entre outros.

O propósito maior deste livro é que o conhecimento ampliado do/a fonoaudiólogo/a interfira em suas análises de dados clínicos, otimizando o percurso terapêutico da criança acompanhada, tornando-o melhor e mais curto. Essa demanda recobre: nosologias legitimadas cientificamente e outras em construção, diagnósticos diferenciais estabelecidos e outros em desconstrução, excesso de diagnósticos na infância, falta de diagnósticos precisos e instituições na sociedade contemporânea (Família e Escola).

Há particularidades na escrita dessas cenas. A primeira delas é que a prática clínica fonoaudiológica aqui retratada se organiza em uma tríade composta pela fonoaudióloga, pela criança e por um membro de sua família. Porém, o profissional que não trabalha dessa maneira também se beneficiará muito desta escrita, pois o trabalho com a criança sempre alcança sua família na orientação parental.

No cenário clínico que elegi, pelo menos um membro da família permanece na sessão fonoaudiológica sem que, em momento algum, o objetivo seja "treinar" a família como coterapeuta, tornar a casa da criança uma oficina de "estimulação", promover a união da família frente à priorização das dificuldades daquela criança. Não se trata absolutamente de nada disso.

Já ouvi de alguns profissionais que a mãe tem que ser apenas mãe e a casa da criança um lugar onde ela brinca. Parece-me importante a seguinte indagação: quando a mãe ou pai de uma criança típica a ajuda a contar algo que aconteceu no seu dia ou a desenvolver sua maior independência na rotina diária, por exemplo, seriam eles coterapeutas ou professores? Historicamente identificamos atitudes parentais como essas como a execução de uma responsabilidade familiar na educação da criança.

Como essa responsabilidade de educação protegida acontece com a criança atípica? Frente aos escassos substratos históricos que merecem ser preservados, observo que estamos em plena construção de respostas para essa pergunta. Quando uma mãe leva sua criança a diferentes modalidades terapêuticas ou quando recebe diferentes profissionais em casa (às vezes, por muitas horas), sobraria tempo e energia para ela e a criança brincarem em casa? Brincar como e de quê? Quando aprendemos a estender ao brincar uma função de desenvolvimento, esse brincar se torna menos afetivo?

As características dessas questões são plurais e são os médicos e os especialistas, dentre eles o/a fonoaudiólogo/a, que dizem à família quando e como isso precisa ser cuidado. Em contrapartida, quanto mais o/a fonoaudiólogo/a compreende o fenômeno linguístico apresentado pela criança, mais técnico e científico tornam-se os seus dizeres e sua aproximação com a família, traduzindo para ela esses conhecimentos. Essa aproximação progressiva ajuda a família a perceber e a interpretar em sua criança os acontecimentos de atenção, linguagem, fala, cognição (etc.). Quando isso acontece, a família também pode acessar novas possibilidades e melhor qualidade de interação com o que de fato importa, ou seja, a criança, e não o seu diagnóstico.

A segunda particularidade é o gênero de escrita empregado. Para não tornar essa escrita mais densa do que o necessário, faço uso do discurso em primeira pessoa, em uma linguagem mais fluida, porém não menos científica. A proposta é a análise e o raciocínio clínico sustentados teoricamente e, em função disso, no final de cada cena, encontra-se seu mapa mental e suas referências bibliográficas.

A terceira particularidade desta escrita é alertar para o fato de que o neurodesenvolvimento infantil é a base para tudo o que virá depois dele. Assim, é incumbência dos fonoaudiólogos estarem atentos ao desenvolvimento geral da criança, enquanto aqueles que lidam com a primeira infância ou crianças maiores devem considerar as possíveis rupturas no percurso de vida de seu paciente como originadas naquele período.

SUMÁRIO

CENA 1
FONOAUDIOLOGIA, CRIANÇA E FAMÍLIA:
CENAS CLÍNICAS COTIDIANAS.. 13

CENA 2
O PRINCÍPIO ÉTICO DO CUIDADO
NA CLÍNICA FONOAUDIOLÓGICA 23

CENA 3
QUAL FAMÍLIA ENCONTRAMOS
NA CLÍNICA FONOAUDIOLÓGICA? 35
   3.1 A família na clínica fonoaudiológica 40

CENA 4
DESENVOLVIMENTO INFANTIL:
BRINCAR É COISA SÉRIA! 47
   4.1 O que se entende por "desenvolvimento infantil"?.............................49
      4.1.1 Jean Piaget 51
      4.1.2 Lev Semionovitch Vygotsky 55
      4.1.3 Alexander Romanovich Luria 63
   4.2 Teoria, prática fonoaudiológica e família 74
   Referências..80

CENA 5
É EM CASA QUE TUDO COMEÇA! 83
   5.1 Henri Paul Hyacinthe Wallon 84
   5.2 Donald Woods Winnicott 91
   5.3 Como Wallon e Winnicott podem contribuir com a tríade
   fonoaudióloga-criança-família?..96
   Referências...102

CENA 6:
TUDO DEMORA MAIS!... 105
   6.1 Como acontece a entrada da criança nessa prática clínica? 110
   6.2 Um ensaio de análise e raciocínio clínico 113

Referências..130

CENA 7
FOCO! MANTENHA O FOCO!... 133
7.1 TDAH existe?...134
7.2 O TDAH definido pela Medicina 137
7.3 Suporte legal do TDAH 140
7.4 A criança nasce com TDAH 141
7.5 O sistema de Atenção e sua repercussão em outros sistemas 142
7.6 Diferentes tipos de atenção 144
7.7 Atenção, memória e aprendizagem 147
7.8 Atenção e sociedade contemporânea 150
7.9 Atenção na primeira infância 151
7.10 Atenção e função simbólica 156
7.11 Sistema de atenção, TDAH e "falta de educação" 159
7.12 Atenção e as funções executivas 162
7.13 Sistema de atenção na tríade fonoaudióloga-criança-família 168
7.14 E os pais, como participam desse processo? 171
7.15 Fonoaudiologia e escola..174
7.16 Finalizando 176
Referências..177

CENA 8
A PRIMEIRA INFÂNCIA E OS PROCESSOS DE AQUISIÇÃO DE LEITURA E ESCRITA: CONTINUIDADE OU RUPTURA?.......... 181
8.1 A pré-escola e a escola..182
8.2 Como e quando a Fonoaudiologia entra nesse cenário? 184
8.3 O que seria a "prontidão" para a alfabetização? 188
8.4 Quais são as habilidades preditoras ou os pré-requisitos? 189
8.5 Habilidades preditoras, leitura e escrita 194
8.6 Como a escrita desta cena pode repercutir na tríade fonoaudiólogo-criança-família? 201
Referências..203

CENA 9
NA LÍNGUA, NAS LINGUAGENS E NA FALA: A CRIANÇA NAS INSTÂNCIAS DO SENTIDO 207
9.1 Começando pelo começo...209

9.2 O que é preciso relembrar sobre o balbucio da criança ouvinte?................213
9.3 Diferentes cenários clínicos 215
9.4 Quando o elo fragilizado é a entrada na língua 215
    9.4.1 Como a AFI é definida? 217
    9.4.2 A família nesse cenário 225
9.5 Quando o elo fragilizado é a linguagem 228
    9.5.1 A família nesse cenário 239
9.6 Quando os elos fragilizados são a língua e a linguagem 241
    9.6.1 A família nesse cenário 249
9.7 Domínios linguísticos fragilizados com repercussão na saúde mental..........250
9.8 Finalizando... 253
Referências...254

CENA 1

FONOAUDIOLOGIA, CRIANÇA E FAMÍLIA: CENAS CLÍNICAS COTIDIANAS

Este livro se constitui por escritas teóricas e reflexivas pautadas no cotidiano de uma prática *clínica fonoaudiológica partilhada com a família*, representada pela presença de um ou mais membros nas sessões de sua criança.

Nesta prática fonoaudiológica, assim como na vida, nada é estático ou definitivo e isso também vale para a presença familiar nesse modelo clínico, a qual se mantém enquanto faz sentido para a tríade *fonoaudióloga-criança-família*. Assim, se algum desequilíbrio afetar essa tríade, novos acordos são combinados, preservando-se o elo entre essas instâncias.

Escrito sob o ponto de vista da fonoaudióloga que sou, este livro não tem o propósito de convencer ninguém sobre a prevalência de qualquer ideal clínico ou teórico. Tampouco pretende oferecer "receitas" prontas para uso terapêutico instantâneo. Busca-se, na verdade, o exercício de reflexão que pode emergir dos temas aqui tratados.

Sob a denominação de "cenas", a cada capítulo, são apresentados aspectos que recobrem o período da infância e o mapa mental correspondente. Essas cenas não se baseiam apenas em acompanhamentos de casos, porque valoriza-se mais a criança do que o diagnóstico, mas em um conjunto de procedimentos clínicos suscitados por diferentes questões de fala e de linguagem do desenvolvimento infantil. Por isso são organizadas em temas, com abrangências mais gerais ou mais específicas, que podem aparecer combinadas em uma mesma terapia ou análise clínica.

Harmonizo de saída, para evitar disputas metodológicas, que o melhor *fazer clínico* é aquele que dá certo para alguém (adulto ou criança) e que se constitui como lugar de conforto para quem o pratica porque se mantém científico, eficiente e ético, ainda que a solução idealizada não tenha sido possível.

Assim delineada, a proposta desse livro recobre um conjunto de *cenas clínicas cotidianas* na área da fala e da linguagem, sendo que cada uma delas explorará questões fonoaudiológicas relativas à teoria, à ética, ao método e à prática. A expressão do título *"cenas clínicas cotidianas"* é inspirada no conceito de *cena enunciativa* desenvolvido por Dominique Maingueneau (2008), em seu livro *Cenas da enunciação*. Para esse autor, a *cena enunciativa* é a formação discursiva, formação de sentidos, que produz lugares de enunciação por meio da heterogeneidade (mostrada e constitutiva) das vivências que experimentamos na/pela língua que falamos. Maingueneau (2008) desenvolve, a partir deste, outro conceito: o de *cenografia*, que nos remete à situação de enunciação que se compõe de *enunciador/coenunciador*, *espaço* (topografia) e *tempo* (cronografia).

Sem o compromisso de me alongar nesta teoria, destaco suas referências quanto à legitimidade da ideia de que falamos (com palavras ou silêncios) sempre de algum lugar, para um outro, em determinado tempo histórico.

Como falantes de uma língua e desempenhando diferentes papeis sociais, não escapamos dos *lugares de fala* e de *diferentes dizeres*. Trata-se de produção de sentidos que ocorre em um determinado tempo referente às interações discursivas, históricas e sociais que autenticam os diferentes enunciados que produzimos e, dentre eles, aqueles que emergem das cenas clínicas cotidianas aqui tratadas. Assim, quando consideramos fala e linguagem, precisamos considerar também os interlocutores da criança e o papel que destinam a ela nesse jogo linguístico.

Desvendar esse fazer clínico é mais amplo que especificar uma ancoragem teórica ou um *modus operandi*, pois não escapa da *subjetividade*, já que, realizado por humanos, constitui-se daquilo que vemos, do que espiamos, do que deixamos passar sem nos darmos conta.

O termo "subjetividade" é complexo e estudado por diferentes áreas. Nesta escrita, ele aparece com a ideia de que um sujeito se constitui em meio a vivências diversas na exterioridade (parental, familiar, social, cultural, política, linguística, discursiva, corporal, espacial etc.) e na interioridade (proprioceptiva, corporal, psicológica, de memórias e esquecimentos etc.) – experiências que se revelam em seus dizeres.

Nada disso fica apartado no processo de nossa identificação teórica e atuação clínica: somos tudo isso. Assim, parece-me fundamental analisar constantemente como compomos nosso *fazer* clínico, as ferramentas que usamos, as perguntas e respostas partilhadas para que a rotina e a correria do dia a dia não nos engulam em meio a procedimentos automatizados.

Nessa perspectiva de análise, iniciarei com a reflexão crítica sobre o "diagnóstico", índice norteador estabilizado que carrega, além de si mesmo, os seus diferenciais: quando determinamos um diagnóstico, asseguramos que não é esse ou aquele outro. Isso é valioso em tempos atuais, quando uma só criança pode receber uma variedade de diagnósticos.

Nesse sentido, é importante reforçar a necessidade de se prestar mais atenção no diagnóstico primário como aquele que pode interferir em outros e, em "comorbidades", que significa que uma doença (ou estado patológico) pode ocorrer em correlações já estabelecidas por estudos médicos. Neste caso, crianças com TEA podem vir a desenvolver, por exemplo, epilepsia, transtornos de ansiedade, entre outras.

Na clínica, devemos ter atenção especial quando recebemos uma criança com os diagnósticos de Transtorno do Espectro Autista (TEA), Transtorno do Déficit de Atenção (TDA) e Atraso de Fala e Linguagem, pois, nesse caso, o diagnóstico primário de TEA, por si só, pode incluir os dois últimos como sintomas/critérios ou consequências.

Portanto, não se trata de valorizar o diagnóstico como rótulo em detrimento do sujeito e de sua subjetividade, mas de considerar seu alcance biopsicossocial e que o raciocínio clínico passa por essas instâncias.

Levando-se isso em consideração, a clínica fonoaudiológica aqui retratada resulta da avaliação fonoaudiológica específica e dos históricos clínico e relacional da criança a partir de encontros, cada um a seu tempo, da terapeuta com a criança, a família, a escola e, caso necessário, com outros profissionais.

O ato terapêutico nessa clínica não é, portanto, algo pontual, mas um *processo* de subjetividade psíquica e de teorias sobre linguagem, fala, atenção, cognição, memória, funções executivas, leitura, escrita, raciocínio matemático, motricidades várias etc.

A criança é quem vai mostrar em quais dessas áreas precisa de intervenção em seu percurso de vida, também chamado de desenvolvimento, através da palavra que não diz, da presença exagerada do corpo, da não percepção do outro, da impossibilidade de descobrir o sentido nas letras e de tantas outras maneiras.

Diante dessa complexidade envolvida na realização do diagnóstico, pode acontecer, mesmo com a seriedade da formação científica continuada, a impossibilidade de o terapeuta atestar definitivamente o nome de um fenômeno observado. Mas é exatamente isso que precisa ser valorizado - o fenômeno observado -, pois é com ele que trabalhamos. Neste caso, pode, por exemplo, haver dúvida entre dois tipos de alteração de fala, mesmo conhecendo-se os critérios que os definem.

Pode acontecer também de a criança se encontrar em um período de vida nebuloso em que é o diagnóstico que fica em suspenso, mas nunca a criança. Nesse caso, importa ter contato com os detalhes do caminho da história daquele sujeito, o que direcionará a estruturação terapêutica. Ou seja, toda terapia é seguimento, avaliação evolutiva e uma aposta na mudança positiva para as condições apresentadas por essa criança.

No limite, a decisão do que será considerado pelo fonoaudiólogo e que servirá de guia terapêutico envolve, além de seu conhecimento teórico, aspectos de sua própria subjetividade, como percepções, intuição, memórias e análises de acertos e de erros já cometidos.

Na prática fonoaudiológica partilhada com a família, destacam-se: (i) a história do paciente contada por ele mesmo (da maneira que for possível) e a partir da conversa inicial com os pais conduzida pela anamnese, de preferência fugindo-se das perguntas engessadas e conservando-se questões que fazem sentido à queixa inicial; (ii) a análise dos dados obtidos independentemente dos instrumentos usados (observação, interação, aplicação de protocolos); (iii) a proposição terapêutica com objetivos estabelecidos e avaliação de sua efetividade; (iv) partilhamento com a família do que significam o diagnóstico, os objetivos trabalhados em terapia e como podem ser replicados em casa, a partir da análise do contexto de vida da criança e da família; (v) as relações do profissional com outras instâncias que recobrem: as condutas estabelecidas pelo Conselho Regional de Fonoaudiologia, a escola frequentada pela criança e o contato com outros profissionais que também se ocupam da criança

É importante que se diga que o acontecimento clínico fonoaudiológico não se inicia na proposta de uma avaliação. Começa no encontro entre pessoas, geralmente, desconhecidas sustentado pelos papeis que exercem.

Esse encontro se dá entre familiares que, desempenhando o papel de proteção da criança, encontram-se com o especialista que, valorizado pelo seu suposto saber, irá identificar o que acontece com aquele ente querido para resolver a questão/o sofrimento/a preocupação. Pode ocorrer também de não haver esse tipo de envolvimento da família, que apenas cumpre com desconfiança a indicação da escola ou de outros especialistas.

Outras possibilidades de ações dos familiares existem, como a negação do problema; a consideração da existência de uma questão apenas por um dos pais; a busca dos pais pela prevenção de um problema inexistente, mas que representa um temor para eles; a procrastinação diante de problemas importantes da criança, mas não valorizados; a "via sacra" dos pais em especialistas para a descoberta do nome do que o filho tem para, com isso ou a partir disso, aplacar incertezas e angústias; e até mesmo o pedido de um tempo, por parte de pais que, após tanto sofrimento, não têm forças, naquele momento, para tomar uma atitude ou decisão em relação ao que o filho precisa. Fatos valorizados também na orientação parental.

Assim, nos limites do espaço clínico fonoaudiológico, infinitas possibilidades instauram-se no primeiro encontro e nos deslocamentos que fazemos enquanto trilhamos os caminhos dessa clínica. Esse conjunto de escritas pretende contar sobre esse lugar, sobre o mundo gigante e cheio de teorias, estudos, livros, brinquedos, papéis, gentes, histórias, soluções e conflitos que experimentamos nesse ofício.

Desse modo, mesmo aqueles profissionais que não praticam a modalidade clínica aqui considerada, com certeza poderão se beneficiar dessa leitura, pois o cuidado dispensado à criança sempre implicará a família, da maneira que esta conseguir se apresentar. A você, leitor, deixo um fio condutor do que mostra cada cena a partir daqui.

Na escrita da Cena 2, **O princípio ético do cuidado na clínica fonoaudiológica**, ocupo-me da formação da tríade – *fonoaudióloga, criança e família* – na prática clínica fonoaudiológica compartilhada com a família, passando pelos cuidados envolvidos na realização da anamnese e da avaliação, pela construção do vínculo com a família e pelo papel dela nesse modelo clínico. Para nortear a construção e a valorização dos diferentes vínculos que o profissional fonoaudiólogo sustenta neste atendimento clínico, trago como inspiração o estudo desenvolvido por Ferenczi (1927, 1928), voltado para o princípio ético na clínica psicanalítica. Nele destacam-se os conceitos de *hospitalidade, empatia* e *saúde do profissional*. A partir da compreensão desses conceitos, reflito sobre suas repercussões no campo da Fonoaudiologia, salientando-se: a importância da *hospitalidade* e do *acolhimento* como facilitadores da instauração do processo de confiança e de permanência da criança e da família; a ideia de *empatia* como reguladora da sincronia teórica e prática entre aquilo que o paciente e a família precisam, o que o profissional tem a oferecer e o tempo dessa ocorrência; e, por fim, tomo a liberdade de interpretar o princípio psicanalítico da *saúde do profissional* no desdobramento fonoaudiológico tanto do ponto de vista "psíquico" quanto do "saber", pois o trabalho que realizamos impõe não só a busca constante pelo conhecimento como também a contínua atenção a nossa saúde psíquica diante da nossa implicação em cada atendimento que realizamos.

A Cena 3, **Qual família encontramos na clínica fonoaudiológica?**, traz um panorama histórico da constituição da "família" e o lugar nela ocupado pela criança a partir de estudos que delineiam a família e a infância contemporânea e a dificuldade do exercício da função paterna e da função materna neste contexto. Essa cena recupera ainda as novas constituições familiares e o papel expandido da escola, como uma instituição que passa a se ocupar tanto da proteção quanto do saber dessas crianças, modificando sua função primeira e abalando, por vezes, sua incumbência de aplicabilidade de regras fora do círculo familiar. No panorama da diversidade familiar como reflexo da sociedade contemporânea, a proposta é analisar a relação estabelecida entre a família e a clínica fonoaudiológica que precisa se mostrar também diversa e flexível, mas com princípios definidos.

Na Cena 4, **Desenvolvimento infantil: brincar é coisa séria**, minha proposta é apresentar três teóricos – Piaget, Vygotsky e Luria – para reafirmar a importância de o fonoaudiólogo desempenhar cada vez mais e melhor o exercício de lincar, em tempo real, os acontecimentos da prática clínica com os aportes teóricos que os expliquem, partilhando essa relação teoria-acontecimento com os pais, os quais podem estar dentro da sala ou não. No trabalho com linguagem dirigido à criança pequena, fazemos uso de atividades muito semelhantes às que ela tem em sua casa. A diferença é que, na clínica, a execução parte de objetivos, ou seja, avaliamos e provocamos o uso de funções de linguagens, ressaltamos as possibilidades de atenção, convocamos diferentes memórias. Isso significa que a diferença entre o que a criança faz em casa e o que faz na clínica está no interlocutor privilegiado que o fonoaudiólogo se constitui por saber sobre o enlace teórico que justifica os objetivos terapêuticos e sua avaliação de eficiência. O ponto alto desta cena é justamente como esse conhecimento teórico se constitui como orientações parentais quanto aos diferentes temas cotidianos e correlacionados: a aprendizagem, o cérebro infantil, a poda neural, os níveis linguísticos, a função do brincar, a integração neurossensorial, entre outros.

A Cena 5, **É em casa que tudo começa!**, continua com o tema desenvolvimento infantil, agora sob a ótica de Wallon e Winnicott. Com Wallon, assumo a perspectiva de que a criança deve ser compreendida na completude dos aspectos biológico, afetivo, social e intelectual. Seus estudos analisam os estágios de desenvolvimento da criança e centralizam a importância do brinquedo no desenvolvimento psíquico e cognitivo infantil; além disso, passam pelos enlaces do psiquismo e do pensamento no processo em que a criança *constrói a si mesma*. Com Winnicott, há o regresso para o tempo primordial da chegada do bebê e de sua relação primeira com a mãe. A construção dessa relação, que começa em casa, é retratada por ele como uma linguagem que se estrutura mais pelo vínculo sensorial do afeto do que por sons e evolui para aprendizagens psicoafetivas (em diferentes idades) sempre vinculadas à família. Na abordagem winnicottiana, o cuidado com a saúde mental da mãe é tão importante quanto com a da criança, pois é nessa unidade que o bebê é inicialmente identificado. A família, por sua vez, é considerada como o grupo e o lugar de sustentação para a criança em suas aprendizagens cognitivas, afetivas e sociais que se mantém por todo o seu desenvolvimento humano. É esse o motivo pelo qual o autor, assim como eu, estende a importância da família nos acompanhamentos clínicos de crianças nomeando essa ação de "Psicanálise Compartilhada".

A Cena 6, **Tudo demora mais!**, retrata possíveis encontros com crianças que trazem histórias marcadas pelos chamados "atrasos", bem como com suas famílias. Essa aproximação se dá através da construção de um caso clínico virtual composto por diferentes acontecimentos presentes na prática fonoaudiológica e que são examinados a partir das teorias apresentadas nas Cenas 4 e 5, privilegiando os seguintes pontos: qual é o alcance dos diagnósticos, como ele é propagado em relatórios fonoaudiológicos para diferentes destinatários, como acontece e o que envolve a avaliação fonoaudiológica na clínica partilhada com a família, como se definem os objetivos terapêuticos e como isso é trabalhado na tríade fonoaudióloga-criança-família, o que a análise da rotina familiar privilegia como possibilidades de replicação dos objetivos terapêuticos trabalhados.

A Cena 7, **Foco! Mantenha o foco!**, reúne estudos voltados para o Transtorno do Déficit de Atenção com ou sem Hiperatividade (TDAH) e a abrangência do trabalho realizado na tríade fonoaudióloga – criança - família. Esta longa cena busca explicitar como é constituído o sistema de atenção (seus diferentes tipos) ao longo da infância, que tipo de relação é estabelecida entre este sistema e os sistemas sensoriais, linguagem, memória, cognição, aprendizagem, consciência, criatividade e funções executivas. Em relação à fala e à linguagem, marca-se a função da fala do outro como organizadora primeira da atenção na criança e como se dá a relação entre atenção, discursividade, sintaxe e pragmática. Diante da complexidade desse tema, um especial cuidado foi dispensado quanto à: (i) exposição de atividades voltadas para o sistema de atenção em suas diferentes relações; (ii) interpretação da questão do TDAH no interior de uma sociedade contemporânea em "crise de atenção", da família e da escola.

A Cena 8, **A primeira infância e os processos de aquisição de leitura e escrita: continuidade ou ruptura?**, volta-se para a esperada relação de continuidade entre a pré-escola e os primeiros anos do Ensino Fundamental e, ainda, para as situações em que a ruptura se impõe. Como esses acontecimentos são percebidos pela criança e pelo adulto que está ao seu lado na escola ou em casa? O objetivo dessa cena é sofisticar a compreensão do fonoaudiólogo quanto ao caráter multifatorial dessa relação que recobre a primeira infância e se apresenta no cenário clínico fonoaudiológico. O aporte teórico reproduzido nessa cena: (i) ampara a reflexão sobre a relação entre a idade da criança e sua "maturidade"; (ii) considera e analisa os "preditores" ou "substrato para a futura escolaridade" inscritos no desenvolvimento infantil, tão necessários para que a criança processe a aquisição de leitura e de escrita, incluindo: a consciência fonológica, a consciência sintática, a atenção seletiva e a memória de trabalho; (iii) sustenta a proposição para a família, na tríade que compõem o cenário clínico, de atividades envolvendo os chamados preditores; (iv) ressalta a importância da linguagem matemática, tão pouco valorizada pela Fonoaudiologia, como uma experiência numérica no domínio da língua materna.

A Cena 9, **Na língua, nas linguagens e na fala: a criança nas instâncias do sentido**, performou-se como uma longa cena voltada para temas consagrados no campo da Fonoaudiologia. Inicia-se com o estudo da relação entre *fonoaudiologia, criança, família, língua, linguagens, fala e sentido*, com proposições pertinentes ao desenvolvimento (e neurodesenvolvimento) infantil e do reconhecimento de *língua, linguagens* e *fala* como domínios linguísticos que exteriorizam cadeias de sentidos. Diante disso, a evolução dessa cena se volta para a análise do que acontece quando um dos elos dessa cadeia se mostra rompido, inábil ou insuficiente e, a partir de diferentes cenários clínicos fonoaudiológicos, privilegiam-se os elos fraturados e suas possíveis repercussões como fenômenos presentes na prática clínica que perpassam a tríade fonoaudióloga-criança-família. Assim, na seção "Quando o elo fragilizado é a entrada na língua", apresenta-se o estudo clínico de uma criança com Apraxia de Fala Infantil e o trabalho realizado com sua família; em "Quando o elo fragilizado é a linguagem", o estudo clínico retratado é o de uma criança com autismo infantil/TEA e sua família; em "Quando os elos fragilizados são a língua e a linguagem", a reflexão é sobre o diagnóstico de Transtorno do Desenvolvimento de Linguagem/TDL; e, por fim, em "Domínios linguísticos fragilizados com repercussão na saúde mental", volta-se para a discussão necessária e ainda pouco realizada na área da Fonoaudiologia sobre as relações entre a fala, linguagem e saúde mental.

Referências

MAINGUENEAU, D. Cenas da enunciação. São Paulo: Parábola, 2008.

CENA 2

O PRINCÍPIO ÉTICO DO CUIDADO NA CLÍNICA FONOAUDIOLÓGICA

A clínica que pratico envolve a tríade *fonoaudióloga-criança-família* e acontece de maneira mais sistematizada nos últimos 20 anos, dentre os mais de 40 anos de atuação na área. Depois desse período, consigo reconhecê-la como uma clínica "de sucesso" quando me baseio, ainda que de maneira informal, por exemplo, nas baixas ocorrências de faltas ou desistência por parte dos pacientes, na verificação de resultados (reconhecidos pela família, escola, outros profissionais e por mim mesma) e no volume de procura por meus atendimentos.

Essas observações não facilitam, de maneira automática, a compreensão dos princípios que regem o desenvolvimento dessa relação entre a tríade. Não estão claros, por exemplo, os acordos iniciais que serão reafirmados depois, semanalmente, no processo de acompanhamento: conhecemos a caminhada caminhando.

Veremos, ao longo dessas escritas, que a implicação dos pais é mais acentuada do que o esperado em uma clínica tradicional. Destaco, entretanto, que nem todos os pais e nem todos os fonoaudiólogos se identificam com essa modalidade clínica que apresento. Pode haver algum desconforto para ambos os lados de permanecerem nesse arranjo e isso é respeitado. Entretanto, apesar disso, esse tem se mostrado, em minha experiência, um bom modelo para a grande maioria das famílias que chegam em minha clínica.

Nesta Cena 2, ocupo-me de explicitar a formação da tríade fonoaudióloga-criança-família. Escrever sobre isso me possibilita organizar a análise meticulosa desse acontecimento, formalizá-lo para fins didáticos e de consultorias, além de compartilhá-lo com meus pares. Viabiliza também a análise e o entendimento do que ocorre no primeiro encontro entre a fonoaudióloga e a família, permitindo a composição de uma possibilidade de parceria.

Mas pode acontecer o inesperado e identificar nossa participação nesse insucesso pode ser a abertura para diferentes resultados nos âmbitos clínico e profissional, além de não perpetuar a explicação de que o problema é sempre da família. Precisamos examinar tais ocorrências: é algo que se repete? Identificamos algum momento mais delicado nesse encontro? O que a família busca com essa profissional? Essa família já passou por muitos profissionais?

A primeira consideração para que essa prática clínica tripartite aconteça é a observação de que a família precisa identificar na terapeuta a expectativa de um enlace de sentidos que, mesmo que não se saiba exatamente qual é, tem de ser forte o bastante para que a mobilize a empreender essa caminhada em conjunto.

Essa possibilidade não escapa das ideias pré-construídas que a família traz sobre o que faz uma fonoaudióloga, de experiências anteriores felizes ou infelizes com outros profissionais da área, do que entende que sua criança precisa, do tempo que essa jornada vai levar, do investimento financeiro direto ou indireto (no caso de convênios), da confiança na solução do problema identificado (pela própria família, pelo médico ou pela escola), de um encaminhamento bem-feito. Não escapam ainda dessa lista de observações o conhecimento adquirido pelo/a fonoaudiólogo/a, sua capacidade de explicar com segurança o que acontece com a criança usando termos técnicos e a tradução deles.

O pai de uma criança me contou que uma fonoaudióloga avaliou sua filha e concluiu que ela trocava sons e precisava fazer terapia fonoaudiológica. Ele falou que se sentiu desconfortável com a fala dela porque isso os familiares, os vizinhos e a escola já sabiam. A preocupação dele era com o que a filha tinha e onde estava o problema. Era na "boca", era na "cabeça"? Qual a gravidade? Quanto tempo demora para resolver?

Isso nos leva para um importante questionamento: o que é avaliar uma criança na área da Fonoaudiologia? De uma maneira direta, seria verificar se aquilo que disseram que a criança tem procede e se há um nome científico que identifique essa queixa, essa dúvida, esse receio. E, ainda, o que mais acontece além disso e como tudo isso repercute na vida da criança e da família.

Então, como avaliar a criança? Podemos pedir à família que nos envie, antes do dia da avaliação, vídeos dela em situações cotidianas de uso de linguagem e, depois, realizar a avaliação de fala e linguagem propriamente dita e a análise final dos dados obtidos.

Além disso, por meio de conversas com a criança e com os pais sobre a história dela, isto é, sobre seu desenvolvimento e interações sociais, sobre seus interlocutores, fazemos algumas perguntas específicas com o objetivo de obtermos algo mais a respeito do percurso de vida trilhado pela criança. Fundamentalmente podemos deixar os pais falarem sobre a vida da criança, o que ela tem de problemas e potencialidades, isto é, é tão importante perguntar sobre as potencialidades da criança quanto sobre seus problemas.

É interessante considerar que, quando a criança tem muitos problemas, os pais já passaram por muitas anamneses, já reviveram processos sofridos inúmeras vezes. Já fiz anamnese com pais que me falaram: "Já passamos por tantas avaliações que fizemos até uma lista de tudo o que aconteceu, assim vai mais rápido!". Em seguida, passaram a listar datas e resultados de exames.

Nesse dia em particular, senti-me desconfortável por dois motivos: (i) possivelmente as perguntas feitas a esses pais valorizaram tanto os aspectos orgânicos da criança que o sujeito e suas relações afetivas e sociais sumiram da história; (ii) o sofrimento desses pais em contar de novo era tão intenso e, parecia tão pouco valorizado pelos diferentes profissionais que resolveram se proteger.

Em relação à área de fala e linguagem, o que vamos avaliar? Todos os aspectos linguísticos e discursivos são considerados (pragmático, semântico, morfológico, sintático, fonético e fonológico). A depender da queixa, pode ser priorizado um ou outro aspecto, mas acrescento também uma avaliação breve de motricidade orofacial e uma escala de desenvolvimento para que os pais respondam.

Resumidamente seria considerar o que ela deveria estar fazendo em relação à sua fala, linguagem e cognição, o que ela faz e o que não faz, identificar o caminho mais curto e eficiente para resolver a possível diferença e, por fim, nortear a participação da família nesse processo.

Por que essa avaliação é feita? Para que tenhamos uma resposta fonoaudiológica sobre as dificuldades apresentadas pela criança, sobre suas potencialidades e sobre o prognóstico descrito na literatura. Dessa resposta deriva um relatório informativo sobre o desempenho da criança, sobre uma proposta de intervenção terapêutica e sobre outras condutas quanto a outras avaliações, caso seja necessário. Esta é a reflexão que norteia minha justificativa clínica diante dos pais.

Retornando à fala daquele pai, vimos nela uma frustração. Ele esperava que a profissional revelasse o nome do que a criança tinha, uma explicação técnica sobre o problema e um prognóstico possível. Dar um prognóstico é diferente da realização de uma promessa porque se baseia em índices da literatura que podem ser mostrados, além do que já presenciamos em nossa experiência, mas devemos relativizar sempre, devido à dependência da estrutura do caso e das especificidades dele.

Como já referi, a clínica cotidiana que pratico conta com a presença da família (um integrante ou mais) junto da criança desde a avaliação e por todo o acompanhamento fonoaudiológico sustentado na construção do vínculo da tríade fonoaudióloga-criança-família. De maneira geral, esse encontro ocorre por uma hora, uma ou duas vezes por semana, de viés ético e com explicações científicas, na grande maioria das vezes agradável para que o retorno aconteça e o enfrentamento da questão apresentada pela criança seja possível.

Porém temos que ter sempre em mente que o que o fonoaudiólogo se propõe a fazer em uma sessão pode não acontecer, pois, na frente dele, pode haver uma criança que não queira fazer absolutamente nada do que lhe foi proposto. Sem a participação da criança nada acontecerá por duas vezes: uma como acontecimento clínico, outra em casa, orientada pela rotina de vida da criança através do familiar presente na sessão. Entretanto, não podemos dizer que mesmo nestas situações nada acontece, pois é quando selecionamos estratégias que podem funcionar para vincular novamente a criança aos objetivos terapêuticos. Neste sentido é uma boa oportunidade de aprendizagem quanto a subjetividade desse sujeito.

Esse participante familiar não é um coterapeuta. É alguém que, por estar na terapia, pode expandir seu olhar sobre o que a criança apresenta e promover situações favoráveis no caminho da solução do problema de acordo com a orientação da terapeuta, dentro da rotina e do desenvolvimento da criança. Isso não é uma exigência inflexível, mas, quando a família compreende o processo terapêutico, aproveita muito mais as oportunidades do cotidiano. Posteriormente, inclusive, se for desejo da família, esse processo é expandido a outros membros que estão dentro ou fora do espaço que a criança habita.

De outro modo, pode acontecer de: (i) o familiar não conseguir olhar para as questões de sua criança e isso é respeitado. Nesse caso a orientação a ele acontece de maneira tradicional, ou seja, no final da sessão; (ii) a criança não quer a participação do familiar e isso também é respeitado até que outra cena seja possível; (iii) a presença de um familiar interferir negativamente nas respostas da criança.

Quando alguém equivocadamente sugere que a participação da família no acompanhamento fonoaudiológico apaga, junto à criança, o lugar afetivo do exercício paterno e materno para priorizar seu desenvolvimento, lembro-lhe que, há centenas de anos, as famílias são orientadas para cuidar de crianças típicas. Essa orientação prioriza todas as áreas do desenvolvimento da criança, inclusive a afetiva, mas, em relação à criança atípica ou neurodivergente, esse posicionamento diante da esfera familiar é recente e, muitas vezes, considerado como papel exclusivo dos especialistas.

O papel da família no acompanhamento fonoaudiológico será explorado em todas as cenas. Por ora, ressalto apenas que, quando trabalhamos com questões fonoaudiológicas em atividades distintas, lida-se com padrões neuronais, os quais pode ter a *repetição* como uma grande beneficiadora na modificação das estruturas neurofuncionais. Isso se deve à plasticidade cerebral e interfere para que novas memórias sejam atualizadas e automatizadas. Não se trata de uma repetição automática, mas inserida no contexto cotidiano sempre que possível. Por isso, a rotina da criança passa a ser enriquecida com acontecimentos antes reservados apenas ao ambiente clínico sem que em função disso, torne-se uma oficina de reabilitação ou de "estimulação".

Para dimensionar o papel exercido pela fonoaudióloga nesse processo que envolve diferentes vínculos desde os contatos iniciais e passando por todo o seguimento terapêutico, saio do campo da Fonoaudiologia e entro no campo da Psicanálise.

Como fonoaudióloga que trabalha majoritariamente com a linguagem (falada, lida e escrita) e interação humana, empreendi estudos em diferentes áreas para melhor compreensão desses temas. Estudar algo tão complexo impõe interfaces de conhecimentos. Depois da graduação em Fonoaudiologia, além de cursos mais curtos (áreas da Neurologia, Neurociência, Foniatria, Motricidade oral, Grafomotricidade, atualizações em Fonoaudiologia etc.)[1], fiz formação em Psicanálise Freudiana, mestrado e doutorado em Linguística na área da Neurolinguística Discursiva (ND), formação em Psicopedagogia e o curso[2] "Família e suas complexidades".

Nesse último estudo, tive a indicação de leitura das *Obras completas: psicanálise*, de Sándor Ferenczi (2011a). As ideias apresentadas por ele se ocupam de acolher na clínica psicanalítica, sob os *princípios da ética do cui-*

---

[1] Currículo disponível em: http://lattes.cnpq.br/0864761537289862
[2] Instituto Pichon-Rivière, Porto Alegre. Profa. Eva Maria Fayos Garcia, especialista em terapia familiar (https://pichonpoa.com.br).

dado, o sofrimento que as pessoas sentem em momentos distintos. São três esses princípios e foram conceituados por Ferenczi em diferentes tempos de sua formulação teórica psicanalítica:

Hospitalidade: no texto *A adaptação da família à criança* (1927) é ressaltada a importância da hospitalidade nos primeiros anos de vida. Está em destaque a atenção que cabe ao ambiente em se adaptar àquele que chega, acolhendo-o ativamente. A família precisa se adaptar às particularidades desse bebê, protegendo-o e atendendo suas necessidades, assim como o psicanalista precisa acolher aquele que chega ao seu consultório (Ferenczi, 2011b).

Empatia: esse conceito aparece no texto *Elasticidade da técnica psicanalítica* (1928) e recobre a importância da empatia do analista frente às particularidades do paciente e às dificuldades que cada caso acompanhado traz. Ferenczi ressalta o fato de que, assim como a família busca se adaptar ao bebê, a técnica do analista também precisa ser flexível e elástica para se adaptar ao paciente. É preciso que o analista desenvolva a noção de *tato psicológico* para distinguir o *momento* e o *modo* da intervenção (ritmo e tom empregado) e modular sua voz e se tornar sensível às comunicações verbais e não verbais de seu paciente. Em relação à *Empatia*, a proposta seria a de que o analista, sem perder os próprios referenciais, "ocupe" o lugar de sentir *com* o paciente o que ele sente (Ferenczi, 2011c).

Saúde do analista: no texto *O problema do fim da análise* (1928), Ferenczi corrobora a ideia de que a análise do próprio analista é uma recomendação ética e técnica devido a sua responsabilidade na condução dos processos de seus pacientes. Ele defende a elaboração de uma higiene particular do analista diante de um trabalho tão complexo, exigente e com longa jornada. Este princípio trata do posicionamento ético de que para cuidar do outro é necessário cuidar de si mesmo (Ferenczi, 2011d).

Não parece difícil reconhecer que os princípios acima elencados desvendam *acordos éticos do cuidar* que poderiam sustentar e proteger outras práticas clínicas contemporâneas, inclusive no campo da Fonoaudiologia. Tomando como base esses inspiradores princípios, reúno reflexões e ajustes que observo em minha prática clínica.

As ideias de *hospitalidade* e *acolhimento* são importantes porque interferem na instauração do processo de confiança e de permanência. A família e a criança precisam se sentir acolhidas pelo/a terapeuta para poder voltar, entretanto deve ser observado também se este se sente acolhido pela família e a criança.

Refletir sobre o que se sente diante de pessoas para as quais dispensaremos cuidados é importante e interfere positiva ou negativamente na clínica praticada, tendo-se consciência disso ou não. Acolher não é o mesmo que se submeter. O que se faz com essa percepção, caso seja negativa, podemos não saber de imediato, mas a reconhecendo, em algum momento, atribuiremos a ela algum sentido. E, tal qual em procedimentos da culinária, reservamos esse ingrediente (psíquico) para juntar com algo que pode surgir posteriormente.

Esse primeiro princípio não imputa ao fonoaudiólogo a preocupação de ser receptivo/agradável/anfitrião. Trata-se de o terapeuta se transformar *em um ambiente acolhedor de adaptação à criança*, ser atento e curioso ao que é falado nesse contato inicial com a família e com a criança. Assim, evita-se o julgamento das falas desses interlocutores, ao respeitá-las e dar a elas um lugar no trabalho a ser desenvolvido nessa tríade de parceria.

Uma mãe me contou, certa vez, que levou o filho a uma fonoaudióloga para avaliação e neste período se sentiu bastante acolhida pela profissional. Depois de um tempo de a criança ter iniciado a terapia, ela percebeu que, quando a criança lhe era entregue no final da sessão, a profissional não lhe dava mais atenção alguma. Ela percebia que a profissional estava sempre com pressa e começou a achar que o acolhimento recebido anteriormente tinha sido *fake*, forçado. Isso a levou a prestar mais atenção na evolução do filho e achou que depois de dois meses nada estava mudando. Pouco tempo depois, tirou a criança do atendimento. Será que não houve evolução? Será que essa evolução não pôde ser considerada pela mãe por estar se sentindo excluída daquela relação?

A relação envolvendo a terapeuta, a criança e a família, em cada acompanhamento, é um processo em construção. Precisamos estar realmente nele para que represente *um lugar psíquico* de atenção e verdade.

O segundo princípio de Ferenczi trata da ideia de *empatia* que, talvez, por ter se tornado uma palavra tão usada, possa parecer, para alguns, esvaziada de sentido. Por isso, vamos retomar o que Ferenczi põe em questão nesse conceito.

O fonoaudiólogo é convocado aqui a experimentar *como* o outro sente. Quem nunca sentiu compaixão no dia a dia da clínica? Não se trata de pena. É algo que percebemos tão forte no outro que nos impacta e nos torna mais iguais na impotência ou fragilidade humana. Pode ter sido diante de uma criança que quer falar algo e não consegue; de outra que, ao escrever uma palavra, não lembra a letra, mesmo depois de semanas se ocupando dela; de um pai de uma criança de 3 anos, que, embora ouvinte, não fala, não olha para o outro, não atende ordens simples, e um dia ele lhe conta sobre o problema do filho: "Só falta mesmo falar!". Nesses momentos, parece que, por segundos, tudo fica suspenso, e experimentamos um profundo desconforto.

Ferenczi destaca neste princípio a necessidade de ajustarmos o *momento certo*, o *modo* e o *ritmo* da intervenção. A prática clínica se sustenta nessa sutileza de sincronia entre o que o paciente e a família precisam, o que temos a oferecer e, muito especialmente, ao tempo envolvido. Entendo que nem sempre conseguimos o distanciamento necessário e que tudo isso demanda tempo de experimentar diferentes situações em meio a erros e acertos: diferentes famílias, diferentes ajustes em diferentes tempos: tempo do atraso do desenvolvimento; tempo da resistência; tempo que a família aguenta esperar; tempo que suportamos repetir a mesma atividade, falar a mesma coisa; tempo que parece pouco diante de tanta evolução; tempo que não tem fim porque nada muda.

Sutilezas que nos pegam.

Outra observação especial a que Ferenczi faz referência é a *modulação da voz*, a calibração do *tom do dizer*, uma questão importantíssima, a qual pode revelar certa assimetria imaginária de poder. Relembrando Maingueneau (2008), as relações discursivas são determinadas pelos lugares em que falamos, para quem falamos e em determinado tempo. No caso da clínica fonoaudiológica desde a avaliação e por todo o acompanhamento, o cenário é o do paciente ou da família levando uma questão ao especialista na espera de que este interfira na sua compreensão e solução. Esse movimento do paciente/família tem um valor econômico (dinheiro, serviço como retorno de imposto pago, convênio) e discrimina uma assimetria. A princípio essa assimetria dá para o especialista um lugar privilegiado de saber sobre algo importante para aquelas pessoas que pagam para obter isso. E o modo como o especialista ocupa essa posição pode interferir no *tom*, na *modulação* de sua *voz*, vocalizando diferentes mensagens: de superioridade, de julgamento, de minimização da questão, de detentor da única verdade, de acolhimento exagerado etc.

Essa reflexão me remete a uma aula sobre mitologia grega do curso de Psicanálise. Nela, a professora apontava que a palavra "terapeuta" vem do grego *therapon* e pode ser significada como "ajudante do herói". Acho perfeita essa expressão, pois nossos pacientes são os protagonistas e a eles damos nosso melhor como compromisso ético e científico.

É claro que precisa existir uma assimetria relativa ao maior conhecimento técnico do fonoaudiólogo. Porém chamo a atenção para a distinção entre a orientação vertical, daquele que sabe para quem não sabe, e, por outro lado, o partilhamento de um saber na horizontal, a serviço da intervenção na parceria com o paciente ou a família. Para haver essa parceria, o paciente/a família precisa saber sobre o problema existente e reconhecer a sua parte nessa intervenção. Sem empatia, a parceria não existe e nada acontece. Nesse caso o conhecimento ficará reservado apenas ao terapeuta e não promoverá deslocamentos no processo de acompanhamento clínico. Trata-se de um conhecimento sem vida, sem movimento que não modifica nada.

O terceiro princípio abordado por Ferenczi é a *saúde do analista*. Um autocuidado necessário para também se cuidar do outro. Esse princípio completa os anteriores. Tomei a liberdade de interpretar esse princípio como referente à saúde do profissional tanto do ponto de vista "psíquico" quanto do "saber". É evidente que o trabalho clínico com pessoas impõe o tempo todo, para o bem e para o mal, nossa saúde psíquica e ela precisa ser cuidada, por vezes, com ajuda de profissionais.

Quando alguma coisa negativa acontece com um paciente, a questão sempre volta para a gente e, por vezes, tira-nos o sono: Essa criança não evolui como eu esperava? Essa família fala sempre a mesma coisa, o que isso quer dizer? Esse paciente fez a avaliação e sumiu, o que aconteceu? Essa escola não entende a evolução da criança? O médico interfere negativamente em meu trabalho falando sobre algo que não conhece, como convencer a família desse equívoco?

Situações assim podem nos desestabilizar emocionalmente, possivelmente nos sentimos invadidos, desvalorizados, impotentes, desacreditados. Entendo, diante disso, que o essencial é manter o foco na melhor verificação e compreensão do processo todo. Porém, antes de tudo, é preciso recuperar nossos mecanismos psíquicos favorecedores do retorno a um mínimo de conforto emocional. Isso é importante para não tornar tudo ruim, para dar a relevância apropriada para essas experiências. Temos que cuidar para não promover uma "contaminação geral", afinal um problema acontece com o acompanhamento de um paciente e, enquanto isso, continuamos com tantos outros processos terapêuticos sob nossa responsabilidade.

Essas considerações sobre a saúde "psíquica" se articulam completamente com a saúde do *"saber"* profissional, o que remete à necessária manutenção da formação técnica e científica. Essa continuidade perene significa procurar consultoria, cursos, palestras, artigos, livros, documentários. Buscar a atualização constante do que acontece em nossa área de trabalho e em outras com as quais a nossa faz interface amplia nossa bagagem técnica e cultural. Além disso, fazer parte de consultorias de grupos ou de parcerias de estudo de confiança pode nos ajudar como possibilidades de ancoragens, tanto técnica quanto psíquica frente a possíveis desestabilizações.

No trabalho que realizamos, a busca por soluções é o exercício constante no interior de relações terapêuticas tão diversas quanto complexas, então, da nossa parte, torna-se facilitador quando mantemos o objetivo honesto de oferecer o melhor.

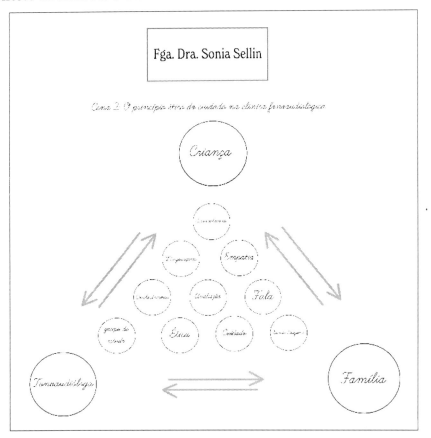

Referências

MAINGUENEAU, D. **Cenas da enunciação**. São Paulo: Parábola, 2008.

FERENCZI, S. **Obras completas**: psicanálise. 2. ed. São Paulo: WMF Martins Fontes, 2011a.

FERENCZI, S. A adaptação da família à criança. *In*: FERENCZI, S. **Obras completas**: psicanálise. 2. ed. São Paulo: WMF Martins Fontes, 2011b. v. 4, p. 1-16. Trabalho publicado originalmente em 1927.

FERENCZI, S. Elasticidade da técnica psicanalítica. *In*: FERENCZI, S. **Obras completas**: psicanálise. 2. ed. São Paulo: WMF Martins Fontes, 2011c. v. 4, p. 29-42. Trabalho publicado originalmente em 1928.

FERENCZI, S. O problema do fim da análise. *In*: FERENCZI, S. **Obras completas**: psicanálise. 2. ed. São Paulo: WMF Martins Fontes, 2011d. v. 4, p. 17-27. Trabalho publicado originalmente em 1928.

CENA 3

QUAL FAMÍLIA ENCONTRAMOS NA CLÍNICA FONOAUDIOLÓGICA?

Essa escrita inicia-se com uma pergunta. Talvez seja assim porque "família" é um tema que demanda mais perguntas do que respostas.

No cotidiano clínico, o fonoaudiólogo ingressa no interior de diferentes famílias, como se as visitasse. Muitas vezes, essa visita dura o tempo da sessão apenas e cai no esquecimento temporário até o próximo encontro. Outras vezes, a saída não é tão rápida ou fácil, e um pouco dessa família permanece em nós por mais tempo que o desejado. Nesse caso, dentre as reflexões possíveis, importa: (i) reconhecer se algo daquela família diz respeito à nossa própria família, indicando a necessidade do autocuidado referido na Cena 2; (ii) ampliar e atualizar nossa compreensão sobre a família contemporânea, objetivo deste capítulo.

O tema "família" é grandioso, com uma infinidade de subtemas e, mesmo com a intenção de não alongar demais essa escrita, para refletir sobre a relação que a clínica fonoaudiológica sustenta com ela, é preciso considerar seu percurso histórico até a contemporaneidade e o lugar nele ocupado pela criança.

A família se organiza como grupo, e o psiquiatra Enrique Pichon-Rivière, a partir da Psicanálise e da Psicologia Social, instituiu uma inovadora compreensão sobre os grupos e a vida em/dos grupos. Ele desenvolveu uma nova área de estudo e nele a família é destacada como um contexto grupal composto por pessoas que desenvolvem determinados papeis e funções, com responsabilidades assumidas. Para esse autor, o contexto grupal formado pela família é também um ambiente de aprendizagem em que seus membros se desenvolvem e constroem conhecimentos. Ou seja, conforme analisa Pichon-Rivière (2005) em sua obra *O processo grupal*, no contexto grupal familiar criam-se diferentes modos de existir e desempenham-se diferentes funções sociais.

Múltiplas leituras me possibilitam a compreensão mais geral de que a *família* se estrutura interna e externamente com base em diferentes tempos: as diferentes idades e demandas de seus membros relacionadas ao ciclo vital de cada um, como se pode ver a partir de *Terapia familiar sistêmica*, de Cesar e Costa (2018); o tempo da *transmissão psíquica* de algo não vivido, entendida por Freud como hereditariedade familiar, e, por fim, o tempo de sua contemporaneidade como produção histórica.

E o que a história nos conta sobre *família, criança e infância*?

O historiador e sociólogo francês Philippe Ariès publicou, em 1960, *História social da criança e da família*, uma obra que trata da construção social da infância e adolescência na família europeia. Ele definiu como fonte de pesquisa os monumentos, registros de batismo e de óbito, diários de família e imagens religiosas ou leigas. Há algum tempo, estudos críticos têm sido realizados sobre o trabalho de Ariès, o que não neutraliza sua importância e seu pioneirismo nesse tema.

Para Ariès (1986), foi entre os séculos XVI e XVIII, com forte interferência da revolução industrial entre 1760 e 1840, que se fortaleceu a ideia de cuidado e afeto voltado para a infância. Até então, a existência da criança não era reconhecida, não havia um sentimento positivo voltado para essa fase de vida, pois, além de improdutivas, as crianças davam despesas com alimentos e morriam muito facilmente. O vestuário infantil era a sobra das roupas dos adultos. O alimento era prioridade para o adulto, já que trabalhava e produzia bens. As famílias tinham grandes proles para aumentar a chance de sobrevivência de filhos como força de trabalho e ajuda aos pais.

Diana e Mário Corso, autores do livro *Fadas no divã*, explicam esse fenômeno a partir da análise psicanalítica que fazem dos contos de fadas. A história de "João e Maria", por exemplo, causa-nos estranhamento diante do fato de o pai abandonar os filhos à própria sorte na floresta porque não tinha alimentos para dar a eles (Corso; Corso, 2006). Quando descobrimos a época em que essa história começa a ser contada, encontramo-nos com a explicação acima, dada por Ariès.

Continuando com este autor, a humanização da infância (prenunciada já no século XII) deveu-se às influências religiosas quanto à cristianização dos costumes e à valorização da inocência das crianças, retratadas na arte como pequenos anjos. Esse processo, que avança através dos séculos, tem, no período do Iluminismo (século XVIII), ratificada a ideia de infância que caracteriza a criança como um ser inocente, com aparato biológico diferente do adulto, com necessidades de afeto, de proteção familiar, médica e educacional.

A partir do reconhecimento das necessidades da criança na infância, distingue-se também uma noção de proximidade, de cuidado afetivo e de separação desse grupo de pessoas que são cuidadas em um ambiente mais íntimo e privado. Esse é o processo que dá origem à noção de família.

Com o passar do tempo, as crianças oriundas de núcleos familiares de maior prestígio social passaram a ser atendidas em suas necessidades, fazendo surgir uma demanda crescente de profissionais para auxiliá-las. Consolida-se assim um novo período na história do desenvolvimento humano.

Assim como Ariès, o historiador inglês Collin Heywood também se dedica ao estudo da infância sob outra perspectiva. Em sua obra *Uma história da infância: da Idade Média à época contemporânea no ocidente*, sua fonte de estudo são as próprias pesquisas produzidas em diferentes países (EUA, Rússia, europeus e outros), com dados desde a Idade Média e oriundos de famílias com questões relacionadas a aspectos legais (judiciário e outras instituições) que revelam as relações das crianças com seus pais e pares sob os aspectos social, cultural e médico (Heywood, 2004).

Para o autor, na evolução do conceito de "infância", observa-se que uma característica da criança constatada na alta Idade Média (século V ao X), a impureza, retorna em pleno século XX. Além disso, esclarece que, em diferentes momentos, desde a Idade Média, a relação "infância e criança" se estrutura em torno do que ele denomina de *ambiguidades,* como: impureza e inocência, características inatas e adquiridas, independência e dependência, meninos e meninas.

Esses dados são muito importantes porque, no senso comum, temos a tendência em considerar a história como um processo de evolução e naturalização, porém, em relação à família, os aspectos psíquicos e sociais são determinantes para que valores compreendidos como ultrapassados retornem como atuais. Isso acontece devido à interinfluência existente entre família e sociedade, o que ressalta a importância de se pensar qualquer problema familiar como uma questão social. Isso significa que há algo de coletivo na dor particular de uma única família.

O trabalho minucioso realizado por Heywood (2004) retrata questões conhecidas do fonoaudiólogo e pouco consideradas do ponto de vista histórico. Seu estudo atravessa os séculos desde a Idade Média e diz respeito ao aprendizado e à educação da criança frente ao controle dos esfíncteres, ao andar, ao falar, aos brinquedos, à relação entre castigo/punição e gentileza, à proteção das leis que regulam o trabalho infantil, à proposição da escola como local privilegiado da infância, à proteção médica como um direito. A opção de trazer esse panorama é para marcar distinções esclarecedoras de que historicamente o período da infância não aconteceu com o nascimento de uma criança, nem com a instauração de papéis como de "pai" e de "mãe", mas como uma construção social, cultural e histórica em constante transformação.

Nesse sentido, é possível afirmar que, na formação de cada nova família, todo esse processo histórico é revivido como experiência particular. A partir de alguns dos nossos contextos clínicos, observamos que os pais, por exemplo, não sabem brincar com os filhos; não entendem que o controle de esfíncter tem que ser treinado (alguns acham que acontece naturalmente); não percebem que a criança precisa ganhar autonomia e que é a família a condutora dessa possibilidade (para tomar banho, alimentar-se, vestir roupas etc.). Muitas vezes, trata-se de pais com famílias restritas, que não tiveram contato com crianças pequenas.

De certo modo, em contraste com essas observações, a ideia de modelo familiar se instaura historicamente delineando um padrão de repetição para facilitar a organização dessas relações. O modelo padrão considerado até meados da década de 70 do século passado era o *patriarcal* hegemônico (pai, mãe e filhos) baseado em hierarquias definidas. Nessa organização, o pai é o provedor e a representação da maior autoridade, enquanto a mãe exerce o papel de cuidado da casa, da educação e da proteção dos filhos, que devem obediência aos pais[3].

Acontecimentos políticos, históricos e sociais interferiram para que a mulher almejasse sair de casa e do trabalho pouco reconhecido e sem remuneração dedicado à família para buscar a própria autonomia financeira.

Um longo caminho, incluindo controle de natalidade, oferta da ocupação de trabalhadoras domésticas para substituir o trabalho realizado pela mãe, reconhecimento do divórcio, maior divisão do casal quanto aos cuidados dos filhos e às questões financeiras, valorização da escola como formação educacional e agente de proteção dos filhos, marca as mudanças que colaboraram para o retrato da família tal como a vemos nos últimos anos. E o que vemos?

---

[3] A representatividade desse modelo vem diminuindo, mas ainda existe. O documentário *Precisamos falar com os homens* (Precisamos [...], 2017) debate esse tema, entre outros. Disponível em: https://www.youtube.com/watch?v=LBBo29RxJA0

Com diferentes configurações familiares (pai, mãe, madrasta, padrasto, parceiros do mesmo gênero sexual, enteados, meios-irmãos, irmãos, famílias consanguíneas e não consanguíneas, pais ou mães solo), o exercício das funções parentais[4] sofreu modificações profundas e complexas, tornou-se elástica e excede o ambiente nuclear primário (podendo incluir avós ou mesmo pessoas externas), devido ao tipo de famílias pouco expandidas e sem oferta de cuidado de parentes próximos.

Interfere também nessa alteração do exercício das funções parentais o fato de as pessoas identificadas como "pai" e "mãe" trabalharem em período integral, por exemplo, e nesse panorama a escola precisa se ocupar tanto da proteção quanto do saber desses filhos, transfigurando a função primeira dessa instituição.

Os processos de mudanças trazem ganhos e perdas, mesmo que impossíveis de serem dimensionadas *a priori* e reconhecer que a configuração das famílias mudou significa dizer também que cada membro dessa família é afetado por essas mudanças, alterando-se, algumas vezes, também seu *status*.

Sob essa perspectiva histórica, cada época valoriza a criança (a prole) de uma maneira. Se houve um tempo, como vimos, em que a morte de uma criança era desconsiderada ou em que a criança só podia comer se sobrasse comida, atualmente, como veremos, estamos vivendo a época da *supervalorização* da criança. Ratifica-se, no entanto, que, independentemente do tipo de configuração familiar, o importante é que exista (e resista) uma dinâmica que priorize a proteção alimentar, educacional, psicológica e de saúde dos filhos.

Aprende-se a ser pai e mãe enquanto se executam essas tarefas de cuidado e atenção. Por outro lado, essas tarefas podem ser menos exaustivas quando o Estado valoriza o conceito de família e gera políticas públicas que resguardam seus direitos. O Estado brasileiro tem oferecido, ao longo dos anos, muito pouco aos que nele nascem impactando fortemente os resultados obtidos na esfera familiar. Nesse país, com uma gestão de Estado tão desigual (e, por vezes, desumana), fica mais difícil cuidar das crianças.

Estamos em um momento histórico de transição na compreensão das mudanças de comportamentos, sociais e de políticas públicas que afetam a família e a relação entre seus membros – pai, mãe e irmãos – como rede de proteção cultural, econômica e afetiva.

---

[4] Quem exerce as funções parentais tem a responsabilidade de proteger a criança em todos os aspectos de seu desenvolvimento (alimentação, aprendizagem, saúde, psique etc.). Nem sempre é o pai ou a mãe quem as exercem e podem ser estendidas a outros membros da família.

Só para dar um exemplo da importância da expansão ocorrida nos últimos anos quanto aos tipos de configurações familiares e sua repercussão econômica, política e social, retomo um comercial veiculado na televisão brasileira na década de 90 do século passado. Nele, uma família branca sorridente (pai, mãe e filhos) e de classe média, sentava-se à mesa para tomar o café da manhã. Nesse momento, comiam pão com margarina Doriana. A marca virou um sinônimo da família feliz: "Família Doriana". Com o tempo, essa associação virou um incômodo para a empresa. Esse modelo familiar passou a ser visto socialmente como *fake*, promovendo uma identificação negativa na população, que passou a reconhecer outras configurações de famílias como reais. Em 2022, 30 anos depois, a empresa Doriana alterou a identidade visual do produto e o perfil da propaganda para apagar a imagem antiga e reforçar sua abrangência frente à diversidade da família brasileira[5].

3.1 A família na clínica fonoaudiológica

Diante desse panorama, a proposta agora é refletir sobre questões da sociedade e da família contemporânea que repercutem no atendimento clínico fonoaudiológico: como a família pode garantir atenção suficiente aos seus filhos? Quem toma para si a responsabilidade por essa criança? De quem é a tarefa de educá-la? O que é da escola e o que é dos pais?

Essas questões atravessam o acompanhamento fonoaudiológico o tempo todo e, por exemplo, mostram-se quando: a criança falta ou chega atrasada repetidas vezes porque alguém esqueceu do horário ou ninguém pôde levá-la; o material que seria usado na sessão é frequentemente esquecido; os pais não conseguem ficar com o filho porque a agenda da criança é muito cheia e ela não fica em casa; a criança mora em duas casas e um dos pais não sabe o que é para privilegiar com a criança de acordo com o acompanhamento fonoaudiológico; apenas um dos pais se compromete com a criança e reclama o tempo todo de exaustão na frente dela; os pais manifestam o sentimento constante de não conseguir mudar a rotina para incluir um tempo maior com os filhos; diante de comentários simples da fonoaudiólogo começam a falar sobre a culpa que sentem; etc. Esses são apenas alguns exemplos possíveis, com certeza existem muitos outros.

---

[5] Disponível em: https://marcaspelomundo.com.br/anunciantes/doriana-retrata-diversidade-familiar-no-lancamento-de-sua-nova-receita/

Maria Rita Kehl publicou, em 2013, o artigo *Em defesa da família tentacular*, que, apesar de ter mais de uma década, é muito atual. Nele a autora chama de "família tentacular contemporânea" aquela sem um padrão definido, que não corresponde mais aos ideais de família do passado e que, como aquela, também não tem nenhuma previsão sobre como fazer "dar certo" (Kehl, 2013).

A autora considera que "dar certo" equivaleria a garantir que alguém exerça a função paterna[6] e alguém se encarregue amorosamente dos cuidados dirigidos aos filhos (função materna). Apoiada nisso, a família estruturará essa criança para se tornar alguém com desejos próprios, um ser de linguagem pertencente à comunidade humana.

> Deste lugar mal sustentado, é possível também que os adultos não compreendam no que consiste sua única e radical diferença em relação às crianças e adolescentes, que é a única ancoragem possível de autoridade parental no contexto contemporâneos. Esta é, exatamente, a diferença dos *lugares* geracionais. É porque os pais ocupam, desde o lugar a geração adulta, as funções de pai e mãe (seja qual for o grau de parentesco que mantenham com as crianças que lhes cabe educar) que eles estão socialmente autorizados a mandar nessas crianças. (Kehl, 2013, p. 9)

Continua Kehl dizendo que, nessa condição, será possível marcar a diferença dos lugares geracionais, ou seja, quem são os pais/adultos e quem são os filhos/crianças e adolescentes. Definir quem são os adultos que se responsabilizam pelas crianças só é possível se a autoridade parental for marcada no contexto social contemporâneo.

Para ela, quando isso não acontece, a criança se desestrutura marcando a omissão da geração parental (consanguíneos ou não) em relação à educação dos filhos. Pode resultar disso a queixa de pais que não conseguem impor limites aos filhos por medo de perder seu amor. Então, contrariar o filho e definir o que é permitido nesse contexto familiar é uma mensagem de que os pais preferem correr o risco de errar a abandonar o filho à própria sorte. Entretanto, esse trabalho não se limita aos pais, mas estende-se à sociedade como um todo.

Por que parece tão difícil para a família contemporânea exercer as funções parentais?

---

[6] A *função paterna* se ocupa do acesso da criança às regras como possibilidade de vida em sociedade, à obediência às leis e à autoridade; a *função materna* pode ser representada pela introdução da afetividade e da emoção na vida de um indivíduo.

Freud, no texto *Sobre o narcisismo: uma introdução*, usa a expressão "sua majestade o bebê" para explicar o nascimento de uma criança como uma reprodução do narcisismo dos pais:

> [...] eles se acham sob a compulsão de atribuir todas as perfeições ao filho – o que uma observação sóbria não permitiria – e de ocultar e esquecer todas as deficiências dele. [...] e renovar em nome dela as reivindicações aos privilégios de há muito abandonados. A criança terá mais divertimentos que seus pais; ela não ficará sujeita às necessidades que eles reconheceram como supremas na vida. A criança concretizará os sonhos dourados que os pais jamais realizaram [...]. (Freud, 1996, p. 98)

Optei por trazer este recorte do estudo de Freud para que essa leitura ajude o fonoaudiólogo a compreender que existe uma complexidade profunda atrás de cenas clínicas, nas quais ouvimos dos pais em relação aos filhos coisas como:

- Ele/a não tem problema nenhum! Toda criança faz isso!

- Meu/minha filho/a tem altas habilidades, por isso não quer perder tempo com coisas simples, a escola deveria se adaptar a ele/a.

- Meu/minha filho/a não tem dificuldade nenhuma, aos 3 anos sabe mexer no celular melhor que um adulto!

- Ele/a sabe tudo, mas está de má vontade. Eu era assim quando criança!

- Ele/a faz de conta que não está ouvindo, mas depois sabe tudo o que falamos!

- Não consigo por limite no comportamento dele/a porque ele/a tem muita personalidade, quando quer alguma coisa não "abre mão dela"!

Considerações como essas nos parecem absurdas de tão descoladas da realidade, das alterações reais que a criança avaliada, por vezes, apresenta. Nessas ocasiões, os pais parecem paredões instransponíveis protegendo um filho que não existe. Em princípio, é muito difícil identificar uma brecha para a desconstrução dessas imagens e a construção de outra mais próxima da realidade.

Porém, conforme os pais participam do atendimento, gradualmente suas percepções vão se ajustando à realidade e uma mudança pode ocorrer. Deste modo, quando observam o filho em uma situação mais indeterminada podem se surpreenderem positivamente com a postura do filho. Podem também tomar mais consciência da dificuldade do filho. Pode acontecer também de a negação do problema do filho ser tão persistente que não seja possível o compromisso fonoaudiológico.

Quando reinterpretamos as cenas apresentadas acima a partir da ótica de Freud, entendemos que tudo o que falarmos e que seja diferente do que os pais esperam pode ser visto por eles como uma agressão, um ataque proposital de nossa parte. Então, precisamos buscar compreender essas cenas clínicas dentro de uma interpretação teórica que possibilite a condução da terapia para beneficiar a criança e a família. De nada adianta julgar o comportamento desses pais, mesmo quando nos causa desconforto.

Sabemos que a família que encontramos no contexto clínico é um reflexo daquela observada na sociedade. Pais e mães querem ser amados pelos filhos e estabelecer regras demanda contrariar o filho, confrontá-lo e investir um tempo nesse embate. Impor limite é impor frustração para a criança frente ao que ela deseja, mas é também ajudá-la a criar novas saídas para resolver a situação e, enquanto vai fazendo isso, pode se tornar mais criativa e mais forte psiquicamente.

Retomando a Cena 2, a partir de uma compreensão teórica da situação (assessoria, supervisão, estudo em grupo), o fonoaudiólogo pode exercer a *hospitalidade* e a *empatia* ancoradas em um raciocínio clínico sustentado e promover mudanças tanto na criança quanto na família que *partilham* desse movimento. Contudo, não há milagres se a família não quer fazer diferente.

Vamos analisar a construção da seguinte situação. Imaginemos que uma criança de 5 anos fez a avaliação fonoaudiológica e a mãe participa do acompanhamento dela. Essa criança apresenta trocas na fala alterando, por vezes, sua inteligibilidade. Além disso, tem dificuldade em narrar qualquer coisa, ainda que responda adequadamente algumas perguntas sobre o seu cotidiano. Sua atenção é mais reduzida, o que dificulta a sustentação dialógica e a sua permanência em uma atividade, e apresenta-se com pouca autonomia na rotina de casa e na escola. Mas essa criança também é bem alegre e, em qualquer ambiente, dirige-se a todos, mesmo não se mantendo em nenhuma interação e nem em brincadeiras com outras crianças. A mãe reconhece na criança as questões identificadas na avaliação. O pai concorda que ela tem questões de fala, que é um pouco desatenta, mas muito atenta quando quer, muito feliz e se relaciona com todo mundo. Entende que de fato ela não tem paciência com as crianças e não vê nenhum problema com isso.

Parece difícil fazer esse pai ampliar sua percepção quanto a considerar que: (i) alguma coisa a mais acontece com sua criança, (ii) isso poderá interferir na escolarização formal dela, que se iniciará em um ano, (iii) nesse processo, precisamos da sua participação valorizando esse trabalho e atuando nele.

Em casos assim, pode ser produtivo dar a esse pai uma escala de desenvolvimento para que preencha, além de usar recursos de imagens de cérebro para mostrar a relação neurofuncional entre a qualidade de atenção, linguagem e aprendizagem. Estes recursos podem despertar no pai alguma dúvida para as certezas que tem, gerando nele condições de abertura para novas considerações.

Retornando a análise com base na teoria de Freud, o narcisismo dos pais é também reflexo de uma sociedade contemporânea narcisista que funciona em um ciclo vicioso para manter a criança, na representação dos pais, como o ser mais importante e merecedor de atenção da família. Isso acontece independentemente da classe social. Trata-se de dar condições a ela para se destacar sempre e mais e para isso vale respeitar suas vontades evitando situações de conflitos. No lugar disso, pode-se aderir ao consumismo criado em torno da criança (vestuário, brinquedos, atividades extracurriculares, entretenimento etc.), por exemplo.

Em função desse conjunto de fatores psíquicos, os pais podem enfraquecer a insistência da imposição de regras à criança e, em decorrência, ela fica forte na resistência, colaborando para que outra expressão ganhe projeção e ela se torne "o/a pequeno/a tirano/a!"

Márcia Vitorello realizou um estudo sobre a relação entre família contemporânea e funções parentais e, num artigo intitulado *Família contemporânea e as funções parentais: há nela um ato de amor?*, retoma o percurso histórico da constituição familiar e analisa que:

> Na família contemporânea, as funções parentais não são tão visíveis como eram na ordem tradicional. [...] Nem sempre é o pai ou a mãe quem exercem as funções parentais na família; por vezes são os tios, os avós ou são partilhadas por várias pessoas. Há também os casos em que a função parental está vazia, pois os pais denotam estar na posição de filho e os filhos na posição dos adultos. (Vitorello, 2011, p. 10)

Para a autora, esse é um processo de desamparo entre pais e mães que valorizam a infância, mas que não conseguem se fazer presentes tornando as crianças órfãs de pais vivos.

Considera-se assim que a família contemporânea que frequenta a clínica fonoaudiológica é uma instituição em fase inusitada de transição. Não por coincidência, nesse momento histórico, aumentou também a gama de diagnósticos na infância, da medicalização infantil e da variedade de especialista para atender essa demanda. Não se trata de se discutir o que seria o possível posicionamento correto dessas famílias, mas de desenvolver nossa consciência sobre o que pensamos diante dessas questões, pois nossas escolhas teóricas e nossa prática clínica sofrem essa interferência. No limite, a escrita desta cena é um convite para se refletir sobre a família e a infância contemporâneas, como esse quadro nos afeta no atendimento de crianças e, ainda, sobre qual é a infância que estamos ajudando a construir com coerência e responsabilidade em nossa prática clínica.

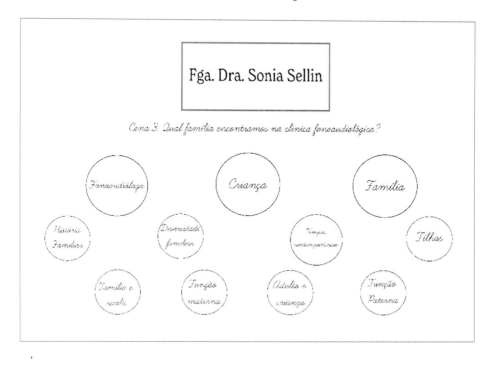

Referências

ARIÈS, P. **História social da criança e da família**. 2. ed. Rio de Janeiro: Guanabara, 1986. Trabalho publicado originalmente em 1960.

CESAR, C. C. F.; COSTA, J. S. **Terapia familiar sistêmica**. Londrina: Educacional, 2018.

CORSO, D. L.; CORSO, M. **Fadas no divã**: psicanálise nas histórias infantis. Porto Alegre: Artmed, 2006.

FREUD, S. Sobre o narcisismo: uma introdução. *In*: FREUD, S. **A história do movimento psicanalítico, artigos sobre metapsicologia e outros trabalhos (1914-1916)**. Rio de Janeiro: Imago, 1996. p. 75-108. (Edição standard brasileira das obras psicológicas completas de Sigmund Freud, v. 14). Trabalho publicado originalmente em 1914.

HEYWOOD, C. **Uma história da infância**: da Idade Média à época contemporânea no Ocidente. Porto Alegre: Artmed, 2004.

KEHL, M. R. Maria Rita Kehl: em defesa da família tentacular. **Fronteiras do Pensamento**, São Paulo, dez. 2013. Disponível em: https://www.fronteiras.com/leia/exibir/maria-rita-kehl-em-defesa-da-familia-tentacular. Acesso em: 10 jul. 2023.

PICHON-RIVIÈRE, E. **O processo grupal**. São Paulo: Martins Fontes, 2005.

PRECISAMOS falar com os homens? Uma jornada pela igualdade de gêneros (Libras e áudio descrição). [*S. l.*: *s. n.*], 2017. 1 vídeo (51 min). Publicado pelo canal ONU Mulheres Brasil. Transmitido em 16 de fevereiro de 2017. Disponível em: https://www.youtube.com/watch?v=LBBo29RxJA0. Acesso em: 10 mar. 2024.

VITORELLO, M. A. Família contemporânea e as funções parentais: há nela um ato de amor? **Psicologia da Educação**, São Paulo, n. 32, p. 7-24, 2011. Disponível em: https://revistas.pucsp.br/psicoeduca/article/view/39177. Acesso em: 10 abr. 2024.

CENA 4

DESENVOLVIMENTO INFANTIL: BRINCAR É COISA SÉRIA!

A Cena 4 privilegiará o desenvolvimento da criança na primeira infância (da gestação até os seis anos de idade) e essa proposta não poderá ser cumprida se o *brincar* não for considerado. Não há possibilidade de desenvolvimento fora da brincadeira em casa e em outros espaços frequentados pela criança. Nesse sentido, seria válido perguntar se, na prática fonoaudiológica, existe o brincar.

Já ouvi de pessoas: "Minha amiga paga uma nota para a filha ir brincar com a fono!" ou "Ela adora vir aqui brincar com você!". Diante disso e em respeito à posição desse interlocutor, minha resposta é clara: Não brincamos como distração. O brincar é uma técnica usada com crianças pequenas no método linguístico-discursivo[7] e, em outras filiações teóricas, para avaliar e acompanhar questões da linguagem falada, lida e escrita – não se trata de uma brincadeira qualquer, portanto. Elas vinculam-se a objetivos terapêuticos éticos.

E quais funções o brincar recobre nesse contexto? A proposta é o desenvolvimento global e linguístico da criança, a depender da questão apresentada, para que ela esteja na linguagem (preenchida de subjetividade, criatividade, rede de sentidos e memória), na fala e na língua (através da produção de sons no sistema fonético e sua combinação no sistema fonológico, do ritmo, da entonação da língua, da ampliação de vocabulário e do acesso ao sistema sintático), na interação dialógica e, ainda, no uso da linguagem em diferentes contextos discursivos (Pragmática).

Enfim, enquanto a criança interage com o fonoaudiólogo, brincando, por exemplo, no jogo simbólico do "faz de conta", poderá experimentar diferentes lugares de interlocutor e papeis discursivos que a remeterá a diferentes memórias (perceptivas, visuais, auditivas, táteis etc.), a diferentes

---

[7] Fiz pós-graduação (mestrado, doutorado e pós-doutorado) na área de Neurolinguística Discursiva, no Instituto de Estudos da Linguagem (IEL) da Universidade Estadual de Campinas (Unicamp). Essa área foi fundada no Brasil e instituída no Departamento de Linguística da Unicamp pela Profa. Dra. Maria Irma Hadler Coudry.

processos de cognição/aprendizagem. Esses processos são necessários porque alavancam diferentes produções de sentidos, permitindo seu deslocamento nos domínios da fala e da linguagem.

A criança precisa voltar semanalmente para confrontar um problema do qual não dá conta sozinha e, quase sempre, no começo do acompanhamento (que pode ser longo), ela não sabe bem o que faz de "certo" ou "errado". Esse período de sua vida que acontece no espaço clínico fonoaudiológico pode ser interessante, apesar das possibilidades de sofrimento, conforme analisado na Cena 2.

Quando sabemos a idade de uma criança, é quase intuitivo pensar no que ela consegue fazer quando brincamos com ela ou lhe damos um brinquedo. Dificilmente daremos para um bebê de 4 meses de idade um jogo com peças de montar, pois sabemos que ele não vai conseguir brincar com isso. Ele prefere explorar objetos coloridos e/ou sonoros. Igualmente, estranhamos quando uma criança de 4 ou 5 anos não permanece em uma brincadeira, estando ela sozinha ou com outra criança. Nesse momento, sem nos darmos conta, refletimos sobre o seu desenvolvimento.

O desenvolvimento infantil é a história de vida da criança e da participação dos que a cercam em determinado contexto social e afetivo. Ele é tema presente na anamnese através do que os pais contam. Além disso, é em meio ao brincar (dirigido e não dirigido) que, no cenário clínico, a criança nos revela aspectos de seu desenvolvimento naquele momento de sua vida na avaliação fonoaudiológica.

Grandes estudiosos conceituaram o desenvolvimento infantil privilegiando nele o papel da brincadeira. Nesta cena apresentarei a visão de Piaget, Vygotsky e Luria para tratar do brincar e dos aspectos cognitivos, de linguagem, fala, desenho e aparato neurofuncional na infância.

De antemão, informo que, independentemente da linha conceitual a qual me filio – no caso, a vygotyskiana – reconheço ganhos em conhecer outras teorias. Não se trata, portanto, de uma apresentação para se julgar qual é a melhor.

Essa diversificação teórica ilumina, nesta Cena 4, as seguintes reflexões:

1. O que trago de cada teoria é um recorte, sem o propósito insensato de explicar, em poucas palavras, estudos tão complexos e tão importantes. Busco explicitar que é crucial que o fonoaudiólogo

assuma uma filiação teórica, mesmo que recorra a outras teorias correlacionadas para a análise de dados clínicos;

2. A prática clínica considerada aqui é aquela em que a família permanece na sala com a criança, com os objetivos de: (i) compreender o processo do filho, para além do diagnóstico e (ii) reproduzir, em contextos cotidianos oportunos/promissores, atividades facilitadoras do desenvolvimento do filho. O profissional só influenciará positivamente a família nesta direção se tiver domínio teórico para fazer instantaneamente *a relação entre a cena clínica em tempo real e um saber teórico legitimado* e *explicativo*. A interpretação teórica de acontecimentos clínicos é fundamental, pois nos separa de "achismos" e nos ampara cientificamente.

3. Diferentes teorias aprofundam-se em diferentes aspectos da infância encontrados frequentemente na clínica fonoaudiológica;

4. Conhecer uma teoria e saber sobre outras possibilita a conversa com profissionais sob diferentes pontos de vistas e, ainda, favorece o exercício de análises distintas.

4.1 O que se entende por "desenvolvimento infantil"?

Se a explicação for dada por um pediatra, possivelmente, haverá referências aos marcos de desenvolvimento quanto ao que a maior parte das crianças devem fazer em cada faixa etária. Se a resposta for de um professor, talvez, as considerações sejam sobre aprendizagem, comportamento atencional e relacional e/ou o desempenho da criança em relação ao grupo. Ou seja, cada área de saber sobre a infância privilegiará um aspecto do desenvolvimento da criança como objeto de observação e estudo. Mas a criança é um ser integrado e não repartido.

A primeira infância compreende o período até os 6 anos e nele ocorrem as maiores e mais complexas transformações na vida de um ser, como atestam diversos autores, e elas são de ordem afetiva, neurológica, cognitiva, motora, perceptiva e sensorial, de fala, de linguagem, de atenção e de socialização. Por isso, esse é o período fundamental para a integração neurossensorial.

É claro que transformações complexas no desenvolvimento continuam ocorrendo na vida de uma pessoa. Além disso, sabemos, por exemplo, que existem doenças degenerativas que acometem um adulto e, principalmente na quarta fase de vida, acontecem mudanças de regretude[8].

Porém, em relação a infância, a neurologia explica-nos que o cérebro da criança está em formação acelerada nos primeiros anos de vida, sendo que 90% das conexões cerebrais são formadas até os 6 anos de idade, com repercussão para o resto da vida, como elucida Norman Doidge (2016), no livro *O cérebro que se transforma*. Sabemos também que a poda neural faz parte desse processo como aponta Claudio Alberto Serfaty (2021) no estudo *Desenvolvimento do cérebro e seus períodos críticos*.

Os primeiros estudos sobre poda neural foram realizados pelo neurologista Peter Huttenlocher (em 1979) e pelo psiquiatra Irwin Feinberg (em 1983). Nas últimas décadas, esse conceito vem ganhando projeção para explicar os desenvolvimentos infantis típico e atípico, assim como processos cerebrais em adultos e idosos.

Por volta dos dois anos de idade, alguns estudiosos mencionam 15 ou 18 meses, o número de sinapses no cérebro da criança é quase o dobro de sinapses do cérebro adulto (processo de sinaptogênese). Para regular a formação adequada de circuitos neurais, o cérebro passa por um processo de poda sináptica que se estende até a adolescência (16 anos), quando acontece de maneira mais efetiva e continua por toda a vida

A poda neural ou neuronal é um processo natural, fisiológico e geneticamente programado para ocorrer no cérebro, possibilitando a limpeza de neurônios e conexões não usados e o fortalecimento dos mais usados, já sob a forma de memória. Esse processo continuará de maneira menos intensa por toda a vida, quando o cérebro irá eliminar o que não é usado e/ou aquilo que é redundante a fim de que haja um refinamento dos circuitos neurais e aumento da eficiência da rede neuronal. No processo de poda neural, é reconhecida a importância das células gliais para a identificação e remoção das conexões neurais desnecessária.

Compreender a ideia de desenvolvimento infantil, então, pressupõe a observação de um espetáculo de explosões sinápticas que se organizam também a partir da poda neural e se ajustam em diferentes funções na

---

[8] Esse termo foi usado por Vitor da Fonseca, no curso "Desenvolvimento Psicomotor e Aprendizagem", de 21/06/2023, para designar a regressão de diferentes habilidades (motora, memória, sociais etc.) que ocorrem na idade avançada.

integração de um corpo, promovendo a conformação progressiva de diferentes áreas neurofuncionais[9], o que só é possível se a criança dispuser de acolhimento afetivo, de cuidados de higiene e alimentação e de interações com o mundo externo promovendo a conexão entre os polos orgânico, ambiental e afetivo.

Continuando com Doidge (2016), o bebê humano é frágil, totalmente dependente e não está completo ao nascer. As funções desempenhadas pelo córtex pré-frontal, por exemplo, continuam a se desenvolver até por volta de 25 anos de idade. Ao longo do desenvolvimento humano, elas se organizam com outras funções de diferentes áreas cerebrais e são responsáveis pelo pensamento crítico, tomada de decisão, planejamento, atenção, organização, controle de emoção/riscos e impulsos, automonitorização, empatia e resolução de problema.

Nenhuma dessas funções aparecem do nada, tampouco estão pré-determinadas apenas pelos aparatos orgânico, biológico e neurobiológico. Seus arranjos, rearranjos e organizações acontecem na interação afetiva e social com o outro e com o mundo. A ideia de criança e de infância são construções neuro e biopsicossociais norteadas por um determinado contexto histórico e cultural, conforme explicitado na Cena 3. Deste modo, os estudos voltados para o desenvolvimento infantil aqui considerados se assentam em modelos biopsicossociais, embora seus autores demonstrem tendências mais biológicas, mais sociais ou mais psicológicas.

Nessa perspectiva, passo a apresentar brevemente os estudos desenvolvidos por Piaget, Vygotsky e Luria. Trata-se de estudos extensos que se mantêm atuais, o que dificulta apresentações breves. Assim, ratifico que cada uma dessas teorias traz descrições funcionais minuciosas, aqui impossíveis de serem contempladas e incentivo a busca de mais informações por parte do leitor.

4.1.1 Jean Piaget

Jean Piaget (1896-1980) foi um biólogo, psicólogo e epistemólogo suíço que desenvolveu a teoria *Epistemologia genética*, publicada em 1950, em sua primeira síntese. Sua teoria é de base construtivista e nela são discriminados três princípios (*adaptação*, *assimilação* e *acomodação*) fundamentais para que o

---

[9] Alguns estudiosos apontam que, até aproximadamente os quatro anos de idade, a criança está mais propensa à aprendizagem, pois esse é o período de menos resistência ao aprendizado.

desenvolvimento humano se processe na relação entre estágios e maturação biológica, desencadeando: cognição, pensamento, linguagem, raciocínio lógico-matemático, esquemas corporais, relações de espaço e tempo e juízo moral, como o autor descreve em seu livro *Biologia e conhecimento* (Piaget, 1996).

Para Piaget, a *adaptação* é a essência tanto do funcionamento intelectual quanto biológico, uma tendência inerente a todas as espécies e acontece através da *organização*. O organismo discrimina uma gama de estímulos e sensações e busca organizá-los em alguma estrutura e, posteriormente, as integra física e psicologicamente em sistemas coerentes.

Um exemplo seria pensar que uma criança aprende a língua antes de falar. Gradualmente ela vai assimilando o que ouve (os próprios sons e dos outros, as conversações em diferentes entonações) e vai construindo estruturas, combinando-as com outras já existentes até que se apropria dessas assimilações em forma de processo. Sua fala começa a acontecer! Depois vai se aprimorando até compreender, expressar-se e ser compreendida como um sujeito falante de sua comunidade.

Nessa teoria, o processo de *adaptação* não acontece de maneira direta, ele se realiza sob duas operações: *assimilação* e *acomodação*. A *assimilação* é o processo cognitivo pelo qual um ser integra (classifica) um novo dado perceptual, motor ou conceitual às estruturas cognitivas prévias. Nesse sentido, a assimilação promove mudanças quantitativas. Ou seja, toda nova experiência é

> [...] uma integração às estruturas prévias, que podem permanecer invariáveis ou são mais ou menos modificadas por esta própria integração, mas sem descontinuidade com o estado precedente, isto é, sem serem destruídas, mas simplesmente acomodando-se à nova situação. (Piaget, 1996, p. 13)

O conceito de *acomodação*, por sua vez, explica uma mudança qualitativa e isso é o próprio desenvolvimento: a combinação da *acomodação* e da *assimilação* explicam a *adaptação* intelectual e o desenvolvimento de estruturas cognitivas.

Continuando com o exemplo anterior, para a criança aprender a falar, ela precisa *assimilar* dados linguísticos e fonoarticulatórios que se integram com as experiências prévias. Essa integração promoverá um salto quantitativo, que se *acomodará* como algo qualitativo em relação ao que ela já tinha previamente, e se *adaptará* promovendo o desenvolvimento de novas estruturas cognitivas, as quais se integrarão a outras, na continuidade do desenvolvimento da criança.

Para Jean Piaget, não há *assimilação* sem *acomodação* e vice-versa. Cada conhecimento provocado pelo meio se integra aos prévios, desencadeando na criança ajustes ativos em sua própria história. Em sua obra, *O tempo e o desenvolvimento intelectual da criança,* Piaget (1973) elabora didaticamente quatro estágios para o desenvolvimento cognitivo: sensório-motor (de 0 a 2 anos), pré-operatório (de 2 a 7 anos), operatório concreto (de 7 a 12 anos), operacional formal (acima dos 12 anos).

Delimitando de seus estudos sobre o período da infância, ele a considera como o tempo de maior criatividade na vida de um ser humano. No período *sensório-motor,* a criança se estrutura em meio a reflexos involuntários e, posteriormente, a movimentos voluntários, a percepções internas vindas do próprio corpo (dor, fome, paladar) e externas (visual, auditiva, tátil, olfativa), além de explorar e interagir motora e sensorialmente com o universo à sua volta.

No período seguinte, *pré-operatório* ou *simbólico,* a criança, por meio da cognição, exterioriza a imitação, a representação, a imaginação e a classificação semântica. A função simbólica é o marco desse estágio e isso possibilita a ela as representações mentais com significados, distanciando-se da necessidade do concreto (brincar com jogos, faz de conta, criar histórias, desenhar etc.).

Em seu estudo, *La relación del afecto con la inteligencia en el desarrollo mental del niño,* Piaget (1994) explica que no período pré-operatório o egocentrismo da criança impera como organizador de seu mundo, mas a função simbólica a impele a experimentar o *lugar do outro* e, por consequência, a mostrar reações empáticas. Um exemplo é a criança quando brinca de casinha com outra criança e ora é a mamãe que cuida do filhinho, ora é o filhinho cuidado pela mamãe.

Na teoria piagetiana, o afeto tem papel fundamental no desenvolvimento da inteligência:

> [...] sem o afeto não haveria nem interesses, nem necessidades, nem motivação; em consequência, as interrogações ou problemas não poderiam ser formulados e não haveria inteligência. No entanto, em minha opinião, não é uma condição suficiente. (Piaget, 1994, p. 129, tradução nossa)

E qual seria essa condição? Seria justamente a criança alcançar o estágio pré-operacional de inteligência, em que a associação de ideias, a atenção, o interesse, a busca pela solução de problemas e a categorização semântica vão se estruturando em camadas, mesmo que pensamentos mágicos apareçam para explicar o que lhe parece incompreensível ou comprometedor. Vejamos este exemplo de uma menina de 4 anos, que explica para a mãe por que a parede da sala está toda riscada: *"Eu segurei esse lápis aqui, mas os outros foi lá e riscou tudo a parede!"*.

Na teoria piagetiana, observa-se, então, que a maturação biológica é privilegiada para explicar o desenvolvimento infantil que se estrutura em sequências fixas no interior de estágios universais e, em cada um deles, a criança elabora conhecimentos próprios. Nesta perspectiva, é o desenvolvimento que possibilita a aprendizagem. Esta, por sua vez, é subordinada ao pensamento, que é dependente da coordenação dos esquemas sensório--motores. Esse seria o motivo de o pensamento aparecer antes da linguagem, a qual tem a função de expressá-lo.

Nessa teoria, o destino do egocentrismo infantil, visão particular que a criança tem do mundo, vai progressivamente se transformando e se aproximando da concepção dos adultos e isso se dá também pelo brincar, que obedece aos estágios de desenvolvimento, conforme escreveu Piaget (1971a) em *A formação do símbolo na criança: imitação, jogo e sonho, imagem e representação*.

> Quando brinca, a criança assimila o mundo à sua maneira, sem compromisso com a realidade, pois a sua interação com o objeto não depende da natureza do objeto, mas da função que a criança lhe atribui. (Piaget, 1971a, p. 67)

Piaget ressalta, no desenvolvimento do pensamento infantil, o importante papel da brincadeira, classificando nela os "jogos de exercício sensório-motores" e "jogos de pensamento". Desse modo, no processo de evolução da inteligência sensório-motora, os jogos são combinações sem finalidades (ações de empilhar, alinhar, montar e desmontar objetos sem intencionalidade) e, posteriormente, esses mesmos jogos passam a expressar combinações com finalidades lúdicas e com seleção intencional.

Quando os jogos simbólicos começam (2 a 4 anos), a representação interfere retomando objetos ausentes nas brincadeiras de faz-de-conta e nos personagens fictícios, além disso compensa, corrige ou elimina conflitos afetivos que fizeram a criança se sentir frustrada. Os jogos de regras, por sua vez, constituem-se por volta dos cinco aos sete anos de idade. Na ludicidade, o jogo supõe uma regularidade imposta pelo grupo do qual a criança faz parte e seu descumprimento é considerado uma falta. Esse tipo de jogo vai interferir na construção posterior do pensamento moral.

Em relação ao desenho infantil, Piaget (1971b), em sua obra *A epistemologia genética*, explica a ocorrência de cinco estágios: garatuja (0 a 2 anos), pré-esquematismo (2 a 7 anos), esquematismo (7 a 10 anos), realismo (final das operações concretas), pseudonaturalismo (10 anos em diante). Nesta cena, a apresentação dos estágios serão a dos períodos que recobrem a infância:

1. Garatuja: recobre o final do período sensório motor (0 a 2 anos) e parte do operacional (2 a 7 anos). Nele a criança tem prazer na atividade de desenho, diz o que vai fazer e não há relação fixa entre o objeto e sua representação e nem preferência por uma cor. Ela pode nomear um desenho como "bola" e, em seguida, dizer que é "um avião", sem que tenha nenhuma relação com o que foi nomeado, por exemplo. Essa fase se divide em: (i) desordenada: com movimentos amplos e desordenados, parecendo mais um exercício motor, sem preservação dos traços; e (ii) ordenada: com movimentos que misturam traços longitudinais e circulares, havendo o início do jogo simbólico e do interesse pelas formas;

2. Pré-esquematismo: recobre a segunda metade da fase pré-operatória (até os 7 anos). É quando a criança descobre a relação entre desenho, pensamento e realidade. Os elementos desenhados podem ficar dispersos com pouca relação entre si, aparecem as primeiras relações espaciais e vínculos emocionais.

Finalizando, para Piaget, por meio do desenho, a criança cria e recria, de maneira individual, formas expressivas integrando percepção, imaginação, reflexão, sensibilidade e emoções positivas e negativas[10]. Seu material produzido poderá ser apropriado pelas leituras simbólicas de outras crianças e adultos.

4.1.2 Lev Semionovitch Vygotsky

Lev Semionovitch Vygotsky[11] (1896-1934) é o fundador da Escola Soviética de Psicologia Histórico-Cultural e idealizou, a partir da década de 1920, a *Teoria sócio-histórica* (também chamada de histórico-cultural, socio-

---

[10] Dois outros livros escritos por Piaget contribuem para a maior compreensão sobre os estágios, são eles: *Seis estudos de psicologia* e *Psicologia da criança*.

[11] Diferentes formas de escrita são encontradas para o nome "Vygotsky" (Vigotsky, Vygotski, Vigotskii, Vigotski etc.). Neste trabalho, será usado "Vygotsky", incluindo as referências de textos originais.

construtivista ou sociointeracionista) sobre o desenvolvimento humano. Além de ser um cientista na área da Psicologia, formou-se em Direito, Literatura e História das Artes[12].

Seu objeto de estudo foi a natureza biológica, social e histórica do desenvolvimento humano, através de conceitos que abrangem a "consciência", a "natureza social dos processos psicológicos superiores" e a "linguagem como instrumento do pensamento", temas presentes em seu livro *Pensamento e linguagem* (Vygotsky, 1987).

Para ele todo conhecimento provém da prática social e a ela retorna: o homem modifica o ambiente, o qual, por sua vez, modifica o próprio homem. Influenciado pelos pensadores Marx e Engels[13], reconhece, no corpo orgânico e biológico, a preponderância do aspecto social interferindo em todos os processos psíquicos desde o nascimento da criança, como evidenciado em seu livro *A formação social da mente* (Vygotsky, 1998a).

Vygotsky assume a noção de cérebro como um órgão biológico de funcionamento holístico, dinâmico que, em constante interação com o meio, tem suas estruturas e funcionamento transformados pela sua característica plástica de se adaptar às diferentes necessidades que o homem (onto e filogeneticamente) experimenta ao longo de sua história. Disso resulta uma noção de desenvolvimento humano de dimensão histórico-cultural.

Para ele, no nascimento a criança tem *funções psicológicas elementares* de caráter biológico (primitivamente sensoriais), que vão sendo transformadas em *funções psicológicas superiores* (FPS) – atenção, memória, percepção, consciência, imaginação, pensamento e linguagem, fala, vontade, formação de conceitos e emoção – relacionadas entre si, por meio de processos sociais mediados pelo outro na/pela linguagem (Vygotsky, 1998a).

Todos esses processos acontecem primeiramente no plano *interpsicológico*, na interação da criança com os outros e com o meio social, e depois no plano *intrapsicológico*, internalizados por ela como cultura, na construção de sua própria história. Tais acontecimentos são também de base neuropsicológicas.

---

[12] *Uma história de vida - Lev Semionovitch Vigotski*, de 1997, é um importante documentário sobre este cientista. Disponível em: https://www.youtube.com/watch?v=HoDd3FREYq4. Para mais informações, consultar Prestes e Prestes (2020).

[13] Karl Marx (1818-1883) e Friedrich Engels (1820-1895) idealizaram o Marxismo, em 1848, na Alemanha. Doutrina política, cujo método de análise socioeconômica é o materialismo histórico-dialético, voltado à organização social da sociedade industrial em função das relações econômicas de produção e de como as necessidades humanas são satisfeitas.

Para esse autor, como veremos, tudo o que o ser humano experimenta desde o nascimento, tendo ele desenvolvido ou não consciência, é de ordens sociais e neuropsicológicas. Um dos grandes marcos dessa teoria é a descoberta que a criança faz, por volta dos dois anos de idade, de que as coisas têm nome (signo linguístico) e nesse momento ocorre a junção de linguagem e pensamento. A relação com o outro e a brincadeira são circunstâncias de organização e expansão dessa junção.

Nesta teoria, os termos "fala" e "linguagem", por vezes, são tomados como sinônimos, com a diferença de que o aspecto motor refinado da fala é considerado dentro das atividades psicomotoras desempenhadas pela criança que lhe permitirá dominar a fala exterior, progredindo da parte para o todo: no começo com uma palavra, depois com duas ou três palavras, até chegar nas frases simples.

Para Vygotsky (1987, p. 136), como anuncia no livro *Pensamento e linguagem*, a relação entre pensamento e palavra "[...] *é um processo vivo: o pensamento nasce através das palavras. Uma palavra desprovida de pensamento é uma coisa morta, e um pensamento não expresso por palavras permanece uma sombra*".

Para ele o pensamento se divide em duas fases: (i) *pensamento pré-verbal*, de bebês e crianças que ainda não desenvolveram a linguagem falada, e (ii) *pensamento verbal*, quando a criança adquire a linguagem e faz uso dela para expressar ideias, desejos, reflexões, emoções e vontades.

Assim como o pensamento, também a linguagem apresentaria duas fases: (i) *linguagem pré-intelectual*, na fase em que os bebês emitem choro, gritos e balbucios e realizam atos comunicativos não organizados; e (ii) *linguagem intelectual*, quando há o domínio da linguagem e, então, seu pensamento se torna verbal e sua linguagem, intelectual, ocorrendo uma comunicação de maneira efetiva, em que a criança interage de modo mais ativo e autônomo.

Vygotsky explica que, na evolução do pensamento, da linguagem e da fala, existe um fenômeno chamado de *fala egocêntrica*. Ou seja, a linguagem/fala nasce com função comunicativa e se constitui na criança de fora para dentro (interpsíquica para intrapsíquica), depois assume a função de *regular o comportamento* da criança, ajudando-a a estruturar pensamentos e ações. Essa *fala/linguagem egocêntrica* seria aquela que ouvimos quando a criança está brincando e fala sozinha. Mais tarde, em torno dos 6 anos da criança, a *fala egocêntrica* sofre um processo de internalização, assumindo a função de planejamento, ou de solução de tarefas que surgem durante a ação, agora tornando-se *fala interna* ou *fala interior*. Trata-se daquela fala do pensamento. E, assim, internalizada, assume a função autorreguladora em nosso discurso interno.

Vygotsky (1987, p. 47) defende que, sem a palavra, não há conceito abstrato:

> [...] o desenvolvimento do pensamento é determinado pela linguagem, ou seja, pelos instrumentos linguísticos do pensamento e pela experiência sociocultural da criança. Fundamentalmente, o desenvolvimento da lógica na criança, como o demonstraram os estudos de Piaget, é função direta do seu discurso socializado. O crescimento intelectual da criança depende do seu domínio dos meios sociais de pensamento, ou seja, da linguagem.

Para ele são os signos e as palavras, a linguagem e a fala, que permitem que a criança busque instrumentos para a solução de tarefas, planeje a solução e controle o próprio comportamento. A linguagem e a fala são as formas de mediação social e afetiva que possibilitam ao sujeito realizar operações com níveis de complexidades cada vez maiores.

Esse processo envolve, desde a mais tenra idade, a aprendizagem, que para Vygotsky acontece em movimento de espiral, em um movimento de vai, volta e avança, ou seja, novas aprendizagens são construídas e retornam para o já aprendido e, assim, o processo segue avançando, gerando-se o desenvolvimento por toda a vida, como explicita bem em *Psicologia pedagógica* (Vygotsky, 2004).

Desenvolvimento este que acontece em dois níveis: quando o sujeito é capaz de resolver o problema sozinho e quando o sujeito precisa de ajuda de outro mais experiente para a resolução do problema. Existe uma distância entre esses dois níveis chamada de zona de desenvolvimento proximal (ZDP), que envolve mediações sociais com o uso de ferramentas, tais como: fala, brincadeira, ensino dirigido.

Resulta disso a constatação da importância efetiva do adulto (ou criança mais experiente) como mediadores, facilitadores das interações de uma criança com o meio ambiente, principalmente através da brincadeira e de sua participação em tarefas cotidianas. Para Vygotsky (1998b), conforme refere em *O papel do brinquedo no desenvolvimento*, nos primeiros anos de vida, a brincadeira tem um papel fundamental na vida da criança e não se trata de distração, mas de algo tão espetacular para o desenvolvimento infantil quanto o ensino formal em níveis educacionais avançados.

Por que Vygotsky identifica o brincar como algo tão importante para a criança? Por favorecer a imitação de situações sociais (recriação de cenas sociais no faz de conta) e a imaginação ao mesmo tempo – experiências que alteram a maneira de a criança lidar com os objetos, favorecendo "[...] *a criação das intenções voluntárias e a formação dos planos da vida real e motivações volitivas*" (Vygotsky, 1998a, p. 117).

Esses processos constituem as Funções Psicológicas Superiores (FPS) que acontecem a partir de experiências sociais, que a criança vivencia na mais tenra idade e se internalizam como processos psicológicos, os quais se individualizam e não se esgotam, pois rearranjam continuamente suas redes de conexões a partir de novas experiências do sujeito por toda a vida. O que está no centro desse conceito é que a constituição do sentido depende das experiências de vida. Nessa teoria, temos que a linguagem e a aprendizagem promovem o desenvolvimento de cunho social, biológico e cognitivo, ao mesmo tempo em que sofrem interferência dessa circuitaria cerebral.

Consideremos uma situação bem simples em que perguntamos a uma criança de 6 anos quantos tipos de cadeiras ela já viu. Ela pode referir as de sua casa e de outro lugar que ela tenha frequentado. Se essa pergunta for feita a ela novamente quando contar com 10 anos, incluirá uma relação de diferentes cadeiras porque suas experiências se ampliaram: de casa, da escola, do cinema, da lanchonete, as que viu em desenhos etc.

Nesse ponto, vale ressaltar que o destaque da relevância do brinquedo no desenvolvimento da criança está na relação entre *ação, significado e brinquedo*. Vygotsky analisa que há diferenças entre os brinquedos de uma criança de 3 e outra de 6 anos, o que altera a ação e a forma como brincam, pois, na primeira a ação resultará do brinquedo como objeto e, na segunda, das ideias que esse objeto desperta na criança:

> É no brinquedo que a criança aprende a agir numa esfera cognitiva, ao invés de uma esfera visual externa, dependendo das motivações e tendências internas, e não dos incentivos fornecidos pelos objetos externos. (Vygotsky, 1998a, p. 64)

Assim, retomando o exemplo envolvendo as cadeiras, observamos que a criança ampliará a memória de cadeiras conhecidas e a função inicial que atribuía a ela (de assento) agora será enriquecida diante daquilo em que sua imaginação poderá transformá-la: trono, escada, separação de ambiente, estrutura para fazer uma cabana etc.

O autor reafirma repetidas vezes, ao longo do texto *O papel do brinquedo no desenvolvimento*, que as brincadeiras, assim como as práticas sociais cotidianas, possibilitam a *formação dos conceitos espontâneos* ou *cotidianos*. Com isso ele engrandece a importância do brinquedo como indicador do desenvolvimento e da maturação infantis.

Em *A construção do pensamento e da linguagem*, Vygotsky (2009) conclui que todas as vivências da criança estão diretamente ligadas às transformações do significado da palavra (rede semântica) no pensamento verbal consciente, gatilhos para duas formas de explicar o meio: o conceito espontâneo e o conceito científico.

> O primeiro refere-se aos conceitos que a criança aprende de maneira não sistematizada, isto é, conceitos não arbitrários, oriundos das experiências com objetos ou outras pessoas de forma elementar e não consciente. Os conceitos científicos referem-se precisamente ao saber sistematizado; ao conceito formado dentro de um processo intencional de ensino e que exige da criança uma imensa tensão de toda a atividade do seu próprio pensamento. (Vygotsky, 2009, p. 26)

Para o autor, esse estudo explica que os conceitos científicos formais e abstratos aprendidos na escola, tomam como base os conceitos espontâneos e cotidianos que são aprendidos em casa: trata-se de transformações de significados, transformação de sentidos porque o meio modifica-se para a criança a cada faixa etária de acordo com sua interpretação constantemente em evolução. Exemplo disso seria o exercício de lembrarmos como as pessoas explicam suas profissões.

Ouvi de um *chef*, dono de um restaurante, que, aos oito anos, ajudava sua avó na cozinha no preparo das refeições e se interessava pelo nome, cor, cheiro, sabor dos alimentos. Adorava ficar na cozinha e do fato de a família contar com ele para comer o que gostavam.

Não se trata, obviamente, de treinar uma criança precocemente para uma profissão ou para que seja um líder. Não é possível saber previamente quais experiências e suas explicações em conceitos cotidianos serão determinantes já que a carga afetiva da experiência é mandatória. Trata-se de privilegiar a explicação teórica de que toda e qualquer aprendizagem infantil contribui para formações de conceitos cotidianos e científicos durante o desenvolvimento da criança porque põe em movimento o trabalho da linguagem, para além da comunicação. Assim, pela sua capacidade de criar categorias conceituais, de convocar memórias de experiências prévias, de facilitar o processo de abstração e generalização, a linguagem põe em evidência as relações dinâmicas e casuais entre os processos psicológicos, como o autor expõe em *Obras escogidas* (Vygotsky, 1993, 1996).

Por outro lado, Vygotsky (2004) chama a atenção, em seu livro *Psicologia pedagógica*, para o fato de que os processos de aprendizagem de uma criança são fundamentalmente privilegiados quando ela explica o que fez, por exemplo, o que está assistindo na televisão, algo que aconteceu, um percurso que ela fez etc. Nesse momento em que assume o lugar de locutor de uma narrativa dirigida a alguém, ela põe em relação estruturas complexas de memória, de busca de organizações das FPS e as de ordem sintáticas. E, ainda que não consiga cumprir essa proposta com eficiência, a tentativa de realizá-la promove o funcionamento holístico cerebral atingindo também diferentes níveis linguísticos concomitante à estruturação dos saberes já construídos. Veremos, mais adiante, que o funcionamento cerebral acontece em rede convocando diferentes áreas cerebrais e que isso é altamente dependente das emoções e da intensidade que a experiência provoca no ser humano.

Diferentes pesquisas na área de Educação, por exemplo, mostram que o uso de termos matemáticos na rotina da criança pequena pode facilitar sua compreensão da linguagem matemática na escolaridade formal. Com a ajuda de um adulto, a criança precisa construir o sentido desses termos no contexto da vida diária, como: "... *dividir* a pizza", "... *dividir igual* o suco em *três* copos", "... colocar *mais* pipoca aqui e *menos* ali", "... por *duas vezes* uma colher de açúcar".

Na abordagem vygotskyana, privilegia-se na linguagem sua natureza social e dialógica, o que se afina com o estudo desenvolvido pelo linguista Carlos Franchi em *Linguagem, atividade constitutiva*, no qual o sentido não está dado *a priori*, mas na situação pragmática, em meio a práticas com a linguagem, de caráter indeterminado, resultado de processos ideológicos e históricos que produzem efeitos na sociedade, na língua e no cérebro/mente (Franchi, 1992).

Expandindo esse conceito, a também linguista Maria Irma Hadler Coudry, em seu livro *Diário de Narciso*, analisa que decorre dessa concepção de linguagem uma concepção de sujeito com ela afinada, ou seja, um sujeito constituído na e pela linguagem, um ser histórico, incompleto e que circula em diferentes sistemas de linguagem (verbal e não verbal) (Coudry, 1988).

Como discuti em minha tese de doutoramento *Fala, leitura e escrita: encontro entre sujeitos* (Bordin, 2010), baseando-me nos constructo teórico da ND, completa a noção de cérebro até aqui apresentada sua característica plástica em um funcionamento intersemiótico, possibilitando ao sujeito produzir e interpretar diferentes materialidades na sua relação com o outro no mundo: fala, leitura, escrita, imagem, figura, foto, música, dança etc.

Também a afetividade permeia toda a teoria construída por Vygotsky e é considerada fundamental para a aprendizagem e para todo o processo de desenvolvimento humano.

> Se fazemos alguma coisa com alegria as reações emocionais de alegria não significam nada senão que vamos continuar tentando fazer a mesma coisa. Se fazemos algo com repulsa isso significa que no futuro procuraremos por todos os meios interromper essas ocupações. Por outras palavras, o novo momento que as emoções inserem no comportamento consiste inteiramente na regulagem das reações pelo organismo. (Vygotsky, 2004, p. 13)

Para Vygotsky (2004), o desenvolvimento do desenho é considerado como precursor da escrita da criança, assim como foi na história e requer duas condições: (i) o domínio do ato motor, pois o desenho é o registro do gesto e logo passa a ser o da imagem percebida como um objeto desenhado como realidade conceituada; e (ii) a relação fundamental entre fala e desenho, quando a criança nomeia o que desenhou e depois quando antecipa, pela fala, o que vai desenhar, planejando sua ação para isso.

Ele identifica as etapas do desenvolvimento do desenho (ou expressão gráfica) nas crianças e não prioriza a idade, mas o processo:

1. Etapa simbólica (Escalão de Esquemas): fase em que a figura humana é representada por bonecos, sem qualquer fidelidade com a imagem real.

2. Etapa simbólico-formalista (Escalão de Formalismo e Esquematismo): há maior elaboração dos traços e formas do grafismo infantil e da relação entre o todo e as partes. São desenhos simbólicos com alguns sinais próximos da realidade reproduzida.

3. Etapa formalista veraz (Escalão da Representação mais Aproximada do Real): as representações gráficas são muito próximas às imagens dos objetos representados.

4. Etapa formalista plástica (Escalão da Representação Propriamente Dita): nesta fase o desenvolvimento viso-motor da criança está mais estruturado e seu desenho se torna criativo com marcas de projeções e convenções.

Finalizando, Vygotsky conceitua que a linguagem verbal juntamente com o "[...] brincar e desenhar deveriam ser estágios preparatórios do desenvolvimento da linguagem escrita", pois "[...] o brinquedo de faz de conta, o desenho e a escrita são momentos diferentes de um processo único" (Vygotsky, 1987, p. 134).

4.1.3 Alexander Romanovich Luria

Alexander Romanovich Luria (1902-1977), médico com doutorado nas áreas de Pedagogia e Medicina e professor nas áreas de Medicina e Psicologia (Neuropsicologia), produziu estudos importantes e atuais sobre o desenvolvimento humano nas áreas da Linguagem (escrita e falada), da Cognição e da Neuropsicologia (1947).

Em 1924, ele conheceu o psicólogo e filósofo Alexei Nikolaevich Leontiev (1904-1979) e Vygotsky. Em seguida juntaram-se para desenvolver uma nova psicologia voltada para o papel mediador da cultura, da linguagem e suas interferências no desenvolvimento das FPS.

Com a morte precoce de Vygotsky, aos 37 anos, Luria, como seu discípulo, continuou as pesquisas de seu mestre em diferentes partes do mundo. Os estudos de Luria, assim como os de Vygotsky, sofreram interferências políticas severas[14].

Luria concluiu pesquisas (principalmente a partir de 1930) reconhecidas por desvendar relações importantes entre linguagem verbal, percepção, resolução de problemas e memória; fazer análises da interação entre fatores genéticos e culturais no desenvolvimento de gêmeos idênticos e fraternos; formular a relação entre linguagem, pensamento, funções corticais na afasia

---

[14] Para melhor compreensão do contexto social e político da época, sugiro a leitura dos artigos: *Lev Vigotski, a Revolução de Outubro e a questão judaica: o nascimento da teoria histórico-cultural no contexto revolucionário* (Prestes; Tunes, 2017) e *Contribuições da perspectiva histórico-cultural de Luria para a pesquisa contemporânea* (Oliveira; Rego, 2010).

e compensação dessas funções no processo de reabilitação em pacientes cérebro-lesados acompanhados após a Segunda Guerra Mundial; conceituar a função cerebral de neuroplasticidade e estabelecer a organização do cérebro em unidades funcionais e zonas cerebrais.

A ideia de plasticidade cerebral já estava presente na formulação da teoria vygotskyana em pressupostos, como: (i) a estrutura cerebral (onto e filogeneticamente) se altera funcionalmente de acordo com as experiências sócio-históricas do sujeito; (ii) desde o princípio da vida, a aprendizagem precede o desenvolvimento; entre outros. Porém com Luria esse conceito amplia-se para a neuroplasticidade quando ele analisa sua interferência nos processos de aquisição, adaptação, perda e recuperação de funções neurológicas a partir dos estudos realizados inicialmente com adultos com cérebro lesado, como encontramos em seu livro *Fundamentos da neuropsicologia* (Luria, 1981).

No caso de lesão cerebral que deteriora ou intercepta sinapses devido à morte de neurônios de uma área, o cérebro possibilita, como um mecanismo da plasticidade cerebral, a ativação neuronal sináptica mais próxima para suprir total ou parcialmente a função danificada. Entretanto, esse processo não é espontâneo, e sim aprendido com atenção especializada não só em casos de lesão, mas de crianças com deficiências sensoriais. Diferentes estudos explicam que os neurônios não ativados pela falta de entrada de informação específica, especializam-se corticalmente para funções compensatórias integrativas. É o caso de crianças deficientes visuais que desenvolvem a audição e o tato com rigorosidade de percepção, por exemplo.

Diante de um paciente com alteração de função cerebral, o método adotado por Luria reunia dados da anamnese, do diagnóstico, do registro de testes psicométricos e de sua reabilitação. A organização de um método e a avaliação das funções cognitivas associadas às áreas cerebrais deram a ele o reconhecimento de pai da Neuropsicologia Cognitiva que influencia a Neurociência até hoje.

Em seus estudos, Luria valoriza a linguagem como a condição para que ocorra, no desenvolvimento humano, a *formação da atividade consciente de estrutura complexa*, como apresenta em seu texto *O cérebro humano e a atividade consciente* (Luria, 1988a). Essa formação tem essencialmente pela linguagem a possibilidade para reorganizar processos de percepção do mundo e criar novas leis de classificação/generalização de objetos em grupos/categorias; interferir nos processos de atenção e de memória; gerar a experiência imediata de imaginação e complexas formas do pensamento de raciocínio intelectual (linguístico, numérico).

Vamos analisar aqui um exemplo. Uma família é formada pelo pai, mãe e uma criança de 5 anos. A mãe trabalha no centro de São Paulo e vai para o trabalho de ônibus e metrô. O pai trabalha em uma empresa e vai de ônibus fretado. A menina frequenta uma escola em período integral perto de sua casa, e seus pais a levam a pé. A família tem um carro que usa só para passear. A menina sabe sobre os transportes usados pelos pais na ida e volta do trabalho. Um dia, conversando com sua mãe, pergunta-lhe como faz para entrar no ônibus e no metrô. A mãe começa a lhe explicar usando termos, como: "dar o sinal", "apertar o botão para descer", "não esquecer do bilhete" etc. A todo o momento, a menina interrompe a mãe, perguntando-lhe: "Onde pega o sinal?", "Esse botão é para parar o ônibus?", "Quem escreveu o bilhete?". As perguntas, a imaginação da filha e o tempo gasto nesta conversa surpreenderam a mãe.

No exemplo, sob o ponto de vista teórico em apresentação, a menina e a mãe lidaram com diferentes tipos de imaginações (o que orienta a explicação da mãe e aquele que norteia a pergunta da menina); com representações de fala e gestualidade ("dar o sinal" com gesto e como algo que se pega para poder dar a alguém); diferentes memórias (a memória de "bilhete" como o papel da passagem comprada e "bilhete" como aquilo que alguém escreve).

As *formações conscientes complexas* que se deram foram essas e não outras. Motivadas por um determinado aspecto discursivo (conversa informal sobre os transportes usados pela mãe para ir e voltar do trabalho), convocaram determinadas relações cognitivas e psíquicas em redes de sentidos associadas e de sinapses que se reorganizaram como efeito dessa relação dialógica.

Para Luria, a linguagem, então, não ocupa uma área específica, mas envolve o funcionamento do cérebro todo. Isso porque a linguagem convoca diferentes memórias e demandas motoras e sintáticas para a sua expressão. Como ele explica no *Curso de psicologia geral II*, uma rede de estruturas e áreas de funcionamento hierárquico (algumas de base específicas, outras menos especializadas) ativa relações neuropsicológicas que resultam em novos aprendizados, memórias e práticas ou reforçam os já estabilizados (Luria, 1991).

No seguimento da apresentação de Luria, veremos que ele divide didaticamente o cérebro em unidades funcionais incluindo, nessa divisão, três diferentes áreas e nelas as funções primárias são possíveis de serem localizadas cerebralmente. Porém, para o autor, as regiões cerebrais, mesmo diferentes e distantes entre si, atuam conjuntamente. Ele associa a atuação cerebral a um concerto, tal qual uma orquestra em que cada músico executa seu papel específico na obra musical, porém sempre necessitando do auxílio de todos.

Além disso, assim como nem todos os músicos tocam ao mesmo tempo, algo semelhante acontece com a atuação das áreas cerebrais. Fatores como o tempo, a organização, a intensidade e a hierarquia interferem na entrada dos músicos e seus instrumentos na música orquestrada. Igualmente, as funções cerebrais e seus grupos neuronais também sofrem essas influências. Os fenômenos psicológicos, como percepção, memória, imagem corporal ou atenção, por exemplo, processam-se em diversas áreas cerebrais para que a função necessária aconteça. De tal modo, para Luria, delimitar áreas específicas do cérebro como sendo responsáveis por funções cognitivas específicas seria um erro.

Então, de acordo com os estudos apresentados na obra *Fundamentos de neuropsicologia*, Luria (1981) compreende o cérebro a partir de três unidades funcionais. Em síntese, temos: (i) Primeira unidade – regula o tono, a vigília e os estados de atenção, obtém informação do mundo exterior e é também um sistema de alerta e proteção; (ii) Segunda unidade – realiza análise e síntese, ou seja, obtém, processa e armazena as informações que chegam do mundo exterior pelos órgãos dos sentidos e as conserva na memória como vivências do sujeito; e (iii) Terceira unidade – encarrega-se de programar e regular o comportamento conforme os planos e programas, verificar a atividade consciente, comparar os efeitos das ações do sujeito com as intenções originais, corrigindo possíveis erros.

Na continuidade do estudo, Luria aponta que as informações recebidas pelo sujeito têm relação condicional com as sensações tipificadas em três categorias. Resumidamente, de acordo com o *Curso de psicologia geral II*, seriam: (i) Interoceptivas: fornecem ao cérebro sinais sobre o estado dos processos internos do organismo (procedentes das paredes do intestino, do estômago, do coração, do sistema sanguíneo etc.), associados às necessidades básicas do corpo humano; (ii) Proprioceptivas: informam ao cérebro a posição do corpo no espaço (em movimento ou não) – essas informações são de base aferente e os sinais nervosos procedentes da periferia do corpo caminham em direção ao sistema nervoso central; e (iii) Exteroceptivas: ocupam-se da recepção de sinais vindos do mundo exterior e funcionam como base dos comportamentos conscientes. Para organizar essas sensações, elas são identificadas como: (a) de contato: quando provocadas por algo que atinge diretamente o órgão perceptivo correspondente; e (b) de distância: quando geradas a uma certa distância (olfato, visão e audição) (Luria, 1991).

Por sua vez, cada uma das unidades funcionais compõe uma estrutura própria e hierarquizada e para isso vale-se de três áreas (zonas) corticais topologicamente organizadas em sobreposição (uma acima das outras). Assim, temos: (i) áreas primárias: áreas de projeção somatotópica formadas por grupos de neurônios que respondem a propriedades específicas dos impulsos recebidos na periferia do corpo (superfície cutânea, musculoesquelética, retina, caracol do ouvido interno), os quais são projetados, de acordo com sua importância, nos campos cerebrais primários; (ii) áreas secundárias: áreas de projeção e associação com a função de receber e processar as informações em associações, incluindo alguma multimodalidade (diferentes informações sensações, por exemplo, visão, audição e tato, ao mesmo tempo); (iii) áreas terciárias: áreas de superposição responsáveis pelas formas mais complexas de atividade mental incluindo memória, pensamento abstrato, comportamentos executivos. São especializadas em lidar com informações multimodais.

Segundo Luria (1981, p. 58),

> [...] as zonas corticais secundárias e terciárias, com sua predominância de neurônios multimodais e associativos, e carecendo de quaisquer conexões diretas com a periferia, possuem não propriedades funcionais menos perfeitas e inferiores, mas, ao contrário, propriedades funcionais mais perfeitas e superiores que as zonas corticais primárias.

Relembrando que todos esses processos corticais se sustentam na visão de cérebro com dimensão histórico-cultural e biológica, de funcionamento holístico, dinâmico que, em constante interação com o meio e na relação de dependência entre linguagem e os sistemas sensoriais, tem suas estruturas e funcionamento transformados. Resulta disso que as referidas unidades funcionais repercutem na efetivação funcional dos lobos cerebrais, como mostra a figura abaixo.

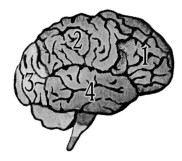

Fonte consultada: Connor; Paradiso; Bear, 2017. Ilustração: Bárbara Tahira, 2024

Na realidade clínica, lidamos com diferentes diagnósticos relacionados com alterações nas unidades funcionais e áreas descritas por Luria. O diagnóstico de *Transtorno do Espectro Autista* (TEA), por exemplo, vem recebendo diferentes explicações, dentre elas como um *Transtorno do Processamento Sensorial* ou da integração sensório-motora, devido à dificuldade que crianças e adultos apresentam em organizar as informações multimodais. Assim, a dificuldade que o cérebro desses sujeitos tem em interpretar diferentes informações (do interior do corpo ou externas, como sonoras, táteis, gustativas, olfativas, visuais) conjuntamente seria o gatilho para comportamentos repetitivos (corporais ou de fala), de irritação, de hipo ou hipersensibilidade (American Psychiatric Association, 2014).

A bibliografia escrita por adultos com TEA nos ajuda a compreender melhor isso. Tito Rajarshi Mukhopadhyay (2011) escreve, em seu livro *How can I talk if my lips don't move?*, que precisava girar em círculos quase o tempo todo porque só dessa maneira conseguia ter a sensação de juntar todas as partes do seu corpo em unidade; do contrário sentia as pernas, braços e mãos desmembrados em partes.

Carly, no livro *Carly's voice: breaking through autism*, explica que uma coisa simples, como ir a uma cafeteria, sentar-se e tomar um café com alguém, é muito difícil para ela, pois não consegue entender o que esse alguém está lhe dizendo, uma vez que sua atenção se fixa na conversa da pessoa de outra mesa, no perfume de alguém que passa próximo a ela, na textura da manga de sua própria blusa, nos sons das máquinas da café e das xícaras sendo lavadas etc. Tudo isso fica insuportável e, quando era criança, sentia-se assim constantemente e chorava desesperada a todo momento (Fleischmann; Fleischmann, 2012).

Essa disfunção não estaria apenas no TEA, mas em deficiência intelectual severa ou em crianças que apresentam dificuldade para lidar com seletividade sensorial (do paladar – sabores dos alimentos, da audição – barulhos e sons diversos, da visão – claridade visual etc.).

Embora frequentemente encontremos na mídia informação sobre o TEA anunciando novas descobertas genéticas ou neurológicas que não se sustentam, sabemos que não há um biomarcador que explique a ocorrência desse transtorno. Enquanto não se chega à etiologia definitiva, algumas explicações teóricas, sem validade comprovada, são veiculadas com mais frequência, porém todas elas incidem no funcionamento cerebral em rede.

Em termos gerais e para fins informativos para o fonoaudiólogo, além da questão da integração sensorial, encontramos referências quanto à consequência da poda neural. Neste caso, como vimos, a poda neural na infância (e adolescência) promoveria uma limpeza e um refinamento das sinapses para que o cérebro se especialize ainda mais nas diferentes funções que executa. Em crianças com TEA, haveria falhas nesse processo, acarretando um excesso de conexões que promoveriam hiperexcitação em seu aparato cerebral, impedindo a especialização dessas sinapses e ainda eliminando conexões não fortalecidas, levando à perda de habilidades já adquiridas por ela (Thomas *et al.*, 2016; Beopoulos *et al.*, 2022).

Outra explicação também referida seria a de que alterações no sistema imune da mãe durante a gestação, de características inflamatórias e somadas a fatores presentes no meio ambiente, aumentariam o risco de a criança nascer com autismo. Neste caso, estudos como o de Santos, Sousa e Passos (2022), intitulado *Fatores de risco gestacional em mães de crianças diagnosticadas com autismo*, exploram, por exemplo, o risco maior de autismo associados à ocorrência de febre em toda a extensão da gravidez e uso de medicamentos antifebris (paracetamol e ibuprofeno).

Pesquisas também buscam identificar a relação entre as alterações nos neurônios em espelho e TEA. Essa hipótese se deve ao fato de que tais neurônios estão implicados nos processos de imitação, compreensão da intenção, emoção e ações do outro, através da "simulação mental" dessas experiências em nosso próprio cérebro, sendo que tais habilidades mentais se encontram comprometidas em crianças e adultos portadores de TEA.

E, por fim, há a Teoria da Mente (ToM). Nos anos da década de 1980, Baron-Cohen, Leslie e Frith desenvolveram pesquisas envolvendo crianças autistas, crianças com síndrome de Down e crianças típicas para investigar como lidavam com a ToM, ou seja, com a representação de estados mentais dos outros, de imputar crenças e prever as condutas dos outros. Chegaram à conclusão de que as crianças com autismo eram inaptas para essas habilidades, pois não conseguiam elaborar em seus cérebros a "Teoria da mente" que lhes permitisse inferir que as pessoas queriam, sentiam, acreditavam e sabiam para além do que explicitavam. Desse modo, como Toledo e Rodrigues apresentam em *Teoria da mente em adultos: uma revisão narrativa da literatura*, estavam comprometidas nelas habilidades neuropsicológicas envolvendo *metarrepresentação*, como a capacidade de entender a própria cognição e a dos outros.

Retornando à teoria luriana, é importante reforçar que ele distingue ainda três leis funcionais para as regiões corticais estabelecidas (Luria, 1981). Podemos resumi-las assim:

1ª "Lei da estrutura hierárquica", que explica a existência de uma síntese que se torna cada vez mais complexa frente às informações que chegam ao córtex.

2ª "Lei da especificidade decrescente", que determina que os neurônios da área primária possuem uma especificidade muito grande (ou seja, priorizam uma só via de informação externa, por exemplo, só a visual). Essa especificidade diminui nas áreas secundárias até se tornarem multimodal nas áreas terciárias, passando a processar a combinação (multimodais) de diferentes informações sensoriais de origens diversas ao mesmo tempo (por exemplo, combinam informações visuais, auditivas e táteis de um único evento).

3ª "Lei da lateralização progressiva das funções", que explica que geralmente, em pessoas destras, a linguagem está vinculada ao hemisfério esquerdo, chamado de *dominante*, enquanto o hemisfério direito seria o *contradominante* ou *subdominante*. No caso de canhotos, o direito seria o *dominante*. Já, do ponto de vista motor, cada metade do cérebro comanda o lado oposto: o direito comanda o esquerdo e vice-versa. A especialização das funções desempenhadas pelos hemisférios é predominante em cada um deles, mas ambos trabalham conjuntamente. O hemisfério direito é mais especializado em sintetizar as informações, tarefas espaciais, não verbais e motoras, tais como: percepção e processamento espacial, habilidade perceptivas visuoespaciais, processamento visuomotores, orientação espacial, organização do esquema corporal, controle postural, habilidades e processamento musical e onomatopeias, movimentos rítmicos, processamento simultâneo das informações, expressões faciais etc.

O hemisfério esquerdo é voltado para as partes dos processos, para a análise e processamentos temporais, verbais e de motricidade fina, tais como: processamento da fala; pensamento intelectual, racional, verbal e analítico; processamento gramaticais; percepção e processamento temporal; precisão e velocidade; controle da sequência da programação motora; reconhecimento de palavras; produção e compreensão da linguagem; reconhecimento da fala humana; identificação de figura fundo etc.

Entre os dois hemisférios, está o *corpo caloso* cuja função principal é possibilitar a comunicação entre os dois hemisférios na transmissão de memória e de aprendizado.

Sabendo-se disso e com base nas leis que formulou, Luria analisa a organização dos lobos cerebrais no córtex posterior: 1. Lobo occipital: informação visual; 2. Lobo temporal: informações auditivas; 3. Lobo parietal: representação corporal denominada de Homúnculo de Penfield; 4. Lobo frontal: funções executivas, realização do comportamento desejado. Outros dois lobos envolvidos nas unidades são: Lobo da Ínsula, que integra informações sensoriais e autonômicas das vísceras, processa aspectos da sensação de dor e temperatura e tem participação em determinadas funções linguísticas; Lobo Límbico, cujo circuito neuronal opera nas respostas emocionais, impulsos motivacionais e memórias emocionais.

O objetivo de trazer, mesmo que abreviadas, essas informações é considerar que para Luria a perturbação na propriocepção corporal, por exemplo, levará o sujeito a ter dificuldades na percepção das partes do próprio corpo. Essas dificuldades impedem a consciência plena de sua imagem corporal, dificultando a principal função proprioceptiva, que é o controle dos próprios movimentos, o que também envolve o sistema vestibular.

O cumprimento de uma função, como, contar alguma coisa, interpretar texto, ler, escrever, dançar etc., requer, como demonstra Luria (1986) no texto *A linguagem interior e a organização cerebral da função reguladora da linguagem*, circuitos neuronais com a participação de diferentes áreas, mas essa interconexão de múltiplas redes de informações perceptivas mostram a existência de um sistema sensorial na base do desenvolvimento e da aprendizagem.

Quando falamos de integração sensorial na infância, referimo-nos à caracterização essencial desse período do desenvolvimento humano. É a organização das sensações recebidas pelos sentidos, inclusive aquela promovida pelo sistema vestibular, que fornecesse informações (intra e extrassomáticas) ao cérebro. Essas informações, como demonstra Luria (1981) no já referido livro *Fundamentos de neuropsicologia*, promovem a motricidade adaptativa e representações mentais flexíveis na complexa integração e associação intraneurossensorial que se encontram na base da aprendizagem e do desenvolvimento, tais como: o jogo, a imitação, a linguagem, o desenho, a leitura, a escrita, o cálculo.

A informação sensorial proveniente do sistema vestibular é complexa e intervém em diferentes funções posturais: promove uma imagem visual estável na retina enquanto a cabeça se move, interfere nos ajustes da postura para manter o equilíbrio; controla a relação postura corporal, movimentos do corpo e dos olhos no espaço do ambiente, reflexos posturais em relação à gravidade e à orientação espacial.

Luria considera para o brincar os mesmos fundamentos delineados por Vygotsky e reafirma que o processo de construção do conhecimento supõe a integração das sensações, percepções e representações mentais. Para ele, o desenvolvimento humano é complexo e o aperfeiçoamento do funcionamento cerebral se dá na relação com a cultura através da linguagem e da aprendizagem que torna esse sistema aberto, sempre em expansão.

Em relação à escrita, Luria (1988b, p. 143) esclarece que "[...] *a história da escrita na criança começa muito antes da primeira vez que o professor coloca um lápis em sua mão e lhe mostrar como formar letras*". Ele particulariza cinco estágios que precedem a entrada da criança no processo de alfabetização, são eles:

1. Estágio dos rabiscos ou fase dos atos imitativos: a criança tenta imitar a escrita dos adultos, fazendo rabiscos sem significado funcional, pois ela não tem consciência de que os rabiscos podem ajudá-la a lembrar-se do que lhe foi dito para escrever;

2. Estágio da escrita não diferenciada: a criança utiliza os rabiscos não para ler, mas para lembrar-se do que lhe foi dito, como um instrumento auxiliar de memória, mas pode esquecer o significado do que registrou;

3. Estágio da escrita diferenciada: a criança apresenta uma escrita ainda confusa, faz uso de desenhos como um meio para lembrar-se do que "escreveu" e descobre sua própria maneira de registrar;

4. Estágio da escrita por imagens (pictográfica): durante o estágio da escrita diferenciada, o uso de fatores como quantidades e formas distintas permite que a criança avance para pictografia (uso dos desenhos). O estágio pictográfico apresenta-se desenvolvido principalmente em crianças de cinco e seis anos.

5. 1º estágio do desenvolvimento da escrita simbólica: nesse estágio (em torno dos 6 anos), a relação da criança com a escrita é puramente externa. A criança sabe que pode usar os signos que lhe foram ensinados pelo professor (as letras do alfabeto) para escrever qualquer coisa, mas ainda não sabe usá-los.

Finalizando a apresentação de Luria, para ele esses atos desenvolvem na criança, por um lado, novas formas culturais e, por outro, a formação de suas funções psicológicas superiores.

> Nossos experimentos garantem a afirmação de que o desenvolvimento da escrita na criança prossegue ao longo de um caminho que podemos descrever como a transformação de um rabisco não-diferenciado para um signo diferenciado. Linhas e rabiscos são substituídos por figuras e imagens, e estas dão lugar a signos. Nesta sequência de acontecimento está todo o caminho do desenvolvimento da escrita, tanto na história da civilização como no desenvolvimento da criança. (Luria, 1988b, p. 161)

A escrita dessa cena foi trabalhosa, demorada e feita com insegurança, diante da linha tênue que norteia em uma teoria seu resumo ou sua mutilação. Assim, reforço a recomendação de que é necessário estudar mais profundamente a teoria de interesse. Daí a importância de conferir a bibliografia no final das Cenas para consultas e pesquisas futuras. Além disso, colaborou para ampliar a extensão dessa escrita o atalho que abri sobre as explicações associadas ao TEA com a proposta de que o fonoaudiólogo reflita sobre a complexidade implicada na organização cerebral e como isso pode reverberar nesse e em outros transtornos.

4.2 Teoria, prática fonoaudiológica e família

Retomando o tópico desse livro, em relação à prática fonoaudiológica com família, quais seriam as implicações dessa longa exposição teórica, além das já declaradas? Do ponto de vista do fonoaudiólogo, busco dividir a compreensão de que, quando acompanhamos uma criança que nos chega com um "atraso de fala e linguagem", não podemos achar que estamos trabalhando para aumentar seu vocabulário ou para ajudá-la a ampliar sua função comunicativa (e outras funções).

Para a criança, o que está em jogo é o uso que faz da linguagem, em todos os níveis que a compõem. Esse uso contextualizado recruta, no momento de sua ocorrência, relações neurofuncionais em uma dinâmica cerebral convocada pela discursividade que regulará todo o seu desenvolvimento posterior. Por isso é tão importante a criança interagir com diferentes interlocutores, contar sobre algo, transformar suas experiências perceptuais em palavras na fonologia e sintaxe (regras e morfologia) da língua.

A função pragmática é a ancoragem para a memória, cognição, aprendizagem, fala e motricidade orofacial que se mostra na linguagem em diferentes contextos de uso. Ainda que, por determinado tempo de terapia, seja preciso focar em um certo aspecto prioritário, não podemos perder de vista tudo o que a linguagem representa. Pode não ser produtivo o trabalho, por exemplo, com cores, formas geométricas e nome de animais (como aprendizagem/memória), se não estiverem incluídos em contextos interacionais e dialógicos, pois a terapia fonoaudiológica *se organiza em torno de um sujeito e de sua subjetividade, tenha ele o diagnóstico que for*.

É preciso reconhecer, ainda, que, para trabalhar com crianças típicas ou não típicas (dentre os mais variados diagnósticos), precisamos ter noção de desenvolvimento infantil social, afetivo e neurofuncional em diferentes instâncias de funcionamento. Apenas por meio das vivências de suas experiências, a criança atualiza os processos de aprendizagens em redes abertas de sentidos. Assim, a orientação dada aos pais deve reconhecer a importância de se levar a sério a brincadeira, não como distração, mas como ferramenta de desenvolvimento biopsicossocial da criança a partir de sua demanda de vida. Diante disso, aliás, vale a pena repensar casos de criança submetida a muitas horas de terapia, mas que não brinca sob demanda própria, permanecendo sem possibilidade de atualizar e se apropriar de suas experiências como saber construído.

Para entendermos mais um pouco sobre a extensão neurológica do brincar, vale conferirmos alguns estudos voltados para a aprendizagem, como *Gamification of learning deactivates the default mode network*, de Howard-Jones et al. (2016), e *Dark control: the default mode network as a reinforcement learning agent*, de Dohmatob, Dumas e Bzdok (2020). Tais pesquisas vêm revelando que, diferentemente do que se pensava, quando estamos sem fazer nada ou fazendo algo que não exige foco, as regiões cerebrais que estão sincronizadas temporalmente continuam funcionalmente conectadas enquanto armazenam energia. Essa região chamada de *Default Mode Network* (DMN – Rede de modo padrão, em português) abrange o giro do cíngulo posterior, pré-cúneo, córtex pré-frontal medial anterior e formação hipocampal. O DMN é ativado quando não estamos realizando nenhuma tarefa e desativado quando estamos. Pesquisas indicam que, quando o DMN está ativado, exerce uma função importante ligada à aprendizagem e às experiências vivenciadas anteriormente, especialmente aquelas que envolvem informações sobre nós mesmos e sobre o outro, através dos seguintes mecanismos: (i) codificação preditiva, (ii) associações semânticas, (iii) papel de atenção/sentinela.

Além disso, atestam que o funcionamento cerebral está condicionado a ganho e a gasto de energia, ou seja, gasta-se energia na participação de qualquer trabalho dirigido e armazena-se energia na ausência dele quando o DMN está ativado. Devido ao funcionamento dessa região, a área da psiquiatria realiza estudos associando o desempenho do DMN à desregulação entre sua ativação e desativação, a quadros psiquiátricos e à depressão, considerando-se que, quanto mais ansiedade, por exemplo, menos se ativa essa região.

Foi explicitado, em diferentes momentos nessa cena, que a infância é o período de desenvolvimento integrado de base. Sendo assim, é muito importante que o fonoaudiólogo trabalhe com uma escala de desenvolvimento. Eu uso o "Inventário Operacionalizado Portage". Temos que saber o que a criança deveria estar fazendo na idade dela. Considero isso um cuidado imprescindível.

Uma vez experimentei a seguinte situação: acompanhava, há 6 meses, uma criança típica de 4 anos com questões de fala. Ela vinha evoluindo muito. A família estava feliz, eu e a escola também. Que ótimo, tudo estava indo bem. Um dia encontrei essa criança inesperadamente em uma festa. Tentei me manter distante para não ficar avaliando, mas isso acabou sendo inevitável. Fiquei impressionada e atormentada em perceber como ela parecia deslocada, imatura, em relação a outras crianças, pois não tinha agilidade e apresentava pouca autonomia. Faltava alguma coisa naquele desenvolvimento que não se mostrava no cotidiano clínico. Isso significa que, enquanto a observação da evolução da criança se dava em relação a ela mesma, o resultado era superpositivo, porém, quando a relação era com seus pares, uma preocupação aparecia.

Entendi, então, que precisava mudar algo na direção do trabalho discursivo, ou seja, cuidar da ampliação da autonomia da criança como demanda de linguagem. Reuni-me com os profissionais da escola e descobri que também percebiam isso. Expliquei minha observação para os familiares, ouvi a impressão deles e focamos nesses aspectos a partir de uma escala de desenvolvimento. Pouco tempo depois, tudo estava bem. Se isso não se resolvesse, outros encaminhamentos seriam necessários.

Muitos fatores interferem para a análise de casos como esse. Contudo, é recorrente a situação em que uma criança, por ter problema de fala, tem sua autonomia comunicativa prejudicada. Os familiares a protegem mais porque, por vezes, só eles "entendem" o que ela fala. A não autonomia na fala e a proteção acentuada colaboram para tornar essa criança mais infantilizada do que o esperado e as pessoas ao seu redor podem responder a isso, mantendo a situação.

No acompanhamento fonoaudiológico, a fala começa a mudar, mas a criança leva um tempinho para generalizar socialmente esse uso. Por outro lado, temos que compreender que, diante da impossibilidade de ser entendida, frequentemente, a criança também se estabiliza nesse lugar de proteção. Nessas situações, observo a necessidade, por parte da criança, de ter um tempo para generalizar o melhor *uso de fala* e também para se *ajustar psiquicamente* a essa nova posição. Por fim, esse processo na direção do amadurecimento global fica facilitado com a ajuda dos que estão à sua volta.

A primeira infância é a fase mais importante do desenvolvimento humano, envolvendo múltiplas interfaces. Vou recuperar do texto algumas delas ainda que pareçam repetitivas.

A interpretação teórica de acontecimentos clínicos é fundamental, pois nos separa de "achismos" e nos torna científicos. O fonoaudiólogo é *autoridade* em diagnósticos de muitas áreas de estudo: fala, linguagem, leitura, escrita, motricidade orofacial etc. Quanto mais respaldo teórico tiver, mais condições terá de se apropriar desse lugar em definitivo. Por vezes, eu me senti e ainda me sinto indignada com a invasão e desrespeito com a área de trabalho que legitima a ação do fonoaudiólogo, mas só a indignação nada vale é necessário agir por meio de enfrentamentos teóricos.

Até os 4 anos de idade, aproximadamente, a criança está mais propensa à aprendizagem, pois este é o período de menos resistência ao aprendizado. Embora não me identifique totalmente com isso, esse dado é importante para que possamos revogar uma atitude muito comum de familiares de crianças com alguma questão que é a de esperar porque o problema pode se resolver "sozinho": temos que nortear a escola e a família de crianças de qualquer idade para a busca de avaliação.

A poda neural ou neuronal é um processo natural, fisiológico e geneticamente programado. Entretanto, quando a criança está em um desenvolvimento atípico, com dificuldade de linguagem e/ou de aprendizagem pode não conseguir estabilizar como memória suas experiências e a poda neural pode interferir mais nesse processo.

Sabemos que uma das questões que afligem a família contemporânea é a dificuldade de controlar, mesmo na primeira infância, o tempo de permanência em telas por parte das crianças. Esse assunto será retomado na Cena 7, dedicada à construção do sistema de atenção na primeira infância, mas pontuarei aqui apenas a consideração de que os circuitos neuronais envolvidos quando a criança está na tela são totalmente diferentes daqueles recrutados quando ela brinca. Além disso, o uso excessivo de tela pode especializar nela funções das áreas visuais, por exemplo, que, fora da relação com outras áreas devido à imaturidade cerebral, pode interferir na formação do "cérebro social" em que a atenção multimodal é requerida.

Deste modo, em relação à família, é fundamental recorrer a diferentes argumentos teóricos apresentados para que seus membros compreendam o brincar como exercício de função simbólica, como facilitadora de imitação de contextos sociais, de representação, de imaginação e de classificação semântica, permitindo que a criança experimente o *lugar do outro* e, por consequência, mostre reações empáticas. Além disso, é importante valorizar junto à família a ideia do brincar como instrumento psíquico quando compensa, corrige ou elimina conflitos afetivos que fizeram a criança se sentir frustrada.

Observo, com certa frequência, crianças que possuem muitos brinquedos, independentemente do poder de compra da família. Muitas delas são expectadoras dos próprios brinquedos, pois ficam mudando de um para o outro sem fazer nada com eles. Não chegam no exercício de criatividade.

Os familiares podem ser orientados em relação a isso se compreenderem o que o brinquedo de seu filho pode possibilitar de acordo com o seu momento de desenvolvimento, como, por exemplo, jogo intencionais e jogos com regras na construção do pensamento moral. Este é um importante trabalho do fonoaudiólogo com famílias de crianças típicas e atípicas.

Um dos pontos altos do arcabouço teórico vygotskyano diz respeito à família. Trata-se da relação estabelecida entre os conceitos espontâneo e cotidianos aprendidos em casa como base para o desenvolvimento de conceitos científicos formais e abstratos aprendidos na escola, promovendo transformações de significados, já que o meio se modifica para a criança a cada faixa etária de acordo com sua interpretação.

Essa conceituação é a premissa para que, nas rotinas familiares, a participação da criança seja incluída com frequência e responsabilidade e, ainda, para que a criança ocupe um lugar de interlocutor desempenhando diferentes papéis infantis em uma determinada dinâmica familiar. A partir disso, pode-se analisar com a família, por exemplo: o que a tela oferece de conhecimento cotidiano e de construção de um sistema de atenção; o que o excesso de brinquedo promove na criança; como a família valoriza o brincar em sua rotina de vida.

Em relação à escrita, vimos que, no desenvolvimento infantil, é preciso priorizar experiências de *faz de conta* e de *desenhar* como estágios preparatórios para a linguagem escrita. O percurso do desenvolvimento da escrita se inicia com a substituição de linhas e rabiscos por figuras e imagens que depois se tornarão signos linguísticos. Nesse percurso, o ponto de partida é o rabisco não diferenciado e o de chegada é o signo diferenciado. Faço uma importantíssima objeção aqui: não se trata de desenhar qualquer coisa, de pintar desenhos aleatórios, de incluir o desenho como atividade solitária da criança: trata-se de levar a criança ao ato de representação que, inicialmente, acontece na interação com um outro que a toma como interlocutor e demonstra interesse pelo que ela faz.

A constituição da integração neurofuncional tem na linguagem a possibilidade para reorganizar processos de percepção do mundo e criar novas leis de classificação/generalização; interferir nos processos de atenção e de memória; gerar a imaginação; inferências de formas de pensamento e de raciocínio intelectual; e, ainda, interferir na especialização hemisférica.

Em concomitância, a associação neurossensorial entre cérebro, corpo e mente recobre a integração sensorial e neurossensorial como caracterização essencial da infância, a qual demanda para a criança interações diversificadas; brincadeiras com diferentes parceiros em diferentes espaços como índices de sua constituição como sujeito; diversidade de experiências como matrizes sensoriais; afetividade como condição de proteção; e criatividade como possibilidade de saúde mental, intelectual e afetiva.

Diante de tudo o que foi exposto, é plausível considerar que a criança com dificuldades na área da linguagem está em risco para diferentes dificuldades definitivas. Conhecer essa condição pode levar à reorganização dos objetivos nos acompanhamentos fonoaudiológicos (partilhados ou tradicionais) com a família (orientação parental) na divisão de responsabilidades.

Concluindo a escrita desta cena, chamo a atenção do leitor para o fato de que as teorias aqui apresentadas não contemplaram os aspectos motor e afetivo como entradas privilegiadas do desenvolvimento infantil. Isso será feito na Cena 5. O esforço gigante para a apresentação de mais duas teorias – Wallon e Winnicott – deve-se essencialmente à escrita de outras cenas em que o desenvolvimento infantil, por diferentes motivos, encontra-se alterado.

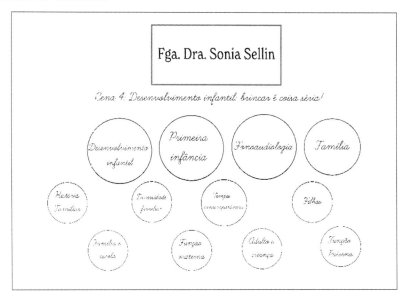

Referências

AMERICAN PSYCHIATRIC ASSOCIATION. **Manual diagnóstico e estatístico de transtornos mentais**: DSM-5. 5. ed. Porto Alegre: Artmed, 2014.

BEOPOULOS, A. *et al*. Autism spectrum disorders pathogenesis: toward a comprehensive model based on neuroanatomic and neurodevelopment considerations. **Frontiers in Neuroscience**, Lausanne, v. 16, art. 988735, 2022. Disponível em: https://doi.org/10.3389/fnins.2022.988735 Acesso em: 10 out. 2023.

BORDIN, S. S. **Fala, leitura e escrita**: encontro entre sujeitos. 2010. Tese (Doutorado em Linguística) - Instituto de Estudos da Linguagem, Universidade Estadual de Campinas, Campinas, 2010.

CONNORS, B. W.; PARADISO, M. A.; BEAR, M.. **Neurociências:** Desvendando o sistema nervoso. 4 ed. Porto Alegre: Artmed, 2017.

COUDRY, M. I. H.. **Diário de Narciso**: discurso e afasia: análise discursiva de interlocuções com afásicos. São Paulo: Martins Fontes, 1988.

DOHMATOB, E.; DUMAS, G; BZDOK, D. Dark control: the default mode network as a reinforcement learning agente. **Human Brain Mapping**, Hoboken, NJ, v. 41, n. 12, p. 3318-3341, 2020. Disponível em: https://doi.org/10.1002/hbm.25019. Acesso em: 23 abr. 2023.

DOIDGE, N. O cérebro que se transforma. São Paulo: Record, 2016.

FLEISCHMANN, A.; FLEISCHMANN, C.. **Carly's voice**: breaking through autism. New York, NY: Touchstone, 2012.

FRANCHI, C. Linguagem: atividade constitutiva. **Cadernos de Estudos Linguísticos**, Campinas, n. 22, p. 9-39, 1992. Trabalho publicado originalmente em 1977.

HOWARD-JONES, Paul A. *et al*. Gamification of learning deactivates the default mode network. **Frontiers in Psychology**, Lausanne, v. 6, art. 1891, 2016. Disponível em: https://doi.org/10.3389/fpsyg.2015.01891. Acesso em: 23 abr. 2023.

LURIA, A. R. **Fundamentos de neuropsicologia**. São Paulo: Editora da Universidade de São Paulo, 1981.

LURIA, A. R. A linguagem interior e a organização cerebral da função reguladora da linguagem. *In*: LURIA, A. R. **Pensamento e linguagem**: as últimas conferências de Luria. Porto Alegre: Artes Médicas, 1986. p. 108-119.

LURIA, A. R. O cérebro humano e a atividade consciente. *In*: VYGOTSKY, L. S.; LURIA, A. R.; LEONTIEV, A. N. **Linguagem, desenvolvimento e aprendizagem**. São Paulo: Ícone, 1988a. p. 191-224.

LURIA, A. R. O desenvolvimento da escrita na criança. *In*: VYGOTSKY, L. S.; LURIA, A. R.; LEONTIEV, A. N. **Linguagem, desenvolvimento e aprendizagem**. São Paulo: Ícone, 1988b. p. 143-189.

LURIA, A. R. **Sensações e percepção**: psicologia dos processos cognitivos. 2. ed. Rio de Janeiro: Civilização Brasileira, 1991. (Curso de psicologia geral, v. 2).

MUKHOPADHYAY, T. R. **How can I talk if my lips don't move?**: inside my autistic mind. New York, NY: Arcade, 2011.

OLIVEIRA, M. K. de; REGO, T. C. Contribuições da perspectiva histórico-cultural de Luria para a pesquisa contemporânea. **Educação e Pesquisa**, São Paulo, v. 36, n. esp., p. 107-121, 2010. Disponível em: https://doi.org/10.1590/S1517-97022010000400009. Acesso em: 10 set. 2023.

PIAGET, J. **A formação do símbolo na criança**: imitação, jogo e sonho, imagem e representação. São Paulo: Zahar, 1971a.

PIAGET, J. **A epistemologia genética**. Petrópolis: Vozes, 1971b.

PIAGET, J. O tempo e o desenvolvimento intelectual da criança. *In*: PIAGET, J. **Problemas de psicologia genética**. Rio de Janeiro: Forense, 1973.

PIAGET, J. La relación del afecto con la inteligencia en el desarrollo mental del niño. *In*: DELAHANTY, G.; PERRÉS, J. (comp.). **Piaget y el psicoanálisis**. Xochimilco: Universidad Autónoma Metropolitana, 1994. p. 181-289. Trabalho publicado originalmente em 1962.

PIAGET, J. **Biologia e conhecimento**. 2. ed. Petrópolis: Vozes, 1996.

PRESTES, Z. R.; PRESTES, A. Uma história de vida (tradução): Evidente e incrível: Lev Semionovitch Vigotski (Otchevidnoie i neveroiatnoie: Lev Semionovitch Vigotski), Viktor Iuchenko, Rússia, 1997, 28 min. **Fractal: Revista de Psicologia**, Niterói, v. 32, n. 3, 2020. Disponível em: https://doi.org/10.22409/1984-0292/v32i3/45822. Acesso em: 10 set. 2023.

PRESTES, Z. R.; TUNES, E. Lev Vigotski, a Revolução de Outubro e a questão judaica: o nascimento da teoria histórico-cultural no contexto revceolucionário.

Fractal: Revista de Psicologia, Niterói, v. 29, n. 3, p. 288-290, 2017. Disponível em: https://periodicos.uff.br/fractal/article/view/5177. Acesso em: 10 mar. 2024.

SANTOS, H. T. dos; SOUSA, L. P. de; PASSOS, A. da C. F. Fatores de risco gestacional em mães de crianças diagnosticadas com autismo. **Research, Society and Development**, Vargem Grande Paulista, v. 11, n. 15, art. e558111537837, 2022. Disponível em: https://doi.org/10.33448/rsd-v11i15.37837. Acesso em: 10 ago. 2023.

SERFATY, C. A. **Desenvolvimento do cérebro e seus períodos críticos**: as bases neurais do desenvolvimento dos sistemas sensoriais motores e cognitivos. Rio de Janeiro: [s. n.], 2021. Disponível em: https://cienciaparaeducacao.org/wp-content/uploads/2022/07/e-book-Desenvolvimento-do-cérebro-e-seus-períodos-críticos_ClaudioSerfaty.pdf. Acesso em: 10 ago. 2023.

THOMAS, M. S. C. *et al.* The over-pruning hypothesis of autism. **Developmental Science**, Chichester, v. 19, n. 2, p. 284-305, 2016. Disponível em: https://doi.org/10.1111/desc.12303. Acesso em: 20 out. 2023.

VYGOTSKY, L. S. **Pensamento e linguagem**. São Paulo: Martins Fontes, 1987.

VYGOTSKY, L. S. *Obras escogidas II*. Madrid: Visor, 1993.

VYGOTSKY, L. S. *Obras escogidas IV*. Madrid: Visor, 1996.

VYGOTSKY, L. S. **A formação social da mente**. 6. ed. São Paulo: Martins Fontes, 1998a.

VYGOTSKY, L. S. O papel do brinquedo no desenvolvimento. *In*: VYGOTSKY, L. S. **A formação social da mente**. 6. ed. São Paulo: Martins Fontes, 1998b. p. 121-137.

VYGOTSKY, L. S. **Psicologia pedagógica**. São Paulo: Martins Fontes, 2004.

VYGOTSKY, L. S. **A construção do pensamento e da linguagem**. 2. ed. São Paulo: Martins Fontes, 2009.

CENA 5

É EM CASA QUE TUDO COMEÇA!

Esta cena, assim como a anterior, é voltada para o Desenvolvimento Infantil. Os motivos dessa continuidade são a complexidade, a extensão do assunto e a difícil tarefa de não supervalorizar um aspecto, quase sempre relativo à nossa área de atuação, em relação a outros, tão importantes quanto, no desenvolvimento da criança. Busca-se também possibilitar ao leitor melhor compreensão das próximas cenas da clínica fonoaudiológica quando o desenvolvimento infantil se mostrará alterado.

Esclareço que o norteamento ético considerado na Cena 2, quando aplicado na infância, abrange nossa atuação para além dos limites do campo fonoaudiológico e se estende ao todo que a criança representa, o que não resultará obviamente em nossa atuação em outras áreas.

Para esclarecer esse ponto de vista trago um exemplo. Anos atrás, participei da análise de caso de uma criança de 3 anos que estava em terapia psicanalítica em uma esquipe multidisciplinar. Ela apresentou boa evolução, seguida de regressão com desatenção em relação à fala do outro, fato analisado no contexto do caso como sintoma emocional, já que não havia outras queixas. A psicanalista e o pediatra estavam preocupados, pois consideravam, para breve, a alta da criança. Sugeri avaliação audiológica, que foi considerada desnecessária pelos profissionais, já que a criança olhava quando falavam com ela. Mas, quando partilharam essa sugestão com os pais da criança, estes optaram por acatá-la. O resultado de "otite serosa" (sem dor ou febre) explicou sua desatenção. Aqui faço referência a uma psicanalista e a um pediatra com boa formação e preocupados com a criança e é importante dizer que outros profissionais de outras áreas também contam histórias sobre fonoaudiólogos competentes que deixam de observar coisas importantes.

Isso ocorre porque o período da infância se configura pelas inter-relações de diferentes funções em desenvolvimento, motivo mais do que justificado para conhecermos sobre como áreas motoras não específicas da fala estão implicadas em questões de linguagem, como o desenvolvimento do desenho infantil, por exemplo.

Retornando às teorias apresentadas no capítulo anterior, depois que vimos os pressupostos formulados por Piaget, Vygotsky e Luria fica difícil imaginar que algo do desenvolvimento infantil escapou ao olhar desses autores. Entretanto faltou considerar teorias que atrelam o desenvolvimento da criança à motricidade e à afetividade.

Neste capítulo, apresentarei Wallon e Winnicott, para que as noções de linguagem, aprendizagem, movimento, memória, brincar e desenhar sejam revisitadas sob mais esses pontos de vista. Então, influenciados por eles, talvez, possamos analisar, mais uma vez, nossos objetivos terapêuticos, estendendo-os à parceria com a família.

O título desta cena parafraseia o nome da obra de Winnicott, *Tudo começa em casa*, em que a *casa*, desde a chegada da criança, torna-se o ambiente afetivo de seu desenvolvimento e onde a família reposiciona seus papéis para dar conta disso. Continuam valendo para esta cena as mesmas preocupações registradas na anterior: trata- se de um recorte, cuja pertinência é a formação teórica do fonoaudiológico, a quem se sugere ampliar suas leituras sobre a teoria de seu interesse.

5.1 Henri Paul Hyacinthe Wallon

Iniciamos com o francês Henri Paul Hyacinthe Wallon (1879-1962), médico, psicólogo e filósofo de grande engajamento político em seu tempo. Ele desenvolveu a teoria psicogenética – "Psicogênese da Pessoa Completa" ou "Psicologia da Pessoa Completa" –, em que o ser humano é compreendido holisticamente nos aspectos biológico, afetivo, social e intelectual no contexto real de sua existência. Seu embasamento teórico é também empregado na Pedagogia. Desse ponto de vista, Wallon subverteu a hegemonia teórica, na construção do conhecimento, da relação entre cérebro e desenvolvimento cognitivo. Seus pressupostos sustentam, na área da Pedagogia, a indissociabilidade entre afetividade, motricidade e cognição como dimensões do processo de conhecimento ao longo da vida.

Com Vygotsky e Luria, Wallon partilha o materialismo dialético na visão sócio-histórica do desenvolvimento humano. Ele se ocupou de feridos de guerra, experiência que orientou seus estudos na construção de uma psicologia dialética em que a emoção se compõe de reações orgânicas, controladas por centros cerebrais específicos, e na qual há transformações corporais visíveis na promoção da consciência, conforme delineou em *Do ato ao pensamento: ensaio de psicologia comparada* (Wallon, 2008). Trata-se de processos subjetivos que alteram o meio e são alterados por ele na reciprocidade das relações humanas: "[...] *o que está em jogo são as aptidões da espécie, particularmente as que fazem do homem um ser essencialmente social*" (Wallon, 2008, p. 117).

Em um recorte possível desta teoria, serão prestigiados aqui seus escritos sobre a evolução psicológica e o processo do pensamento da criança, por meio das obras *Do ato ao pensamento: ensaio de psicologia comparada* (Wallon, 2008), *As origens do pensamento na criança* (Wallon, 1986) e *A evolução psicológica da criança* (Wallon, 1988).

Para Wallon, o desenvolvimento infantil é o processo de integração entre o organismo e o meio e entre a cognição, o afeto e o aspecto motor na articulação de campos funcionais de *afetividade, conhecimento* e *motricidade*. Porém, a linguagem é o instrumento e o suporte indispensável aos progressos do pensamento: pensamento e linguagem estão em relação de reciprocidade, pois ela tanto exprime o pensamento quanto o estrutura.

Para explicar a evolução da criança, Wallon (2008) discrimina cinco estágios[15], sendo que dois deles ultrapassam o período da infância e não serão apresentados aqui (Estágio categorial, de 7 a 11 anos, e Estágio da adolescência, de 12 a 18 anos).

1. Estágio *impulsivo-emocional* (0 a 1 ano): o afeto (emoção) é sua principal característica, marcado pelas sensações de bem ou mal-estar. As manifestações vocais da criança, seu choro e riso expressam emoções. A criança não tem consciência plena de si e do outro.

2. Estágio *sensório-motor* e *projetivo* (1 a 3 anos): caracteriza-se pela exploração do mundo exterior, surgimento da função simbólica, desenvolvimento da linguagem, nascimento do pensamento e da inteligência prática. A exploração sensória motora do mundo físico (sensibilidade exteroceptiva) se dá através da marcha, preensão (manipulação de objetos) e exploração de diferentes espaços. Este estágio é "projetivo" devido ao funcionamento mental do pensamento nascente que se *exterioriza* ou *projeta-se* em atos motores. O desenvolvimento da função simbólica sustenta relações cognitivas entre o meio e a linguagem (inteligência prática/resolução de problemas concretos e simbólica). A integração desses processos culmina na formação do *eu corporal* através da integração do corpo sentido e do corpo visto pelo outro. A criança frente ao espelho leva um tempo, mas reconhece como sua

---

[15] Os estágios são processos e por isso as idades que marcam o início e o fim são relativas e aproximadas.

a imagem refletida. O pensamento se caracteriza por ser *infantil sincrético* (fabulação, tautologia, elisão e contradição). A criança ainda não consegue compreender que *um nome* pode ter *dois significados*, por exemplo, manga – fruta e parte de uma peça de roupa.

3. Estágio do *personalismo* (3 a 6/7 anos): descrito como o "estágio do espelho". A criança já tem imagem externa e esquema corporal próprios formando o "eu". Analisado como crítico, esse processo é marcado por crises necessárias para a constituição da personalidade da criança, norteada pelo predomínio afetivo. A criança tem que superar a oposição entre o mundo virtual e real e nesse embate constrói a si mesma, o que acaba por promover um grande salto em seu desenvolvimento. No *personalismo*, nas crises entre o cognitivo e o emocional é que a criança ganha *consciência* de si e da necessidade de ser aceita pelo outro. Em função disso, torna-se exibicionista e imita quem admira, absorvendo suas qualidades. Nesse vai e volta entre si e o outro, transforma-se, constrói a si mesma e passa a se interessar mais pelo mundo exterior atingindo o Estágio categorial (6 a 11 anos). Nele, no período final da infância, o pensamento mostra-se mais estruturado pela ordem e organização.

Wallon observa que entre os 6 e 7 anos a criança tem muita dificuldade para sair de atividades espontâneas e migrar para aquelas exigentes de autodisciplina. É a escola que facilitará o desenvolvimento da autodisciplina, confirmando sua imagem originada na família. Ele nomeia esse novo processo de "autodisciplina mental" para explicar que os processos atencionais se aprimoram devido à maturação dos centros nervosos de inibição e discriminação, com repercussão em atividades e posturas motoras voluntárias.

Na etapa final desse estágio, o exercício intenso da criança no uso das funções cognitivas, também amplia os ajustes de memória, atenção, percepção e, particularmente, do pensamento, o qual agora começa a ganhar as mesmas características presentes no adulto.

Do ponto de vista fonoaudiológico, os estudos realizados por Wallon se coadunam em muitos pontos com as explicações dadas por teóricos de base sociointeracionistas na compreensão do fenômeno de linguagem, como: (i) constitutiva de sujeito, (ii) propiciadora de representação de mundo, (iii) promotora do pensamento. Priorizando essas características da linguagem, retomo o desenvolvimento da criança walloniana e, nelas, os desdobramentos da relação entre o *motor*, a *inteligência*, a *memória*, a *linguagem simbólica*, o *pensamento* e a *consciência*.

Para Wallon, no "estágio impulsivo-emocional" do primeiro ano de vida, o mal e o bem-estar (internos e externos: fome, dor, frio, umidade) são emoções (sustentadas por centros nervosos específicos) que demandam manifestações motoras e vocais (sons, choro e riso) moldando o corpo da criança no momento de sua ocorrência (Wallon, 1988).

Essas manifestações são expressivas/comunicativa que exteriorizam uma emoção para ativar, no outro, ações como respostas. É o que Wallon chama de "função proprioplástica". Para ele, trata-se de uma protolinguagem, anterior à linguagem propriamente dita com signos e símbolos.

No primeiro ano de vida, a emoção do bebê, significada pela cultura, torna-se afetividade e vai integrando-se ao desenvolvimento e à *construção do* eu e do *mundo externo*. Entretanto, as reações da criança modificam-se e tornam-se mais interessantes, apesar de ela e o mundo estarem misturados. Isso se dá com o surgimento gradual da consciência de si como sujeito das reações sensório-motoras, devido a: estabilidade das respostas emocionais, maturação fisiológica, estabilização da interpretação desses sinais pelo outro.

Vamos considerar a seguinte situação. Um bebê de dois meses chora, agita pés e mãos, fica com a pele mais corada, parece que vai sufocar. Neste caso, a mãe, respondendo a tudo isso, acolhe-o, dá-lhe leite, troca a fralda e o agasalha mais. Ele se acalma! Ela mesma não sabe com certeza qual das suas ações interferiu para acalmá-lo. Esse mesmo bebê, aos oito meses, chora alto sem tanta agitação corporal. A mãe chega com um pote de fruta picada! Ele olha, para de chorar, agita-se feliz para pegar o pote. As diferenças entre os dois momentos são o tempo de interação e de interpretação de sinais entre o par mãe-filho e a maturação neurológica da criança, que tornam a relação afetiva mais funcional.

Para Wallon, quando uma criança com pouco mais de um ano de idade tenta puxar um objeto para aproximá-lo de outro, ela altera a posição de seu corpo no espaço – e não do objeto – para cumprir seu interesse. No entanto, com o surgimento da função simbólica (processo de mielinização das áreas frontais, occipitais), por volta dos dois anos, passa a planificar e a representar suas ações em um novo plano virtual, promovendo a inteligência discursiva (Wallon, 1988).

Quais ações? Para o autor, as que estão presentes no seu contexto de existência. Ele explica que a função simbólica possibilita que a criança projete, planifique e represente suas ações não mais no plano concreto, mas virtual: o mundo *representado*. Esse mundo representado pela criança também se volta para ela na tarefa de construir-se a si mesma[16]. A dialética entre o simbólico e o imaginário sustentará a função de imaginação em oposição ao mundo real.

A representação, gerada pela função simbólica, só toma corpo por meio da linguagem possibilitando a configuração do espaço e do tempo mental. Assim, as palavras ganham sequência e ritmo (entonação) na língua no intercâmbio social (Pragmática).

Resumidamente, Wallon propõe uma evolução no uso da fala: o bebê compreende palavras antes de enunciá-las; a criança enuncia as primeiras palavras-frase (holófrase); depois passa a distribuir no tempo o que sentiu e pensou em frases justapostas sem uso de conectivos; depois vem o uso de frases subordinadas (Wallon, 1986).

Interrompo, nesse momento, a sequência dessa apresentação teórica para reforçar a importância da compreensão da *função simbólica* na vida da criança. Recupero o fato de que a "representação" na linguagem falada significa o afastamento da necessidade do concreto, assumida agora pelo signo na relação significado/significante.

Para Saussure (1975), no *Curso de linguística geral* a palavra existe em função da ideia, mas não faz parte de sua gênese. Assim,

> [...] o signo linguístico une não uma coisa e uma palavra, mas um conceito e uma imagem acústica. Esta não é o som material, coisa puramente física, mas a impressão (empreinte) psíquica desse som, a representação que dele nos dá o testemunho de nossos sentidos; tal imagem é sensorial e, se chegarmos a chamá-la "material", é somente neste sentido [...] O caráter psíquico de nossas imagens acústicas aparece claramente quando observamos nossa própria linguagem. Se não movermos os lábios nem a língua, podemos falar conosco ou recitar mentalmente um poema. (Saussure, 1975, p. 80)

O que pode significar o entendimento de que, quando a criança recria o concreto em conceito virtual, está se apropriando dos signos linguísticos (e seus suportes sensoriais) na estrutura da língua, fazendo uso da inteligência discursiva por meio da língua materna.

Wallon destaca que a inteligência discursiva é um fenômeno que se inicia com o surgimento da função simbólica, pela imitação e aquisição de

---
[16] Em outras palavras, quando a criança se descola do concreto com imaginações, também essas imaginações interferem em sua interpretação de mundo. É assim que segue se constituindo subjetivamente entre o que vê e o que imagina.

linguagem, acionando e criando memórias, atenção voluntárias, controle das emoções. Processos mentais que se consolidam em meio à estruturação das categorizações e da abstração tendo a sociedade como matriz.

Para ampliar a compreensão do alcance da expressão "discursiva" e sua relação com a sociedade (a que o sujeito está inserido culturalmente), recorro a *Os gêneros do discurso*, de Bakhtin. Ele explica a discursividade como elos da cadeia cultural, responsáveis pelo movimento das significações no processo comunicativo como: provérbios, piadas, expressões linguageiras que cumprem a função de remeter à criação dos sentidos (Bakhtin, 2010).

Ou seja, todos sabemos que a criança brasileira e a criança inuítes (Alasca, Groenlândia e Canadá) diferem no reconhecimento da cor branca, assim como os indígenas identificam mais variações de verde. A explicação é que a cor é uma construção social e cultural relacionada com memória e aprendizado, como sintetiza Marcelo Costa (2011) em *A cor é um evento subjetivo*, tendo como origem a nomeação de uma necessidade de sentido. Desse modo, a criança inuíte diferencia mais cores de branco porque essa variação lhe dá informações sobre a espessura da neve indicando se é seguro pisar nela ou não, distinção que pode por sua vida em risco ou salvá-la. Essa condição só se mantém porque seu cérebro criou circuitos cerebrais para dar conta dessa realidade que, de tanto se repetir, tornou-se memória e, exatamente por isso, não foi exterminada por nenhuma poda neural.

Wallon explica também que, no estágio *projetivo*, a função simbólica, a linguagem como suporte para a memória e o conhecimento continuam se estruturando, mas a noção de tempo é difícil para a criança, que primeiro age no *aqui* e *agora*, faz gestos sociais que precedem a palavra e depois reflete sobre isso. Faltam a ela recursos de linguagem para compreender o *recordar* do *antes* e a *previsão* do *depois* e, ainda, integrar a noção de presente, passado e futuro. Assim, Wallon, tal qual Vygotsky, atestam a prevalência do motor sobre o conceitual: primeiro a criança age e depois compreende o que fez (Wallon, 1988).

Ainda para Wallon, no desenvolvimento da criança, o aspecto motor é o deflagrador de relações fundamentais de corpo e gestualidade. Nesta condição a função postural é a responsável pela manutenção de um estado motor, ou seja, pela garantia de uma tensão física mínima que possibilite a expressão corporal. No início do desenvolvimento, as configurações posturais são significadas pelo entorno social. Com a função simbólica ou representativa, há o predomínio do gesto expressivo já marcado por um nível de consciência. Conforme a criança aperfeiçoa seus movimentos, passa a perceber relações entre cada parte de seu corpo e os objetos a sua volta.

Em função disso, Wallon (1988) distingue três formas de movimento importantes para a evolução do psiquismo infantil: (i) passivo ou exógeno – deslocamentos que possibilitam ao corpo atingir seu equilíbrio; (ii) ativo ou autógeno – deslocamentos intencionais do corpo, ou de partes dele, no tempo e no espaço; (iii) movimento das reações posturais – mímicas ou expressões corporais e faciais.

Para ele, a motricidade é destaque em relação à marcha, como exploração do ambiente; à fala, para o desenvolvimento da inteligência prática; e ao gesto, como auxílio de expressão de pensamento.

Na forte associação que Wallon faz entre linguagem/conhecimento/memória, ele discrimina, para além da família, o *grupo* como lugar de confronto entre o individual e o coletivo, fundamental para aprendizagens – cognitiva, afetiva e psicomotora. O grupo cria para a criança duas exigências opostas: (i) a criança precisa identificar-se com os objetivos e interesses do grupo; (ii) ela precisa assumir seu papel no grupo, diferenciando-se dos outros componentes. Assim:

> [...] a coesão de reações, atitudes e sentimentos, que as emoções são capazes de realizar em um grupo, explica o papel que elas devem ter desempenhado nos primeiros tempos das sociedades humanas: ainda hoje são as emoções que criam um público, que animam uma multidão, por uma espécie de consentimento geral que escapa ao controle de cada um. Elas suscitam arrebatamentos coletivos capazes de escandalizar, por vezes, a razão individual. (Wallon, 1986, p. 146)

Para Wallon, como para Piaget, Vygotsky e Luria, no período infantil, deve predominar o lúdico e a criatividade espontânea, quando os brinquedos têm o papel de progressão funcional (neurológica) e confirmam as múltiplas experiências vivenciadas pela criança: memorização, enumeração, socialização, articulação sensorial, entre outras.

Ele chama a atenção para a necessidade da presença do adulto em diferentes momentos de brincar/jogar com a criança para estancar seu progresso. Em função do que os brinquedos promovem nas crianças, Wallon os classifica em:

1. Jogos Funcionais: voltados para movimentos simples com o corpo, por meio dos sentidos, para novas aquisições adquiridas pela evolução da motricidade. A criança, quando realiza uma ação agradável, tende a fazer de novo buscando o prazer na repetição (tocar objetos, produzir ruídos e sons, dobrar os braços ou as pernas etc.);

2. Jogos de Ficção: a ênfase está no "faz de conta", na situação imaginária (a criança irá representar/imitar situações, papéis do seu cotidiano);

3. Jogos de Aquisição: incluem atividades relacionadas com a capacidade de olhar, escutar e realizar esforços que contribuam para a compreensão;

4. Jogos de Fabricação: trata-se de atividades manuais de criar, combinar, juntar e transformar, incluem causas e consequências e jogos de ficção.

Finalizando a apresentação de Wallon, para ele o desenhar não escapa do aspecto motor a serviço da afetividade, do psíquico e da representação e isso já aparece quando o rabisco

> [...] ocupa um lugar que o gesto da criança pode tender e dilatar ou concentrar ou mesmo modificar, pois acontece que a criança se afasta de um primeiro rabisco para justapor-lhe um outro. Assim se realizam distribuições diversas no espaço, em que cada parte pode reagir mais ou menos sobre as outras. É como um começo de modulação espacial, em que as combinações de cheio e de vazio bem podem começar por ser fortuitas, mas são destinadas a realizar um jogo mais ou menos diversificado que se poderá reencontrar sob formas mais evoluídas do desenho. (Wallon, 1988, p. 86)

5.2 Donald Woods Winnicott

Donald Woods Winnicott (1896-1971) foi um pediatra e psicanalista inglês, líder da Sociedade Britânica Independente de Psicanálise. Ele trabalhou com crianças na segunda guerra mundial e, entre os anos de 1943 e 1966, participou do programa "Happy Children", transmitido pela rádio BBC de Londres, dirigido às mães sobre as dificuldades experimentadas por seus filhos de diferentes idades, incluindo os bebês.

A preocupação de Winnicott com o aspecto psíquico do bebê e de sua mãe, desde a década de 1930, levou-o a enfrentamentos dentro da própria Medicina. Nessa época nem a relação de sintoma e doença no corpo da criança estava delineada, menos ainda seus aspectos psíquicos. Como visto na Cena 3, a Medicina demorou para tratar da criança e a Pediatria veio a se tornar uma especialização médica em meados do século XIX, enquanto a Psiquiatria Infantil apenas se estabeleceu no início do século XX.

Os estudos de Winnicott, desenvolvidos em 40 anos de trabalho, continuam relevantes e interferindo na constituição das áreas da Pediatria, da Psiquiatria Infantil e da Psicanálise Infantil. O que mobilizou teoricamente Winnicott no trabalho com crianças foi sua constatação quanto à precocidade dos distúrbios psíquicos em bebês e/ou em suas mães. Fato que o aproximou da Psicanálise como campo de investigação.

Foi supervisionado, entre os anos de 1935 e 1941, por Melanie Klein, estudiosa do psiquismo infantil na clínica psicanalítica. Foi Klein quem introduziu o brincar na terapia psicanalítica, reconhecendo nela relações entre: (i) a atividade lúdica infantil e o sonho do adulto; (2) as verbalizações da criança ao brincar e a associação livre clássica.

Nas publicações *Desenvolvimento emocional primitivo*, de 1945 (Winnicott, 2000a) e *A preocupação materna primária*, de 1956 (Winnicott, 2000b), encontram-se conceitos winnicottianos importantes sobre a relação mãe e bebê, e seus desdobramentos. Para Winnicott, quando o bebê chega, ele não existe devido sua total dependência da mãe, ou de quem exerce o papel da função materna. Assim, *sua existência se dá apenas na unidade psíquica mãe-bebê.*

O autor analisa que, na vinda do bebê, a mãe vive em função dele e sente que precisa protegê-lo, alimentá-lo, agasalhá-lo, higienizá-lo e cuidar dele da melhor possível. Ela julga que tudo está relacionado ao bebê, criando uma percepção irreal e paralela de realidade, do mesmo modo que acontece nas psicoses. Entretanto, nesta fase da relação, esta "psicose" é favorável, pois a mãe se autoafirma como mãe e o bebê recebe a dedicação dela desenvolvendo uma *ilusão de onipotência*. Neste caso, o desejo do bebê coincide com o desejo do mundo e seu choro, diante de qualquer insatisfação, mobiliza sua salvadora. Depois essa *ilusão* se transformará em *sentimento de onipotência* e agora é sua própria mente que mobiliza o mundo a seu favor: o bebê é o mundo.

No cotidiano dessa relação, a mãe aprende a identificar cada necessidade do bebê e, por outro lado, a *autopercepção do bebê* se estrutura entre *ver, ser visto e existir*. Com o tempo, o bebê amadurece neurologicamente e seu intelecto lhe permite melhor percepção tátil. Através dela, perceberá o contorno limitado de seu próprio corpo e sua pele se tornará a demarcação entre ele e o resto do mundo.

Winnicott, visando à autonomia psíquica do bebê, estabelece o conceito de "mãe suficientemente boa", presente na obra *Os bebês e suas mães* (Winnicott, 2006). Essa mãe suficientemente boa seria aquela com pequenas falhas, nem perfeita, nem negligente. Ela não protege demais o bebê para que não se torne incompetente em enfrentar o mundo e se proteger e ela também não o negligencia demais para que o desamparo experimentado por ele não o faça desgostar de viver. O equilíbrio entre essas posições é definido pela mãe a partir da relação vivida/sentida com seu bebê.

Nesse jogo de reconhecença, Winnicott chama de *identificação cruzada* quando a mãe se identifica com o bebê e depois o bebê, quando se vê dissociado da mãe, retribui-lhe uma identificação. Esse é um acontecimento baseado na *reciprocidade* como uma tendência humana. Nesse momento, a unidade psíquica que existia se desfaz.

Associado à noção de *Mãe Suficientemente Boa,* Winnicott construiu três funções que se sobrepõem:

1. *Holding:* junção de afetos relacionados ao ato de proteger, limpar, alimentar e segurar o bebê, o que se reflete na *integração* do bebê que se sente seguro; a ansiedade da mãe, o medo de que o bebê caia aparecem aqui e alteram a maneira de segurá-lo, por exemplo.

2. *Handling:* suporte psíquico e físico que é oferecido ao bebê pela mãe e o ajuda a perceber os limites ou contornos de seu corpo interferindo na associação entre seu psíquico e esquema corporal e na diferenciação entre o *eu* e o *outro*. O que está em questão nessas duas funções é que o cuidar da criança tem que ser afetivo e não automático para fins higiênicos.

3. *Apresentação de objetos*: trata-se da apresentação do mundo ao bebê, proporcionando-lhe um ambiente seguro e desafiador para suas descobertas. Os objetos (coisas, brinquedos, músicas etc.) ou pessoas tornam-se *transicionais* porque são revestidos da possibilidade de satisfação que antes era só a mãe quem lhe dava.

No estudo *Desenvolvimento emocional primitivo* (Winnicott, 2000a), o autor delineia três outros processos atravessados pelo bebê no percurso entre a mãe e o mundo: (i) *Integração*: o bebê se sente inteiro, processo iniciado no *handling*; (ii) *Personalização*: o bebê começa a se perceber como uma pessoa distinta das demais e do mundo, processo iniciado no *holding*; (iii) *Realização*: o bebê começa a ter contato com uma realidade externa mais complexas devido à presença de *objetos transicionais* que o ajudam a se engajar na realidade do mundo.

Para Winnicott, as experiências de um indivíduo, desde o seu nascimento, mesmo as memórias corporais de experiências subjetivas e primitivas, permaneceram por toda a vida, ainda que não conscientes.

Ele também se ocupou de analisar a comunicabilidade entre mãe e bebê, o que se deu a partir da "função de espelhamento" descrita no texto *O papel do espelho da mãe e da família no desenvolvimento infantil* (Winnicott, 1975). Para que o *espelhamento* aconteça é preciso que a mãe se constitua como continente para que o bebê, olhando o rosto dela, encontra a si mesmo como autoconhecimento de coisas vivas. No entanto, existem mães que não devolvem o olhar ao bebê e nesse caso a possibilidade de um vínculo vivo acaba não acontecendo.

A linguagem não é o aspecto mais importante na teoria winnicottiana do que *outras formas de comunicação pré-verbais* ou a intercomunicação entre mãe e bebê, a qual se dá pelo acolhimento dele, como alguém que depende desse ambiente protetor, que não passa necessariamente pelas palavras, mas pela instauração do humano.

Winnicott, quando fala do bebê ou da criança, não o faz fora do contexto familiar.

> Se aceitarmos como correta a identificação entre saúde e maturidade relativa, devemos ter como certo que o indivíduo só possa atingir sua maturidade emocional num contexto em que a família proporcione um caminho de transição entre os cuidados dos pais (ou da mãe) e a provisão social. (Winnicott, 2005, p. 136)

Como referido anteriormente, o bebê é um ser frágil e o percurso de sua autonomia se dá em um processo de implicação da família:

> [...] tendo o pai e a mãe como suas principais características estruturais. A família tem seu próprio crescimento. [...] mas, gradualmente, o mundo se introduz: as tias e tios, os

> vizinhos, os primeiros grupinhos de crianças, chegando à escola. Essa introdução gradual do ambiente externo é a melhor maneira pela qual uma criança pode entrar em bons termos com o mundo mais vasto, e segue de modo exato o padrão pelo qual a mãe apresenta à criança a realidade externa. (Winnicott, 2005, p. 60)

Winnicott compreende que a vida psíquica de uma pessoa se assenta nas experiências iniciais do bebê que ela foi, em que a família seguiu esse roteiro de atenção materna como a moradia onde a amadurecimento inicial aconteceu. Onde aconteceram também a proteção, a confiança, novos desafios, exercício de destrutividade, agressividade, moralidade pessoal etc. É em casa com a família que se prepara para o enfrentamento de rivalidade, ambivalência, genitalidade, separações entre si e os outros.

É interessante como Winnicott reserva um espaço de reflexão sobre como os pais valorizam suas próprias famílias de origem. Para ele essa congregação carrega um valor de *pertencimento* ao *grupo familiar* que transcende o sentimento de ter uma raiz, uma linhagem como base de preservação de costumes e tradições.

Contudo, ele chama a atenção de que não pode existir idealização em relação à família e, muitas vezes, pode acontecer de as crianças maiores apreciarem ficar mais na escola e com amigos do que em casa, devido à tensão emocional. Nesse momento a escola maternal "[...] tem funções importantes e óbvias. Uma delas é o fornecimento, durante algumas horas diárias, de uma atmosfera emocional que não é a tão densamente carregada do lar" (Winnicott, 1982, p. 217).

Winnicott, no interior da Psiquiatria, faz uma análise inspiradora sobre o lugar da família nesse atendimento, com a qual me identifico plenamente em minha prática clínica e com ela concluo a apresentação desse teórico.

Em seu texto *Consultas terapêuticas em psiquiatria infantil* (Winnicott, 1984), ele orienta que o tratamento da criança só pode ocorrer se a família fizer a continuidade do que ela começou na consulta. Ele chamou de "Psicanálise Compartilhada" o trabalho que a família, orientada pelo terapeuta, assume sobre esse cuidado quanto à saúde de seus filhos. Essa relação sustenta um vínculo entre a criança que se utiliza do que a família lhe oferece e a família que, com a orientação, tem mais a oferecer.

5.3 Como Wallon e Winnicott podem contribuir com a tríade fonoaudióloga-criança-família?

Piaget, Vygotsky, Luria, Wallon e Winnicott reconhecem a infância como o período de vida da criança que sustenta e estrutura tudo o que será construído depois. Entretanto, Wallon e Winnicott escrevem menos sobre a linguagem falada e mais sobre outras formas de linguagens: do movimento, do acolhimento.

Na teoria desenvolvida por Wallon, a ênfase recai na indivisibilidade da *pessoa completa* e o desenvolvimento infantil é visto como um processo de integração de campos funcionais de *afetividade, conhecimento* e *motricidade* entre o organismo e o meio em uma relação dialética. Nesse contexto, a linguagem é valorizada como instrumento de expressão e de estruturação do pensamento.

Nos estágios elencados por Wallon sobre o desenvolvimento infantil, há o destaque do aspecto motor como deflagrador de relações fundamentais de corpo, de gestualidade e de expressão corporal.

Antes da linguagem falada, a linguagem é corporal e significada pelo entorno social. Depois com a função simbólica ou representativa, há o predomínio do gesto expressivo já marcado por um nível de consciência. Os movimentos contribuem para que a criança perceba as relações entre cada parte de seu corpo, os objetos a sua volta, a construção de um mundo virtual que a ajudam na *construção de si mesma*.

Ele continua explicando que o movimento do corpo interfere na evolução do psiquismo infantil, e esta relação recobre noções de equilíbrio, deslocamento do corpo no tempo e espaço, expressões corporais e faciais (mímicas). Assim, para Wallon, a motricidade é destaque em relação à marcha/exploração do ambiente; à fala/inteligência prática; ao gesto/expressão de pensamento. O fonoaudiólogo pode estar mais habituado a relacionar linguagem, sentido e conhecimento à materialidade da palavra na voz: que a criança fale! Wallon vem nos relembrar de que o gesto indicando algo e a marcha da criança em direção ao que ela quer são atos de linguagem. A criança primeiro age executando uma série de movimentos com significados socio e culturalmente estabelecidos, para depois nomear o que fez. Assim, a função simbólica mostra-se no gesto da criança de colocar a colher na boca da boneca, antes de ela dizer: "Papá, nenê!".

Se a espera de todos é a linguagem falada na boca da criança, é fundamental explicar aos pais que, na ausência da fala, existe linguagem. Esse embasamento teórico legitima a referência de uma linguagem não verbal tanto na avaliação, quando interpretamos determinados atos motores da criança como linguísticos, quanto em uma condição de evolução terapêutica diante da criança que não atribuía intenção ao seu gesto e agora o faz.

Ainda em relação à família, recupero três pontos altos da teoria walloniana.

O primeiro se refere ao período do *Personalismo*. Wallon aborda as crises que a criança enfrenta, mais fortemente entre os 6 e 11 anos, para ganhar *consciência* de si e da necessidade de ser aceita pelo outro. Para ajudar a compreensão dessa fase, o comportamento da criança é descrito como exibicionista e de apego à pessoa admirada quando passa a imitá-la e a absorver suas qualidades.

Essa referência Walloniana me lembra das tantas vezes em que ouvi lamentações de pacientes, com idades já a partir de 5 anos, sobre um amigo em especial, de quem gostam muito, mas que os ignora na escolha para brincar, por exemplo. E, em função disso, as mães demonstram irritação com os filhos: "Ele continua chamando para brincar. Não sei mais como explicar para ele que o fulano não gosta dele!"; "Já falei para ela, para de agradar essa menina, por favor! Tem outras crianças muito mais legais!", "Não está vendo que ela não quer falar com você?".

Soa como tranquilizador, apesar de ser uma fase difícil e de duração imprevisível, quando Wallon explica que é nesse vai e volta em relação ao outro/outros que a criança, além de se transformar, passa a se interessar mais pelo mundo exterior evoluindo seu pensamento para outro do tipo categorial, mais próximo do pensamento adulto.

O segundo ponto se alinha com o fato de que, em diferentes momentos, a Família e a Escola são colocadas por Wallon em uma relação de interdependência psíquica, tal qual observamos na sociedade contemporânea. De tal modo, a família é reconhecida como instância de afetividade e também de autodisciplina que terá na escola um lugar representativo para o exercício dessa continuidade.

Nesse sentido, Wallon preconiza que a família é o primeiro grupo em que a criança experimenta processos interrelacionais de linguagem, conhecimento, memória, afetividade, motricidade, regras etc., mas ela precisa participar desde cedo de outros *grupos,* como lugares de confronto entre o individual e o coletivo, fundamental para aprendizagens cognitiva, afetiva e psicomotora. E, para isso, a criança precisa cumprir as exigências de se identificar com os interesses do grupo e cumprir seu papel nele diferenciando-se dos outros, sob o risco de perder sua identidade. Quando ressalto esses dizeres de Wallon é também para ampliar a compreensão sobre o que está em questão quando os exercícios da função materna e paterna não são atualizados.

O terceiro ponto diz respeito ao fato de que é difícil pensar nessas distinções quando a criança é muito pequena. Para isso, Wallon analisa que o brincar e os tipos de brinquedos promovem/suprem na criança diferentes necessidades emocionais, de compreensão, de motricidade, de causa e consequência. Contudo, ele chama a atenção para a necessidade da participação do adulto na brincadeira com a criança por algumas vezes, para que ela explore melhor os recursos oferecidos por cada brinquedo.

Já com Winnicott nos transferimos para um tempo primordial. Aquele da chegada do bebê cuja existência só pode ser reconhecida na unidade psíquica mãe-bebê. Em diferentes teorias apresentadas aqui houve referências à fragilidade neurofuncional e à necessidade de cuidado que o bebê apresenta quando nasce. Winnicott nos conta sobre as sutilezas e a fragilidade da construção da relação mãe e bebê, evidenciando nela a necessidade da proteção física e psíquica do bebê e a pressuposição de que a mãe tenha isso para oferecer. Nesse tempo o choro e as vocalizações são mensagens que convocam a presença da mãe ou de quem exerce essa função.

Essa é a linguagem proposta por Winnicott. Uma linguagem silenciada de palavras e plena de afeto, proteção e abertura crescente para o mundo, através dos processos de: *Integração/Handling*, *Personalização/Holding* e *Realização/objetos transicionais*. O autor assegura que tais processos são cruciais na compreensão de que os cuidados dirigidos ao bebê, incluindo o segurar, o alimentar, o banhar, não podem ser atos automáticos ou de higiene, mas de afeto como realização da saúde psíquica da mãe e do bebê. Essa é uma observação importante para o fonoaudiólogo que trabalha com a linguagem e o desenvolvimento infantil.

Ele explicita também que, na relação bebê-mãe, a mãe pode ser o elo fragilizado. Essa relação passa pela "função de espelhamento", retratada na sustentação da permanência do olhar do bebê no olhar da mãe como processo de reconhecimento de si mesmo, o que só pode acontecer através do olhar sustentado da mãe. Caso isso não ocorra, a possibilidade de um vínculo vivo acaba não acontecendo.

Seguindo com Winnicott, entendemos como é importante saber sobre a unidade psíquica desses tempos iniciais de nossos pacientes. Sabemos que a linguagem começa desde antes do nascimento do bebê, quando ele já é referido por um nome e detentor de uma expectativa. Sabemos também que o olhar da mãe (ou de quem exerce essa função), a fala dela (em diferentes ritmos e entonações) e a resposta do bebê (com olhar ou vocalizações) são fundamentais para a construção do laço afetivo e social do bebê que o humaniza.

No cotidiano clínico fonoaudiológico, pode acontecer de a própria mãe ou pai contar sobre o desconforto que experimentaram na época da vinda da criança, diante da dificuldade de ela dormir, de pegar o peito, do choro continuado etc. Refiro-me especialmente ao fato de que, quando há uma queixa de linguagem, mais do que de fala, tenho o cuidado de tentar construir uma imagem mental do que foi a chegada do bebê nessa família.

Pode ser apenas uma interpretação pessoal, mas acho invasiva e deflagradora de respostas autoprotetivas a pergunta referente a esse período, em anamneses clássicas: "Foi um bebê desejado?". A sensação de invasão ou inadequação se deve ao fato de que é estranho pensar que alguém irá informar a uma pessoa que acabou de conhecer que não queria a criança naquele momento, ou que não queria, mas depois adorou a chegada dela, ou que não queria e contínua não querendo. Para esse tipo de confissão, é necessário um certo tipo de intimidade, vulnerabilidade e disposição – premissas quase nunca presentes especialmente em encontros iniciais.

Obviamente, em cada uma dessas situações, pode haver mais ou menos energia investida nesta criança nos aspectos de afeto, de fala dirigida a ela, de cuidado etc. e, por consequência, pode impactar também no seu desenvolvimento de linguagem. Existe uma diferença sutil entre uma mãe que está com dificuldade de lidar operacionalmente com a chegada do filho e se mostra feliz, apesar do cansaço que o cuidar desse bebê causa, daquela que permanece paralisada psiquicamente diante da criança ou afastada mentalmente dessa realidade como se esse tempo nunca fosse se estruturar funcionalmente.

Os sinais podem ser difíceis de serem identificados. Há casos em que a mãe reclama muito, mas, se alguém se propõe a ajudar, sente-se ofendida porque o filho é dela e demais ninguém. Outros em que a mãe cuida do bebê com esmero, deixando-o sempre limpo, dando-lhe mamadas sob demanda do bebê, elogia-o por "não dar trabalho", porém não se percebe nela uma ligação viva com o filho. Para piorar a situação na sociedade contemporânea, vivemos a "romantização" da maternidade, em que a mulher pode se sentir submetida ao apagamento de seus sentimentos e à culpabilização por não "dar conta" do parto normal, das horas de sono perdidas, da amamentação de livre demanda e de, ainda assim, se mostrar feliz, mesmo com o bico do seio rachado e com dor. Essa condição pode levar a mulher a ter sentimentos contraditórios em relação à maternidade, dificultando mais ainda uma reflexão sobre esse momento de "unidade psíquica" com seu filho.

Winnicott, na tentativa de regularizar o comportamento materno, conceitua o perfil de "Mãe Suficientemente boa" como aquela que não protege demais o filho e nem o negligência demais. Mas se a dificuldade é descobrir o equilíbrio entre uma posição e outra, ele esclarece que só a mãe é quem sabe sobre isso.

Nos diagnósticos fonoaudiológicos, temos diagnósticos diferenciais cuja polarização está sempre voltada para o bebê. O bebê que não olha para a mãe, aquele que não reage à voz dela, aquele que não se acalma por nada enquanto a mãe se desespera porque ela e o filho não se encontram nem no acolhimento, no afeto, no cuidado etc. Estamos falando de bebês não ouvintes, bebês cegos, bebês com TEA, bebês com alguma síndrome etc.

Em relação à mãe, pode haver situações evidenciando que a suposição de que ela poderia cuidar desse filho não se cumpre. Nesse caso, quando ela se reconhece depressiva por ocasião do nascimento do bebê e é acolhida no ambiente familiar, ela e a criança terão mais chances de receberem cuidados precocemente. Mas pode ser que a mãe reconheça sua condição e, mesmo declarando-a, não receba nenhum cuidado, o que prejudicará a criança e a ela. Ou, ainda, pode haver a negação, por parte da mãe, dando a falsa impressão de que tudo está bem, mas a criança poderá ser igualmente prejudicada pela "fratura" nessa função materna.

Não é difícil imaginar, por tudo o que já foi exposto sobre o processo de desenvolvimento infantil, que essa criança sem a linguagem do afeto terá mais dificuldade na linguagem falada. Ela poderá não ter nenhum problema de fala, mas pode ter a linguagem empobrecida com repercussões na aprendizagem, na atenção e em outros processos.

A grande importância de se pensar sobre isso é que nesses casos, independentemente da idade da criança, a prioridade não é a atenção fonoaudiológica, mas a psicológica tanto da mãe quanto da criança. A atenção fonoaudiológica poderá ser necessária, mas o fator estruturante é de ordem primariamente psíquica.

Winnicott (2021) destaca que "Tudo começa em casa!" quando se trata de proteção, confiança, novos desafios, exercício de destrutividade, agressividade, moralidade, rivalidade, ambivalência, genitalidade, separações entre si e os outros. Ou seja, a casa é balizada por ele como lugar de aprendizagens de diferentes especialidades – andar, pegar objetos, comer, cheirar etc. –, mas especialmente as de ordens psíquicas e emocionais.

Ele transcende o tempo da criança e valoriza a relação dos pais com as próprias famílias para recuperar uma linhagem de preservação de costumes e tradições. A ideia aqui é de pertencimento, de reconhecimento de iguais. Tais noções, entretanto, vem sofrendo alterações assim como as composições familiares. Uma pesquisa divulgada em 2021 revelou que houve um aumento de mães que buscam, nas redes sociais, respostas sobre maternidade e amamentação, por exemplo, e preferem seguir blogueiras que falam sobre esses assuntos. A pandemia fez com que esse comportamento se acentuasse, porém já era uma tendência que passa pela valorização do moderno e do cientificamente provado (Menezes; Lourenço; Vilhena, 2021).

Winnicott, em seu tempo, já advertia que, em relação à família, não pode haver idealização. Algo sempre escapa e, por vezes, a criança precisa permanecer por mais tempo no ambiente escolar devido à tensão emocional presente em sua casa: é preciso ter *maturidade para cuidar dos filhos e estes não podem se sentir como estorvos.* Nesse ponto, ele defende a ideia de que os pais tenham ajuda de outros membros da família ou de amigos porque o excesso de trabalho deixa a família desamparada e as crianças sentem isso.

A perspectiva teórica de Winnicott sobre família, escrita nos anos das décadas de 1930 e 1940, mostra-se bem atual quando retomamos a Cena 3, na qual esses mesmos temas são apresentados sob um viés sociológico. Naquele momento em que a família contemporânea foi o destaque, revelou-se como as estruturas das relações familiares diminuíram e mudaram através de um efeito de individuação que contribuiu para que valores tradicionais passassem a ser considerados ultrapassados. Ressaltou-se também como as famílias podem estar sobrecarregadas e estressadas e como a Escola vem se tornando um ambiente que, além de ensinar, precisa oferecer aos alunos sustentação psicológica que, nos termos de Winnicott, tem a *importante função de fornecer à criança uma atmosfera emocional que não é a tão densamente carregada do lar.*

De fato, a escola parece estar dividindo e, por vezes, executando o papel antes destinado apenas aos pais. Esse fato, por sua vez, modifica a função primeira dessa instituição e pode oportunizar aos pais exigências que ultrapassam as questões do saber. Diante dessas reflexões e observando o quanto a escola encaminha crianças para diferentes avaliações clínicas com especialistas por questões de aprendizagens, atenção e comportamento, não me parece possível desconsiderar uma confluência entre esses dois fatos que merece atenção.

Para finalizar, Winnicott, como muitos de nós, defende a participação da família no acompanhamento da criança para continuar em casa o que ela começou na consulta, dando o nome para isso de "Psicanálise Compartilhada", destacando que *a criança tem ganhos quando faz uso do que a família oferece e a família bem orientada tem mais a oferecer a ela.*

Referências

BAKHTIN, M. Os gêneros do discurso. *In*: BAKHTIN, M. **Estética da criação verbal**. 5. ed. São Paulo: Martins Fontes, 2010. p. 261-306. Trabalho publicado originalmente em 1979.

COSTA, M. 'A cor é um evento subjetivo'. **Globo Ciência**, São Paulo, 23 jul. 2011 [atualizado em 20 jul. 2012]. Disponível em: https://redeglobo.globo.com/globociencia/noticia/2011/07/cor-e-um-evento-subjetivo.html. Acesso em: 15 dez. 2019.

MENEZES, C.; LOURENÇO, L.; VILHENA, D.. Conectadas e engajadas: a geração de mães consumidoras de conteúdo digital. **Globo Gente**, 30 jun. 2021. Disponível em: https://gente.globo.com/conectadas-e-engajadas-a-geracao-de-maes-consumidoras-de-conteudo-digital/. Acesso em: 10 abr. 2024.

SAUSSURE, F. de. **Curso de linguística geral**. São Paulo: Cultrix, 1975. Trabalho publicado originalmente em 1916.

WALLON, H. **A evolução psicológica da criança**. São Paulo: Almedina, 1998. Trabalho publicado originalmente em 1941.

WALLON, H. **Do ato ao pensamento**: ensaio de psicologia comparada. Petrópolis: Vozes, 2008. Trabalho publicado originalmente em 1942.

WALLON, H. **As origens do pensamento na criança**. São Paulo: Manole, 1986. Trabalho publicado originalmente em 1945.

WINNICOTT, D. W. O papel do espelho da mãe e da família no desenvolvimento infantil. *In*: WINNICOTT, D. W. **O brincar e a realidade**. Rio de Janeiro: Imago, 1975. p. 153-162. Trabalho publicado originalmente em 1967.

WINNICOTT, D. W. **A criança e seu mundo**. São Paulo: LTC, 1982. Trabalho publicado originalmente em 1953.

WINNICOTT, D. W. **Consultas terapêuticas em psiquiatria infantil**. Rio de Janeiro: Imago, 1984.

WINNICOTT, D. W. Desenvolvimento emocional primitivo. *In*: WINNICOTT, D. W. **Da pediatria à psicanálise**: obras escolhidas. Rio de Janeiro: Imago, 2000a. p. 218-232. Trabalho publicado originalmente em 1945.

WINNICOTT, D. W. A preocupação materna primária. *In*: WINNICOTT, D. W. **Da pediatria à psicanálise**: obras escolhidas. Rio de Janeiro: Imago, 2000b. p. 399-405. Trabalho publicado originalmente em 1956.

WINNICOTT, D. W. **A família e o desenvolvimento do indivíduo**. São Paulo: Martins Fontes, 2005. Trabalho publicado originalmente em 1965.

WINNICOTT, D. W. **Os bebês e suas mães**. São Paulo: Martins Fontes, 2006.

WINNICOTT, D. W. **Tudo começa em casa**. 3. ed. São Paulo: Ubu, 2021.

CENA 6:

TUDO DEMORA MAIS!

A Cena 6 possibilitará nosso encontro com crianças cujas histórias são marcadas por atrasos, bem como com suas famílias. Essa aproximação se dará através da construção de um caso clínico composto de diferentes acontecimentos derivados da prática fonoaudiológica para que diferentes exercícios de análises e de raciocínios clínicos sejam possíveis.

Vimos, em cenas anteriores, que o desenvolvimento infantil recobre um período de interrelações densas e complexas que se estruturam desde a concepção da criança até os seis anos de idade, no ritmo mesmo de seus pares.

A história da criança se compõe de suas experiências e vivências, as quais são retratadas em diferentes narrativas (da família, do médico, do especialista, da escola), revelando seu percurso diante das demandas esperadas – sensoriais, afetivas, cognitivas, motoras, linguísticas e neurofuncionais.

Porém, nem todas as crianças[17], conseguem dar conta dessas demandas no tempo esperado. Há histórias de crianças em que os ajustes e as estabilizações demoram mais para acontecer, e seus pais já sabiam disso antes de ela nascer. É o caso de alterações identificadas no período intrauterino, durante a gestação, como as síndromes, as más-formações múltiplas e outras.

Outras alterações podem acontecer como sequelas devido a complicações no momento do parto e são chamadas de perinatais (hipoxia ou anoxia, prematuridade e baixo peso, dentre outras), ou depois do parto, referidas como pós-natais (desnutrição, desidratação grave, falta de estimulação, abandono etc.).

Entram ainda, nessa gama de possibilidades, fatores que influenciam a saúde mental materna, como: história de depressão pré e pós-parto,

---

[17] Uma criança é: "típica" quando seu desenvolvimento está dentro do estabelecido como padrão, em percurso dentro do que é "esperado"; "atípica" quando está fora desses padrões; "neurotípica" quando seu funcionamento neurológico é típico, padrão; "neurodivergente" quando há alterações no funcionamento cognitivo, comportamental, neurológico e neuroanatômico.

ausência de suporte social, violência doméstica na gravidez, dependência de substâncias, transtornos psiquiátricos (em tratamento ou não). Todos são índices de risco para o desenvolvimento infantil.

Entretanto, há situações em que os pais não imaginam qualquer problema com sua criança porque nada, em sua história, indica qualquer risco para o seu desenvolvimento. Eles começam a se preocupar quando observam nela certa demora (em permanecer sentada, em andar ou em falar, por exemplo) e, buscam, nas avaliações médicas, as explicações para o que está acontecendo.

Então, pesquisas orgânica e biológica podem ser feitas: exames de imagens do cérebro, análise genética, avaliações auditivas e visuais, pesquisa de anticorpos (citomegalovírus e outros) e de alterações hormonais e sanguíneas (tireoide, fenilcetonúria, hemoglobinopatias e outras), avaliações específicas de fala e linguagem, de desenvolvimento motor, entre outras.

Entende-se que essa procura pelo diagnóstico suscitada pela queixa familiar ocorre em três níveis de investigação: funcional, etiológico e nosológico.

A avaliação fonoaudiológica avalia como essa criança "funciona" do ponto de vista da linguagem, da fala, da motricidade resultando em um diagnóstico funcional, como, por exemplo: "Apraxia de Fala Infantil".

O diagnóstico etiológico é definido pelo médico a partir da relação entre os resultados dos exames realizados e a queixa apresentada, dando nome à *causa* do diagnóstico funcional já estabelecido. Vamos supor que, no exame de imagem, foi detectado um pequeno tumor na área motora de fala. Esse achado poderia explicar, por exemplo, diagnósticos funcionais de Transtornos Motores da Fala.

E, por fim, o diagnóstico nosológico, que é o nome científico dado ao problema ou à doença e estabelecido pelo médico a partir de critérios identificados pelas classificações internacionais, tais como: 11ª revisão da Classificação Internacional de Doenças (CID-11) (Organização Mundial da Saúde, 2022) e o *Manual diagnóstico e estatístico de transtornos mentais* (DSM-5-TR) (American Psychiatric Association, 2022).

Analisar a formalização dos níveis de um diagnóstico é importante para que o fonoaudiólogo possa acompanhar como ele se compõe e, assim, desenvolver consciência sobre a sua construção, sua incidência e real relevância quanto ao acompanhamento da criança.

Canguilhem (2009), em sua obra *O normal e o patológico*, qualifica essa reflexão como oportuna, pois um diagnóstico é determinado pela descrição de um problema (alteração, doença) através de critérios que se repetem em um grande número de pessoas, entretanto, lidamos com um *determinado* ser que preenche aqueles critérios e que também traz outras descrições que performam sua história e revelam a *singularidade das proporções.*

Na arena do diagnóstico, podem ocorrer relações amistosas ou de confronto entre a Medicina e a Fonoaudiologia (ou outras especialidades). Só para referir alguns casos: já recebi crianças, filhos de mães depressivas e de pais pouco implicados, cujos diagnósticos de Transtorno de Espectro Autista foram invalidados após a reanálise de que os pais entrariam em acompanhamentos específicos, enquanto a criança se manteria apenas em fonoterapia. A boa e rápida evolução da criança confirmou o erro de diagnóstico. Outra questão importante a se considerar é que há médicos que ainda consideram ideal que a criança inicie acompanhamento fonoaudiológico aos 4 anos ou perto disso, especialmente, quando "avaliam" que ela tem só "problemas de fala".

Esses fatos apenas revelam que os fonoaudiólogos precisam fortalecer seus conhecimentos e, munidos desses saberes, cultivarem abertura para continuar disseminando parâmetros corretos de encaminhamentos diante de outros profissionais.

Ainda em relação aos diagnósticos, é preciso levar em consideração outros aspectos: (i) os diagnósticos podem ser diferentes entre si, já que cumprem objetivos diferentes; (ii) os diagnósticos podem mudar de acordo com a evolução da criança, com a realização de exames diferenciais tardios ou com a constatação de erro em sua realização; (iii) há a classe da "idiopatia" quando a causa do problema não é identificada; (iv) existem diagnósticos que podem ser confirmados por exames de imagens, como, por exemplo, casos de lesões cerebrais, entretanto, também pode ocorrer de a criança apresentar sequelas destas lesões, indiciando sua existência, sem que as mesmas sejam identificadas nas imagens.

A explicação quanto aos níveis da realização de diagnósticos, apesar de óbvia, parece-me importante, pois encontro crianças que parecem carregar um "diagnóstico" para cada item descritivo dos critérios que classificam sua questão médica. Consideremos a circunstância a seguir.

A família de uma criança de nove anos, com o diagnóstico de "Transtornos do desenvolvimento intelectual moderado" (6A00.1, CID-11), explica para a professora dela em sua nova escola inclusiva que, além daquele diagnóstico, ela apresenta-se com: atraso de fala e linguagem, dificuldade para fixar a atenção, dificuldade de aprendizagem matemática etc.

Em casos assim, a família pode ser esclarecida quanto ao fato de que cada um desses "sintomas" compõe os critérios que definem o diagnóstico nosológico primário apresentado pela criança, não sendo acrescidos a ele. E, ainda, que tão importante quanto o diagnóstico é informar a escola sobre a subjetividade dessa criança: o que ela vem conquistando, o que gosta de fazer em casa, suas atividades preferidas etc.

Então, uma avaliação fonoaudiológica identifica um diagnóstico funcional fonoaudiológico e gera um relatório informativo sobre a criança e sua funcionalidade na área avaliada. Esse relatório é um documento importante para a vida da criança e pode ter diferentes formatos em função de seu destinatário.

Vamos refletir sobre possíveis relatórios fonoaudiológicos. Recebi um relatório fonoaudiológico de uma criança ouvinte, de cinco anos, com a identificação quantitativa de vários protocolos aplicados que justificaram o diagnóstico fonoaudiológico de "Atraso de Fala e Linguagem" e maior dificuldade em compreensão.

Nestes casos, se o relatório da avaliação fonoaudiológica informar apenas o diagnóstico e como foi obtido, não esclarecerá muita coisa quanto ao trabalho a ser realizado com a criança e pode não ser muito útil em comparação com um futuro relatório evolutivo. Houve o esclarecimento de que a criança, dentre outras coisas, não compreende, não se expressa, não participa de interações dialógicas como o esperado para a idade e seu contexto de vida. Mas isso não qualifica o "atraso", não explica o que a criança faz (suas potencialidades) e o que ela não faz (suas dificuldades) e, por consequência, torna-se insuficiente para a proposta terapêutica. Um relatório informando dados quantitativos só terá validade se for acompanhado de análise qualitativa.

É claro que todo relatório é formalizado de acordo com o motivo que o origina. Para um convênio médico, ele pode ser sucinto com a identificação e idade da criança, diagnóstico funcional/CID e nosológico/CID, indicação do tipo de tratamento, justificativa dessa necessidade, risco para o paciente caso o tratamento não seja realizado (pode haver referência da literatura), projeção do número de sessões e tempo aproximado de acompanhamento.

Quando esse relatório é para a família, interessa que tenha mais detalhes recobrindo a referência dos diagnósticos nosológico e funcional, bem como a dificuldade apresentada pela criança, suas potencialidades e a conduta fonoaudiológica que será realizada no tratamento indicando: como será a participação da família (se receberá orientação em determinado intervalo de tempo ou se fará parte das sessões), se haverá encontros com a escola e reuniões com outros profissionais que cuidam da criança, e, por fim, a sugestão de novas investigações ou encaminhamentos (se houver necessidade). Esse relatório formalizará um conjunto de informações que nortearão a planificação terapêutica e o atendimento fonoaudiológico com um todo, além de ser um documento comparativo com futuros relatórios evolutivos.

Isso também vale para situações em que o destinatário são outros especialistas. Neste caso, o relatório apresentará os diagnósticos funcional e nosológico, não precisa ser muito detalhado, mas esclarecedor quanto aos objetivos do trabalho fonoaudiológico e em que essa parceria pode ser positiva.

Se o destinatário for um médico, parece interessante não informar apenas o diagnóstico funcional e os objetivos terapêuticos, mas explicitar possíveis dúvidas originadas na observação do desempenho do paciente (criança, adolescente ou adulto) em situação de terapia, para que se tornem demandas de explicações médicas ou exames complementares.

O diagnóstico é um dado importante e estamos vivendo um *boom* dele, o que acaba por gerar desconfianças. Contudo, acima de qualquer diagnóstico, importa não perder de vista a *criança* e sua *subjetividade* revelada na interação. Dessa parceria é que surgem fatos válidos de fala, de linguagem (em todos os níveis e funções), motores, cognitivos, de memória etc.

Recuperando a proposta desta Cena 6, apresento a construção de um caso para reproduzir cenas clínicas comuns a diferentes crianças em processos do neurodesenvolvimento, explicitando o caráter prático da tríade fonoaudióloga-criança-família, com base em uma perspectiva teórica discursiva[18].

---

[18] A área da Neurolinguística Discursiva/ND, constituída pela Profa. Dra. Maria Irma Hadler Coudry, concebe as noções de língua, discurso, cérebro e mente como construtos humanos que se relacionam. Originalmente essa área desenvolveu-se com estudos voltados para adultos com afasia e, posteriormente, estendeu-se para a aquisição de leitura e escrita de crianças típicas e atípicas, adolescentes e adultos. Seu embasamento teórico assenta-se nos estudos desenvolvidos por: Carlos Franchi, Émile Benveniste, Roman Jakobson, Alexander R. Luria, Sigmund Freud, Lev S. Vygotsky, Kurt Goldstein, Daniel Heller-Roazen, além de autores da Linguística das áreas de Aquisição de Linguagem, Leitura, Escrita e Letramento e Análise do Discurso.

Por se tratar de caso construído, irei me deter apenas nas cenas do campo da Fonoaudiologia para cumprir a função de mostrar o autêntico panorama desse modelo clínico, o que seria diferente de crianças reais nessas condições frequentando escola e recebendo outros acompanhamentos, quando ocorreria também encontros multidisciplinares e possíveis análises evolutivas conjuntas.

O que está sendo particularizado aqui é que da avaliação fonoaudiológica e das terapias, também como seguimento e avaliação evolutiva, conforme referido na abertura desse livro, emergem análises e raciocínios clínicos continuados ao longo do acompanhamento. Estes, a cada tempo, favorecem a eleição de objetivos como acontecimentos fonoaudiológicos nas sessões e, estendidos para a vida da criança sob a condução da família.

Muitas vezes, sabemos o que precisa ser feito, mas sem a determinação dos objetivos, a estruturação do cenário terapêutico e a eleição de situações cotidianas da vida da criança com a família, não se materializa como uma prática sistematizada.

6.1 Como acontece a entrada da criança nessa prática clínica?

O processo de entrada da criança em terapia propriamente dita recobre a formalidade comum a essa prestação de serviço[19]. Contudo, cada profissional, sob um contexto ético, viabiliza o *modus operandi* delineado pela própria experiência.

No meu caso, não tenho serviço de secretária e, a partir do contato por telefone da mãe/pai, ajustamos uma curta chamada de vídeo para falar brevemente sobre a queixa, a pertinência do trabalho que realizo, breve explicação de como funciona esse atendimento, o lugar da criança e da família nele e o investimento financeiro. Em qualquer situação em que a necessidade da criança e/ou o desejo da família se refiram um tipo de clínica que não seja de abordagem discursiva, não assumo o caso.

Enfim, essa espécie de triagem é para saber se a demanda apresentada está ou não no escopo do trabalho que ofereço. Nesse primeiro contato, pode haver a decisão de marcar a avaliação ou de retornar em outro momento.

---

[19] Consultar CREFONO e/ou a Sociedade Brasileira de Fonoaudiologia sobre contratos e regularização desse serviço.

Observo, neste início, que, quando a criança tem desde um pequeno problema ou um conjunto de alterações, a maioria das famílias se sentem aliviadas com a atenção clínica partilhada. Porém, em alguns poucos casos, famílias não fazem essa opção justamente pelo compromisso com a participação nas sessões e com a rotina da criança. Tudo isso pode ter relação com a Cena 2, quanto às vivências dessa família em relação ao acompanhamento fonoaudiológico, e também com a Cena 3, em referência à dinâmica familiar contemporânea.

Em caso de recusa da terapia partilhada, podemos decidir pela avaliação e acompanhamento da criança no modelo tradicional. Mas sempre será explicitado que alguém precisará ficar responsabilizado, junto com a fonoaudióloga, pela viabilização dos efeitos desse acompanhamento. Como vimos na Cena 2, nada garante nada. Não é porque o familiar está dentro da sessão que as mudanças possíveis na rotina de vida estarão garantidas. Mas um vínculo vivo de confiança precisa ser possibilitado para a sustentação da tríade fonoaudióloga-criança-família em diferentes modelos clínicos.

Muita coisa está envolvida nesses tipos de escolhas e cada família é uma. Os sentimentos em relação a um acontecimento comum a outras pessoas não são iguais. Cada um deles é uma experiência individual ou, nesse caso, familiar.

Esse primeiro contato é importante porque, se existir a identificação da atribuição de cada uma das partes, conforme referido na Cena 2, o trabalho já se inicia nesse momento. Nesse caso, a avaliação já é agendada, bem como já é feita ao familiar a solicitação do envio, em um período de uma semana a dez dias, de seis a oito vídeos atuais, curtos, com aproximadamente três minutos, em diferentes situações: brincando sozinha, brincando com outra criança, em interação com a mãe e/ou pai (que não precisam aparecer no vídeo) e se alimentando.

Os vídeos fornecem muitas informações sobre como a criança brinca; sobre a disposição dos brinquedos na casa; se a criança for verbal, sobre quais funções de linguagem aparecem e em quais condições etc. Torna-se muito interessante observar que se a criança tem um problema importante de fala, é muito frequente que os vídeos enviados sejam de situações em que ela brinca no parquinho, subindo e descendo sozinha nos brinquedos. A criança não aparece em situação interacional.

Então, os vídeos vão chegando conforme as gravações vão acontecendo e se caracterizam tanto por serem material de análise linguística, quanto por permitirem comparações com vídeos que serão produzidos sob as mesmas condições ao longo do acompanhamento. Os vídeos recebidos são analisados antes do encontro com a criança. Caso haja necessidade de mais algum material, entro em contato com a família e solicito.

No encontro agendado, com duração de uma hora ou uma hora e meia (podendo se estender por mais tempo e por mais vezes), avalia-se primeiro a criança na presença dos pais (com ferramentas pré-determinadas) e depois faz-se com eles uma conversa que versará sobre a história da criança.

O motivo de realizar a avaliação da criança primeiro decorre do cuidado de não me contaminar com o discurso dos pais e correr o risco de procurar na criança algo pré-determinado pela história que os pais relataram sobre ela. Nesta avaliação, não há sessões separadas com a criança e com os pais, salvo exceções quando algum desconforto é observado.

O mandatório nessa avaliação são os processos interacionais como geradores de dados de fala e linguagem (fonéticos, fonológicos, sintáticos, semânticos, pragmáticos e de interpretações de funções linguísticas), além de a observação de aspectos atencionais, motores, cognitivos, de memória e, ainda, de como seus interlocutores interagem com ela. Na estruturação das primeiras sessões, realizo uma triagem de motricidade orofacial, solicito aos pais a descrição da rotina da criança e entrego a eles uma escala de desenvolvimento para que apenas assinalem o que acham que a criança não consegue fazer. A decisão quanto a faixa etária que será entregue dependerá da minha percepção da criança, mas sempre um ano antes da idade dela.

A avaliação que acabo de reproduzir não delineia uma possibilidade padrão porque os acontecimentos é que vão conduzir a escolha desse percurso. Entendo que uma boa avaliação é aquela que identifica o fenômeno de fala e/ou linguagem que a criança apresenta e que permite o início de uma intervenção, ainda que outros detalhes sejam acrescidos ao longo desse processo inicial de estruturação terapêutica.

Assim, o que há de padronizado nessa avaliação fonoaudiológica é seu suporte teórico na abordagem discursiva valorizando a interação e a interlocução como acontecimentos de linguagem e produção de sentidos, com repercussão e interferência neurofuncional, predominantemente baseado em Vygotsky e Luria (Cena 4) e em Wallon e Winnicott (Cena 5). Em virtude disso, as interações entre fonoaudióloga e pais, fonoaudióloga e criança, assim como entre pais e criança também são consideradas.

As interações, como vimos com Maingueneau na introdução desse livro, se constituem a partir do posicionamento de seus interlocutores em um jogo enunciativo e subjetivo em que ora um é o locutor e ora, o outro. Nesse espaço e tempo interacional, os locutores ajustam e reajustam seus dizeres na manutenção de um sentido, deixando ver um pouco da subjetividade que os constitui.

6.2 Um ensaio de análise e raciocínio clínico

Os pressupostos teóricos já delineados permanecem válidos para a construção do caso virtual a ser analisado: vamos imaginar que uma criança de dois anos e meio de idade, ouvinte, sem problemas oftalmológicos, com relativo atraso do desenvolvimento motor (sentou-se sozinho aos 9 meses, andou com 18 meses) e diagnóstico nosológico de "Transtorno do Desenvolvimento da Fala e da Linguagem Não Especificado" (CID,11-6A01. Z), iniciará a avaliação e atendimento fonoaudiológico partilhado com a família.

Vamos considerar um cenário clínico em que, durante a avaliação, em meio às tentativas de interação da fonoaudióloga, a criança não a olhou, não a considerou como sua interlocutora, não demonstrou intenção de fala, não focou sua atenção em nenhum brinquedo, andou continuamente pela sala e, quando pegou um objeto na mão, bateu-o diversas vezes no chão. Houve uma situação em que a fonoaudióloga, na intenção de atrair sua atenção, rodou no chão um pião com luzes e som e, por segundos, a criança permaneceu parada olhando para ele. Em seguida, voltou a andar continuamente, parando algumas vezes para bater um objeto qualquer no chão.

Depois de um tempo nesse circuito, começou a chorar e a mãe lhe deu uma banana em pedaços. Foi quando ela parou novamente, colocou cada um dos pedaços na boca e permaneceu parada comendo e olhando para a mão da mãe. Foi assim até a banana acabar. Em seguida, retomou o andar contínuo e o bater dos objetos. A fonoaudióloga chamou por ela novamente, mostrou brinquedos, mas nada prendia sua atenção. Essa foi a interação entre a fonoaudióloga e a criança. Como foi a dos pais com ela?

Vamos imaginar que a mãe tenha assumido o papel de conversar com a profissional, enquanto o pai se ocuparia de cuidar da criança. Em dois momentos dessa interação, a mãe voltou a dar novamente atenção para a criança: (i) quando esta chorou, dando-lhe a banana; (ii) vendo que o pai estava correndo atrás da filha sem conseguir contê-la, chamou-a pelo nome e não foi atendida.

O pai permaneceu com a criança chamando-a pelo nome, mas ela não o olhava. Logo depois, começou a "correr" atrás dela. Cerca de 15 minutos mais tarde, colocou vários brinquedos em volta deles dois, limitando o espaço da criança. Mas a criança conseguiu burlar essa barreira. Então, o pai tirou o celular e a mágica se fez. A criança se sentou em seu colo e ficou quieta com o celular na mão.

A mãe, vendo a situação, explicou que aquela era a única maneira de conseguir controlar a atenção da filha e que ela já sabia mexer na tela movendo-a para cima e para baixo. Seguiu-se um pequeno diálogo iniciado pela minha fala:

- Procurando algo?

- Não!

- Ela permanece muito tempo no celular?

- Sim.

- Quanto?

- Não sei dizer.

- E o que ela vê no celular?

- Sempre o mesmo desenho. Ovelhas pulam cercas gritando *méééé*, depois correm e começam tudo de novo.

As intervenções feitas pela fonoaudióloga junto da criança neste momento, convocando-a para brincar, deixaram-na muito irritada. No colo do pai, agitou o corpo todo e começou a chorar.

No transcorrer da avaliação, observa-se que os pais sabem das questões da criança e as explicam detalhadamente fazendo uso de termos técnicos, relatando datas de exames realizados e suas conclusões. Mas acreditam que, quando a filha ficar maior, tudo vai mudar porque estará mais madura.

Como referido antes, a construção desse caso busca agrupar diferentes cenas cotidianas da clínica fonoaudiológica e a proposta é refletir sobre cada aspecto dele. Vamos, então, à análise.

Iniciarei pela fala dos pais, que trazem um entendimento racional da questão da criança e dos resultados dos exames: [...] *ela tem o desenvolvimento da fala atrasado*. Por outro lado, sustentam pensamentos mágicos de que o desenvolvimento orgânico normalizará tudo. Infelizmente, muito provavelmente, não acontecerá assim. Contudo, os pais não serão desestabilizados com essa observação. Talvez não tenham tido tempo suficiente para começar a olhar para essa criança, sobre a qual foram informados por especialistas como sendo diferente daquela que conheciam até pouco tempo atrás. Mesmo percebendo que algo não ia bem, ainda esperavam que isso se resolvesse naturalmente. Eles eram pais de uma criança que podia ter episódios atípicos de desenvolvimento, mas, na crença deles, um dia se tornaria típica.

Essa observação é importante porque reflete uma certa subjetividade dos pais na interação com essa criança conhecida e também desconhecida. Sobre a interação, eles explicaram que, desde que a criança nasceu, falam muito com ela, que respondia sorrindo até os dois anos, mas depois tudo foi ficando mais difícil. Esses pais construídos aqui, representam outros pais que carregam essa duplicidade em "ver" que a criança tem alguma coisa e a sua negação. O que é absolutamente compreensível.

Outro fato recorrente observado na clínica é a interpretação de que uma criança de, por exemplo, seis anos com o desenvolvimento compatível com uma de três anos terá essa diferença estabilizada quando for mais velha. Uma criança que percorre a infância com atraso terá o neurodesenvolvimento diferente porque o funcionamento neurofuncional se estruturará com especificidades, afetando a linguagem (falada, lida e escrita) em um ou mais níveis (sintático, semântico, fonético, fonológico, pragmático), a complexidade das redes de sentido, a cognição, a memória, a atenção etc.

Apesar disso, essa criança poderá desenvolver conhecimentos, ter uma profissão e autonomia em sua vida. Tudo dependerá dos tipos e da qualidade da atenção especializada a qual terá acesso, do limite de seus marcadores biológicos, da orientação que sua família receberá e praticará.

Retomo a ideia de que a prática clínica envolvendo a tríade fonoaudióloga-criança-família acontece sob a perspectiva enunciativa-discursiva, vinculada aos processos sócio-histórico de produção de sentidos desenvolvida na área de Neurolinguística Discursiva[20].

---

[20] Para quem tiver interesse, indico o artigo *Neurolinguística discursiva: contribuições para uma fonoaudiologia na área da linguagem* (Bordin; Freire, 2018).

Como já vimos aqui, na abordagem da Neurolinguística Discursiva, é na interlocução que se mostram as relações e reorganizações de linguagem, fala e processos cognitivos de atenção, percepção e memória, com a participação de substratos neurais de funcionamento integrados, conforme postulados de Vygotsky e Luria. Considera-se também, com Wallon, a ideia de aspectos motores como base de exploração de mundo, de "consciência" e do trabalho da criança na "construção de si mesma". De Winnicott validam-se os papeis desempenhados em casa pela família, a partir do nascimento da criança, recobrindo sua proteção e suas aprendizagens.

Retomando agora fragmentos da avaliação hipotética aqui desenvolvida, temos que, no contato linguístico entre criança, fonoaudióloga e pais, observa-se a impossibilidade de interação, inclusive a partir do olhar da criança. A atenção dela esteve compartilhada (com especificidades) em quatro situações, quando: olhou o pião, comeu a banana, teve acesso ao celular e se irritou com a fonoaudióloga. Todos muito rápidos. Porém, quando se alimentou com a banana em pedaços, ela mostrou que era possível se manter à espera de algo.

A criança avaliada mantém com o outro uma relação muito precária. Vimos que o pai chamou a criança pelo nome várias vezes e ela não o olhava; "correu" atrás dela sem conseguir "chegar"; fez barreiras de contenção do espaço para os dois, mas ela fugiu; só quando o pai lhe deu o celular é que seu comportamento mudou. O aparelho na mão da criança promoveu muita coisa. Além da contenção de seu corpo, sua proximidade física relaxada no colo do pai podia transmitir ao outro uma ideia de "normalidade". Quem visse esta cena jamais imaginaria o que aconteceu antes.

O celular ofereceu a passividade diante da plenitude absoluta do visual (luminosidade) e, não por coincidência, o que a criança via nele também implicava uma similaridade com sua vida (a repetição de um ciclo em que a ovelha corre, pula um obstáculo, toca o mesmo som, corre...).

Como os pais e a fonoaudióloga vão interagir com essa criança que não se comunica com eles e que não facilita uma abertura para isso? Não faz parte da natureza humana continuar falando com quem não responde. Como fonoaudióloga, percebo, por vezes, o quão exaustivo é passar uma sessão toda chamando a atenção da criança que não olha para você. O pai deu o celular à filha para controlar um comportamento, o que não pôde ser feito através da fala. Obviamente esse pai gostaria de estar conversando com sua criança.

É senso comum o reconhecimento do efeito deletério do uso do celular pela criança pequena, especialmente, em áreas cerebrais envolvidas com a linguagem, cognição e interação social. Em abril de 2019 (reafirmado em 2023), a Organização Mundial de Saúde divulgou recomendações aos pais sobre o tempo de uso de telas pelos filhos (Ramires; Oliveira, 2023), e a determinação é de nenhuma tela antes de dois anos de idade, devido aos prejuízos de linguagem e cognição que provocam.

Na sociedade contemporânea, é comum o celular funcionar como ferramenta de controle de comportamento por demanda da criança ou dos próprios pais impossibilitados de lhe dar atenção. É comum também observar, na clínica, pais de crianças atravessadas por autismos ou por outras alterações que afetam fala, língua e linguagem estimularem-nas a usar o celular. Analiso que os motivos passam pela extrema barreira de interação "imposta" pela criança e, ainda, pela ideia de que os pais podem proporcionar a ela possibilidades de desenvolvimento cognitivo pelo acesso digital.

Para continuarmos a análise, precisamos retomar os autores apresentados nas Cenas 4 e 5, os quais foram unânimes em considerar o período da infância, especialmente os primeiros anos, como fundamentais para a explosão sináptica que sustentará o desenvolvimento ulterior da criança. Caracterizaram também a primeira infância como o período fundamental para a integração neurossensorial.

A partir da entrada de informações sensoriais, Luria faz a divisão do funcionamento cerebral em três unidades e retomo aqui as funções de duas delas: (i) primeira unidade – regula o tono, a vigília, os estados de atenção; obtém informação do mundo exterior e é também um sistema de alerta e proteção; (ii) segunda unidade – realiza a análise e a síntese, ou seja, obtém, processa e armazena as informações que chegam do mundo exterior pelos órgãos dos sentidos e as conserva na memória como vivências do sujeito.

Tendo esses aspectos em mente, podemos nos perguntar sobre como está se processando nesta criança a relação entre os sistemas sensoriais e a linguagem? Se a criança do caso construído "[...] não olhou a fonoaudióloga como sua interlocutora, não focou a atenção em nenhum brinquedo, não respondia quando chamada", qual a possibilidade de se trabalhar a língua/fala com ela? No contexto atual, quais são as possibilidades de essa criança regular o estado de atenção para obter informação do mundo exterior? Poucas e incipientes! E, diante disso, vai analisar, processar e armazenar o quê?

Pode-se pensar que, se a criança tem os sentidos íntegros, a alteração poderia estar no processamento dessas informações. Para uma informação ser processada, dependerá de um estado vígil/de atenção e da relação entre sensação e percepção como duas pontas do mesmo processo.

Por "sensação" entende-se a experiência sensorial deflagrada por um estímulo externo nos mecanismos biológicos dos sentidos (audição, visão, tato etc.). Por "percepção" distingue-se um processo mais sofisticado de interpretação da sensação recebida ou produzida. Trata-se da capacidade de associação das informações sensoriais com a memória e a cognição, viabilizando a formação de conceitos sobre o mundo e sobre nós mesmos, bem como a regulação de nosso comportamento, como também mostra Lent (2010) no livro *Cem bilhões de neurônios*.

Um exemplo simples seria quando a criança começa a andar e, ao tentar descer um degrau, cai repetidamente. Os pais ou alguém que cuida dela, pela linguagem e gesto, explicam para ela o que precisa fazer (segurar-se, descer sentada). Pouco tempo depois, observamos a mesma criança apresentando mais atenção e descendo o mesmo degrau com mais segurança. Quando ela modifica seu comportamento motor, já teve a atenção voltada para a sensação de que algo ruim aconteceu (memória), percebeu com a ajuda do adulto que a questão envolvia o degrau da escada, desenvolveu consciência sobre isso e internalizou a instrução verbal e gestual do outro.

Desse modo, a sensação é dependente da percepção e é a ação do sujeito que põe essa relação em movimento a favor do conhecimento, como nos ensinou Wallon.

Chama a atenção também a agitação motora da criança avaliada: "(...) andou continuamente pela sala e quando pegava um objeto na mão o batia diversas vezes no chão".

Para iniciar a análise desse aspecto, é preciso destacar que o transtorno do processamento sensorial, entendido aqui como a dificuldade em organizar diferentes informações vindas do meio externo ou do próprio corpo, não é específico do Transtorno do Espectro Autista. Crianças e adultos com outras alterações também podem apresentar comportamentos repetitivos como compensação dessa dificuldade.

Quando crianças pequenas são observadas nesse circuito de correr e de repetir um comportamento quase que ritmado com objetos que seguram nas mãos, uma interpretação possível é a de que cumprem um circuito motor que promove nelas uma descarga, oriunda do próprio corpo, e pode ser motora que entraria no lugar de atos motores de fala ou de ajustes motores e posturais para uma finalidade de conhecimento de mundo. Vimos, na Cena 4, como o Tito precisava correr em círculos para juntar as partes de seu corpo. Portanto, não se trata de comportamento a ser erradicado, e sim de algo passível de intervenção para que se torne movimento de exploração de mundo como base de conhecimento.

Se nos distanciarmos um pouco mais da cena construída, vemos: (i) uma criança correndo e fechada em si mesma; (ii) pais que interagem com ela na alimentação e cuidados higiênicos, mas se encontram barrados na interação; (iii) uma organização na casa e na vida que favorece a manutenção dessa forma de existência porque esse sujeito não responde e, para os pais, parece difícil saber o que a faz responder.

O objetivo que se impõem como primordial é um trabalho na primeira unidade funcional como possibilidade de permitir entradas sensoriais e recrutamento da atenção em contextos interacionais. Nesse caso, não se pode afirmar que se trata de um distúrbio específico de atenção ou de TEA. Ainda não sabemos nada sobre as possibilidades atencionais dessa criança. Não sabemos, aliás, quase nada sobre ela.

Voltando às teorias apresentadas nas cenas anteriores, podemos dizer que elas nos trouxeram conceitos importantes. Explicitaram o funcionamento cerebral integrado através de redes de associações e dependente do meio. Explicaram o papel da neuroplasticidade[21], que pode ser para o bem, quando funções alteradas são compensadas funcionalmente por áreas circunvizinhas, ou para o mal, quando alteração importante em uma área repercute em outras. Então, conforme analisado na Cena 4: se a unidade um não está funcional quais seriam as possibilidades operacionais das unidades dois e três? Quais seriam as possibilidades de essa criança aprender alguma coisa?

No caso em análise, a criança se mostra muito mais visual do que auditiva, contudo, é o perceptual auditivo que processa estímulos de linguagens ligado ao visual (linguagem receptiva, expressiva, semântica). Vimos com Saussure que o signo tem duas faces: o significado e o significante que se compõem pela representação de um objeto visual, no caso de substantivos concretos, por exemplo. Desse modo, podemos entender que a criança avaliada está em contato com a língua materna, a ouve, mas não a "escuta".

---

[21] Não podemos deixar de considerar que o desenvolvimento humano está submetido ao seu norteador biológico, que exerce a função de impor barreiras. Ou seja, a neuroplasticidade não é ilimitada, mas dependente do biológico.

Outro conceito visto na Cena 4 foi o de "poda neural", que acontece em torno dos dois anos (um pouco mais ou menos). Uma possibilidade de análise seria a de que se a criança em questão teve alguma habilidade auditiva desenvolvida e voltada para o outro, conforme os pais referiram, isso pode ter sido afetado pela poda neural, devido à dificuldade de especializar as funções neuronais e à precariedade de uso.

O sistema de atenção, como veremos na próxima cena, funciona como um sistema de disjuntor, desses que temos em casa. A função dele é ligar e desligar energia. Na primeira infância, esse sistema funcional está em construção na relação entre o cérebro e o meio, influenciado pela qualidade de interação, pelos interesses da criança e presença dos pais ou de quem executa essa função.

Como já mencionado, o objetivo terapêutico já previsto está na primeira unidade funcional de Luria e a questão não é a fala, mas a linguagem como possibilidades de compreensão e de exploração de mundo. Aqui cabe relembrar que a proposta desse livro, conforme anunciado na Cena 2, não é a de estruturar a terapia fonoaudiológica passo a passo, mas a de realizar exercícios de análises e raciocínios clínicos, a partir de norteadores teóricos, de acordo com a escolha da fonoaudióloga, servindo de base para qualquer questão terapêutica que venha a se apresentar.

Em complementariedade, irei me ocupar de delinear mais o lugar da família virtual na referida tríade. Neste caso hipotético, são três as urgências desse início de tratamento, em função do objetivo partilhado com os pais: (1) organizar atividades e elencar os brinquedos apropriados; (2) firmar a parceria com os pais de fazer em casa o que a fonoaudióloga faz na sessão; (3) explicar bem para os pais que a rotina de casa será analisada e alterada no que for possível e, ainda, por meio de termos traduzidos, reproduzir para eles aspectos da sustentação teórica do processo terapêutico, incluindo a necessidade da consistência da repetição para o efeito tanto da neuroplasticidade como para a promoção de associação e de memória.

Alguns cuidados precisarão ser levados em conta durante as sessões com a criança e os pais para reforçar que: (i) as atividades envolvem coisas que já fizeram com a criança, mas que de maneira estruturada as chances de ela surtirem efeito aumentam; (ii) a rotina dos membros da família será delicadamente alterada em função do que precisa ser privilegiado no desenvolvimento da criança; (iii) o começo é difícil, mas facilita se for feito o ajuste da rotina e a divisão de tarefa entre os membros da família (primária e/ou estendida) em relação às atividades contextualizadas que precisam ser permitidas à criança.

O que seria "reestruturar a rotina"? O objetivo terapêutico fonoaudiológico a ser trabalhado é que norteará a reestruturação da rotina que, nesse caso, compõe-se da ativação dos processos sensoriais e de atenção em situações interacionais contextualizadas, priorizando demandas motoras de linguagem nos termos de Wallon.

Na avaliação fonoaudiológica, especifiquei um item que trata da descrição da rotina da criança. Quando a família relata sobre sua rotina, revela também sua organização e hábitos cotidianos. No caso da criança aqui analisada vamos imaginar que ela acorda por volta das 7h, quando toma uma mamadeira deitada no berço. A mãe faz sua higiene. O pai sai cedo para o trabalho e retorna por volta das 19h. Depois de tomar a mamadeira, a criança é tirada do berço e fica andando pela casa pegando objetos e batendo-os no chão. Nesse momento, a mãe arruma rapidamente a casa. Duas vezes por semana, a criança tem terapia ocupacional entre 8 e 9 horas. Sempre que a criança vê a mãe se alimentando, pega a comida e põe na boca dela mesma e come também.

Os pais deixam vários brinquedos disponíveis para ela brincar. Por volta das 9h30, vai se mostrando irritada e chorona e, nesse momento, a mãe lhe dá o celular e coloca um desenho bem "tranquilo" para ela. Ela dorme entre 10h40 e 11h30. Quando acorda, a mãe lhe dá o almoço na cadeira de alimentação e o banho em seguida. Depois a criança fica um pouco no celular, enquanto a mãe almoça e se arruma para levá-la à escola, onde permanece até as 18h. Após deixar a filha na escola, a mãe segue para o trabalho, de onde retorna para buscá-la no final do dia. A criança entra e sai da escola sem problema algum.

Dois dias por semana, a família vai jantar na casa dos avós (paternos ou maternos), nos outros dias, vão direto para a casa. Um dia, por final de semana, a criança fica com os avós para os pais passearem. De terça e quinta-feira, na parte da manhã, a criança fica com uma senhora que faz a faxina na casa. A mãe, ocasionalmente, tem compromisso nessas manhãs. No período da noite, quando estão em casa, ela janta por volta das 19h30, logo depois começa a choramingar quando dão a ela o celular com o desenho. Ela costuma dormir por volta das 20h30. Quando o pai chega do trabalho (por volta das 19h) fica com ela.

Como a criança se comporta quando está com as outras pessoas? Com os avós (paternos e maternos), fica mais ativa porque eles ficam atrás dela o tempo todo, mas se irrita quando fica com sono, então eles a colocam no carrinho e saem com ela para andar até que durma. Com a senhora que trabalha na casa, ela corre muito, bate os objetos, fica mexendo na água e joga os pregadores de roupa para o alto. Ela também lhe dá o celular para se acalmar.

Quando começamos a análise interacional e funcional dessa rotina, observamos que é organizada para cumprir a demanda dos adultos da casa. O acordo com os pais é que os primeiros objetivos da terapia – trabalho na primeira unidade funcional como possibilidade de permitir entradas sensoriais e recrutamento da atenção em contextos interacionais –, sejam inseridos na rotina de vida dela, com quem ela estiver (pais, avós, faxineira).

E se os pais forem separados? Ajusta-se com eles que, embora tenham desfeito o papel de esposo/esposa, continuam exercendo o papel de pai e mãe em relação à criança.

Com os pais juntos ou separados, pode haver muitas variáveis diante dessa proposta terapêutica, o que importa é que uma mudança repetida e orientada seja possível.

Quando se analisa essa rotina da família em questão, vemos a possibilidade de mudanças estruturais e facilitadoras. E a melhor notícia é que a criança se mostra um pouco diferente quando está com outras pessoas. Desse modo, em cada reestruturação proposta, reflete-se com a família sobre os materiais usados a partir daquilo que já possuem em casa. Para facilitar a comunicação entre a fonoaudióloga e os pais em relação à orientação do que será replicado em casa, o procedimento é abrir um grupo de WhatsApp com os pais e a fonoaudióloga e, de acordo com a vontade dos genitores, para outras pessoas que ficam com a criança. Tudo o que for compartilhado poderá ser escrito nesse grupo.

Em relação à *interação*, as mudanças previstas, em linhas gerais, serão: a criança não será alimentada em separado, mas junto, desde o primeiro momento do dia quando toma a mamadeira; em algum momento da alimentação, será incentivada a colocar a comida na boca de todo mundo (pais, avós, faxineira); a todo o momento, será chamada ou colocada na situação em que o adulto está, estimulada a fazer a mesma coisa; o espaço de permanência dela será limitado pela permanência do adulto e não sozinha livre correndo; quando começar a bater um objeto, ela será interrompida pela oferta de outro objeto; o celular será retirado e outro arranjo terá que ser pensado para que ela durma; falar com ela sobre o que estão fazendo com entonações e expressões exageradas (usando frases simples); brincar com ela em frente ao espelho com a mãe usando batom forte; regular competição sonora (televisão ligada, pessoas falando), descobrir o que começa a chamar mais a sua atenção; priorizar a atenção para sons etc.

Na Cena 5, Winnicott nos orienta sobre os conceitos de *holding* e *handling*. Vamos retomá-lo porque podem funcionar como intervenção na terapia e em casa, diante do comportamento dessa criança de correr continuamente.

Relembrando, por *holding* entende-se a junção de afetos relacionados ao ato de proteger, limpar, alimentar e segurar o bebê e isso se reflete na *integração* do bebê, que se sente seguro. Por *handling* compreende-se o suporte psíquico e físico que é oferecido ao bebê pela mãe para ajudá-lo a perceber os limites ou contornos de seu corpo, facilitando a associação entre o psíquico e o esquema corporal, na diferenciação entre *eu* e o *outro*.

A criança de nosso estudo corre e bate o objeto no chão continuamente. A intervenção de todos os familiares seria a de contê-la afetivamente (*holding*), tomar o cuidado de intervir também quando estiver batendo o objeto no chão, levando-a a outro movimento, como guardar objetos em uma gaveta, dar a ela um brinquedo de empilhar, por exemplo

Importa, nesse momento, que a criança esteja presente nessas possibilidades de interação e que o cuidado seja de falar na altura dos olhos dela e, quando necessário, ajustar a cabeça dela para facilitar o contato visual. Ou seja, a principal mudança é a de que todos olhem para a criança como alguém que responderá a eles de alguma forma, ou seja, como um interlocutor possível. E a possibilidade de os pais perceberem isso agora pode ficar maior.

Em relação à atenção, será necessário guardar todos os brinquedos e dar a ela um brinquedo por vez e, além disso, o adulto deverá ajudar a explorar esses brinquedos. Isso deve ser feito por pelo menos 30 minutos por dia, que podem ser divididos em 3 turnos de 10 minutos ou 10 de 3 minutos, a depender do tempo de atenção da criança. O importante é que alguém partilhe esse momento com a criança. Vimos a importância do brincar em cenas anteriores.

A exploração da manutenção do tempo de atenção começa pequena e vai aumentando. É um facilitador observar quais os brinquedos que a criança mais gosta para que possam ser incluídos mais vezes na rotina a ser criada como "brincar".

Uma observação importante é a que a criança, por vezes, não sabe o que fazer com o brinquedo por mais simples que seja. Não pode ser menosprezado, em nenhum momento, o fato de que todos os movimentos que fazemos com uma função específica foram aprendidos quando éramos pequenos, mas nos esquecemos disso. Não é natural segurar o copo de modo certo, pôr a colher na boca com comida, pular um obstáculo. O ato de imitar tais movimentos nos levou a desenvolver noções de ajuste do objeto no espaço em relação ao nosso corpo.

No caso da criança em análise, o brincar ainda pode estar longe como intenção, mas ninguém sabe o que ela valorizará à medida que a atenção se estruturar minimamente e, por isso, a insistência em mostrar a ela como deve pegar os objetos, levando sua mãozinha a executar os movimentos.

Podemos incluir aqui a imitação de gestos sociais de apontar, dar tchau, jogar beijo, já que isso se relaciona com funções de linguagem. Mesmo que a criança não pareça entender, o importante é que ela tente imitar/repetir o processo, por mais simples que seja, pois, conforme explicaram Wallon, Vygotsky e Piaget, primeiro a criança repete a ação e depois a compreende. Então, para que isso ocorra, pegamos no corpo dela e a ajudamos a fazer a ação esperada.

A necessidade da criança quanto a exploração sensorial é que norteará quais os brinquedos serão selecionados, preferencialmente os coloridos, aqueles que se movimentam, que apresentem diferentes superfícies (lisa, áspera etc.). Também é importante chamar a atenção para os cheiros de alimentos e produtos de higiene usados pela criança. Um exemplo possível disso seria: diante de um ursinho de pelúcia, o adulto pode levar o brinquedo até o nariz para cheirá-lo mostrando como se faz isso e falar: "Que gostoso o cheiro do seu ursinho!", ou "Olha seu ursinho, que cheiro gostoso!". Então, pode ajudar a criança a segurar o brinquedo, levando-o a seu nariz. E isso pode ser estendido a outras situações: "Vamos cheirar a mamãe... o papai... a/o (nome da criança) ...".

Esse mesmo procedimento pode ser ampliado para todos os polos perceptivos na rotina de vida diária: banho, hora de dormir, alimentação, passeio com a criança etc. Deve-se aproveitar os momentos cotidianos para aguçar a percepção do corpo durante o uso de um creme, ou no banho, em massagens com diferentes esponjas, ou em massagens leves nas pernas ou braços alternando a temperatura entre mais frio e quente. Uma sugestão é alternar entre o corpo todo e partes dele, facilitando a percepção da presença como um todo (*handling*).

A criança também poderá ser ajudada a repetir tudo isso em uma boneca ou boneco: dar banho, passar creme. Não importa se o tempo de permanência for de 5 segundos. A repetição e a variação do objeto podem ajudar a ampliar esse tempo.

Em muitos casos, empresto brinquedos ou livros facilitadores para os objetivos e dos quais as crianças gostam. Essa atitude funciona também como recurso afetivo e mnêmico, pois pode interferir para que a criança recupere, pela memória, o momento da atividade em que estava com a fonoaudióloga na terapia. Há crianças que levam os brinquedos, não brincam e só se lembram dele quando a mãe o procura para devolver. Mas gostam de levar algo daquele lugar. Não se trata de pegar algo e levar. É estabelecido um acordo antes para que entendam que é um empréstimo: o brinquedo é de minha propriedade e dela também enquanto brincamos juntos.

Contudo, é aconselhável se preparar psicologicamente porque alguns brinquedos não serão devolvidos. No meu caso, tenho dificuldade para registrar os empréstimos e agora estou tentando fotografar e colocar no WhatsApp do grupo da criança como lembrete para mim e para a família.

Além da necessidade de trabalhar a atenção, como explicitado acima, não podemos nos esquecer do principal objetivo terapêutico, que é a necessidade urgente do estabelecimento do laço de olhar partilhado. O que significa isso? É a criança olhar para alguém (pai, mãe) à espera de alguma coisa e que esse alguém olhe para ela apostando em uma parceria (de afeto ou de responder a algo que a criança queira, mesmo que não se saiba o quê), tomando-a como um interlocutor, alguém que tem algo a dizer, ainda que não consiga fazê-lo (conforme refere Winnicott sobre a "função do espelhamento").

Parece óbvio, mas não é. Em situação de diálogo, há troca de turnos e, por vezes, é a pausa que o outro dá que nos indica que está sendo esperado que digamos algo como resposta. Neste processo, a pausa é tão importante para a criança quanto falar com ela e o que irá inclui-la nesse "diálogo" será a manutenção do olhar, como forma de reconhecer esse outro com quem se deseja dialogar de fato.

Nesse ponto pode ser necessária a retomada teórica dos processos de "Aquisição de Linguagem" que se iniciam com a busca do encontro do olhar, em que a voz e a entonação da fala da mãe dirigida ao bebê têm muita importância.

Em outro momento, referi a importância do apoio de uma "Escala de Desenvolvimento Infantil" e, no caso dessa criança, começaremos por considerar o primeiro ano de vida todo, privilegiando alguns aspectos mais e outros menos. Esse apoio será muito proveitoso para nortear atividades a serem feitas em casa.

Obviamente, a fonoaudióloga pensará em atividades e quais materiais usará nas sessões para cumprir os objetivos já delineados. E, nesse espaço, todas as tentativas da criança serão consideradas e valorizadas porque são amostras de como está pensando, quais processos ela revela e quais precisam ser mais trabalhados. Nesse caso, isso também precisa ser elucidado ao familiar presente na sessão: a tentativa da criança revela muito de sua linguagem, de seu pensamento e de sua organização neurofuncional (atenção, memória, aprendizagem, interrelações sensoriais).

Sabemos que o objetivo recobrirá sensibilizar a audição, o tato, o olfato, o paladar e a visão com a busca pela parceria do olhar. Como analisado anteriormente, todas essas sensibilizações também serão feitas contextualizadas na rotina de sua vida e significadas pela linguagem. É importante que as palavras sejam repetidas em frases e não isoladas e, ainda, seguidas do gesto motor (apontar, por exemplo).

Na terapia, devido ao fato de a criança correr, poderá ser estruturada uma limitação do espaço para que a cada "fuga" aconteça um retorno (holding). A sala deverá ter o mínimo de estímulo exposto e seria interessante se a fonoaudióloga já deixasse separados e, não visíveis, brinquedos coloridos e/ou sonoros compatíveis com ações rápidas: algo de encaixar, carrinhos com sirene, animais maiores, pião, lanterna, instrumento musical, pano para cobrir o rosto e "achar" etc. O objetivo é que, assim que a criança se desinteressar pelo material utilizado, novamente a atenção poderá ser recuperada com algo novo. Minha experiência mostra que gradativamente o tempo de atenção vai aumentando e permanecendo.

Todas essas sugestões têm a ver com a linguagem, imitação contextualizada, atenção, cognição e memória. Deve ser relembrado frequentemente para a família que o adulto ou outra criança precisa significar para ela toda a situação partilhada. Em cada ação com a criança, por mais rápida e primária que seja, novas interrelações neurofuncionais, convocando diferentes áreas cerebrais, começam a acontecer, no começo com uma ativação bem discreta e depois mais vívida.

Temos que conhecer e explorar aquilo pelo qual a criança demonstra ter interesse. No caso construído, ela parece se interessar por cores e sons (pião), comer (banana em pedaços) e o celular. O que fazer com esse conhecimento sobre ela?

Conforme analisado, a sugestão é retirar completamente o uso de celular e substituí-lo por brinquedos que se movimentam (caixas de papelão para puxar, carros ou animais de dar corda para andar etc.). Seria interessante usar, na terapia e em casa, o pião para brincadeiras de esconder em intervalos de tempo bem curtos (por segundos) e, no começo, com partes do objeto bem visíveis, depois mais escondidas.

Em relação aos lanches ao longo do dia, esses seriam ótimos momentos para exercitar o olhar partilhado e a ampliação de atenção. A sugestão é: partir alimentos em pedaços menores enquanto se conversa com a criança, com entonação exagerada para prolongar no tempo a manutenção da atitude de espera. Além disso, assim como foi mencionado na exploração do corpo, a exploração sensorial da boca é indispensável. A oferta de alimentos de diferentes texturas, cores e sabores pode ser positivo.

Em relação à sensação auditiva e ao ajuste corporal, o ritmo é determinante, remetendo ao sistema vestibular. As atividades para explorar isso seriam de dois tipos: (i) ritmo e variação de sons (onomatopeias, instrumentos musicais, músicas em volume mais alto e mais baixo); (ii) ritmo e movimento voltado para o sistema vestibular: gira-gira, gangorra, trepa-trepa, giro em volta de si mesmo ou do outro, brincadeiras que promovam a busca de equilíbrio.

Assim que possível, deve-se introduzir na terapia as brincadeiras regulares com onomatopeias e o aproveitamento de álbuns com fotos da família. A exploração da propriocepção dos sons da fala realizada no período do balbucio terá que ser retomada, no momento adequado, através de onomatopeias de sons de animais, de carro etc. O objetivo é a exploração e ampliação da propriocepção orofacial e vocal, tão importante para o uso e controle do aparelho fonador.

Não importa agora que a criança não fale, o pertinente nesse momento é ampliar suas possibilidades de manutenção de atenção e de sentir o mundo. Só assim poderá unir percepção e conhecimento. Nessa empreitada, a função comunicativa não verbal é nosso futuro objetivo: o gesto que precede a fala.

Como referido acima, interessa-nos ajudar a criança a apontar, fazer tchau, puxar alguém pela mão, isto é, gestos sociais compartilhados com o outro. Como Daniel Rodrigues Cavalcanti (2020) nos mostra em sua dissertação *O lugar do gesto nas teorizações linguísticas*, estudos indicam que, quando as mães usam gestos, seus filhos usam mais gestos do que aqueles cujas mães não o fazem.

Tenho assinalado que todo encontro com a criança é seguimento e avaliação. É muito importante registrar, de forma breve, por vezes, com palavras soltas, as impressões que vamos tendo da sessão em relação a nós mesmos, à criança e à família. Isso é importante por vários motivos, mas sobretudo para registro desse percurso único. O tempo do acontecimento da fala, nesse caso, não é previsível, mas só poderá ocorrer se a criança se deslocar na linguagem trilhando um percurso próprio e subjetivo.

É indispensável acolher os pais quanto ao fato de que o trabalho praticado nessa tríade não é fácil no início, mas aos poucos vai se tornando mais claro e ajustado no sentido que os próprios pais conseguem atribuir. Essa caminhada de muito trabalho é aquela que se faz enquanto se caminha e não adianta falar sobre o que devia ter sido feito e não se fez. Adianta analisar o que foi feito, compreender o resultado disso e se preparar para o próximo passo, que pode ser apenas o de insistir, insistir e insistir.

Uma única cena como a apresentada aqui não esgota as questões acarretadas por transtornos do neurodesenvolvimento tanto no cenário da clínica quanto da família. Não há como padronizar um trabalho desses tão exigente de análise, de raciocínio clínico e, por consequência, de flexibilidade. Chamo a atenção fortemente para o fato de que, enquanto esse trabalho acontece, em paralelo e simultaneamente, também ocorre a construção de diferentes vínculos dentro da tríade que vão se edificando e permanecendo.

Alguns aspectos dessa cena foram menos valorizados e retornarão em outros capítulos. Apesar disso, foi possível mostrar, por meio da construção hipotética desse caso, que da avaliação fonoaudiológica (análise dos vídeos, encontros avaliativos dirigidos com a criança, conversa com os pais, análise da rotina de vida, consideração da resposta dos pais para a escala de desenvolvimento), originaram-se objetivos terapêuticos cuja realização envolve a tríade fonoaudióloga-criança-família (tanto no modelo partilhado, quanto tradicional).

Esses objetivos norteiam possibilidades de mudanças para a criança – nossa protagonista – na clínica e em seu contexto de vida e, quando a criança se desloca nesse caminho, a família e a fonoaudióloga também se movimentam, avançando com ela para novos trechos que a levarão a novas descobertas. Obviamente, em contextos reais, a demanda dessa proposta se iniciaria em casa e atingiria a escola e outros profissionais que tivessem afinidade com ela. Não se trata de exigir deles a mesma conduta que a minha, mas de compartilhar os objetivos priorizados (atenção, partilha do olhar etc.).

Chamo a atenção ainda para o fato de que a organização da rotina assim descrita parece, a princípio, bem excessiva. Isso acontece porque, no caso analisado (assim como ocorre em centenas de casos reais), *a criança ficava à deriva*, de tal modo que a ação da criança ficava restrita à sua espontaneidade, sem que fosse significada pelo outro na língua. Embora os pais não tivessem consciência plena disso, essa condição estava embutida na ação da criança e na conivência deles.

Toda criança precisa de uma rotina porque é em casa que tudo começa! Em situações nas quais a criança se mostra tão distante do esperado, o tamanho da dificuldade de se encontrar uma entrada para a possibilidade de um novo percurso torna-se a maior barreira. Quando converso sobre isso com os pais, muitos me contam que se sentem aliviados em poder fazer alguma coisa, pois é comum, na sociedade em geral, haver orientação apenas para lidar com crianças típicas. Desse ponto de vista, a análise de uma rotina junto com os pais pode lhes possibilitar novas significações diante de um mesmo cenário, como exercício de uma educação protegida para a sua criança.

Esta Cena 6 inicia-se com análises em torno da realização de diagnósticos e finaliza-se sugerindo a suspensão de um diagnóstico. No caso analisado desta criança, é preciso primeiro ampliar suas possibilidades de interação com o outro e depois instaurar no outro uma possibilidade de olhá-la como um possível interlocutor. E, sem dúvida nenhuma, essa proposta passa pela sua capacidade de esperar pelo próximo pedaço da fruta ou pelo seu interesse pela luz do pião, ou seja, por demonstrações de que é possível existir dentro dela alguém que pode responder à nossa voz.

Referências

AMERICAN PSYCHIATRIC ASSOCIATION. **Manual diagnóstico e estatístico de transtornos mentais**: DSM-5-TR. 5. ed. Porto Alegre: Artmed, 2022.

BORDIN, S. M. S.; FREIRE, F. M. P. Neurolinguística discursiva: contribuições para uma fonoaudiologia na área da linguagem. **Cadernos de Estudos Linguísticos**, Campinas, v. 60, n. 2, p. 384-399, 2018. Disponível em: https://doi.org/10.20396/cel.v60i2.8650677. Acesso em: 10 mar. 2024.

CANGUILHEM, G. **O normal e o patológico**. 6. ed. Rio de Janeiro: Forense Universitária, 2009.

CAVALCANTI, D. R. **O lugar do gesto nas teorizações linguísticas**. 2020. Dissertação (Mestrado em Linguística) - Centro de Ciências Humanas, Letras e Artes, Universidade Federal da Paraíba, João Pessoa, 2020.

LENT, R. **Cem bilhões de neurônios?**: conceitos fundamentais de neurociência. 2. ed. São Paulo: Atheneu, 2010.

ORGANIZAÇÃO MUNDIAL DA SAÚDE. **CID-11 para estatísticas de mortalidade e morbidade**. Geneva: WHO, 2022. Disponível em: https://icd.who.int/browse/2024-01/mms/pt. Acesso em: 10 mar. 2024.

RAMIRES, A. R.; OLIVEIRA, S. Por que bebês de até 2 anos não devem ter acesso a telas. **O Povo**, 30 jun. 2023. Disponível em: https://www.opovo.com.br/noticias/saude/2023/06/30/por-que-bebes-de-ate-2-anos-nao-devem-ter-acesso-a-telas.html. Acesso em: 10 abr. 2024.

CENA 7

FOCO! MANTENHA O FOCO!

Possivelmente o título da Cena 7 seja a frase mais ouvida por crianças (adolescentes e adultos) com Transtorno do Déficit de Atenção com ou sem Hiperatividade (TDAH) e anuncia o tema aqui considerado. O desenvolvimento desse tema impôs uma variedade de subtemas interligados tornando essa escrita extensa.

A finalidade dessa empreitada é a de que o constructo teórico apresentado: (i) oriente os objetivos fonoaudiológicos no acompanhamento de crianças com TDAH e ampare a seleção de atividades, (ii) sustente as orientações aos pais quanto às atividades desenvolvidas na rotina de vida com sua criança, (iii) possibilite ao fonoaudiólogo a compreensão de que o sistema atencional da criança, incluindo daquelas que não têm o diagnóstico de TDAH, precisa ser valorizado na primeira infância por se tratar de suporte para todas as Funções Psicológicas Superiores/FPS que dele dependem: linguagem, memória, cognição e aprendizagem e funções executivas, (iv) provoque no fonoaudiólogo a reflexão constante sobre a qualidade de atenção de seu paciente (de qualquer idade e questão apresentada) e que esse tema seja pauta na tríade fonoaudióloga-criança-família (e em outros modelos clínicos) por se tratar de uma questão também social e política.

O acompanhamento fonoaudiológico de uma criança com TDAH é fundamental porque, nesse caso, a linguagem é uma questão central e o cenário fonoaudiológico de seu acompanhamento (partilhado com suas famílias) recobre a repercussão do transtorno em todo o seu desenvolvimento.

O TDAH interfere na qualidade de atribuição de sentido ao mundo por parte da criança, pois algo lhe escapa nessa compreensão. O tempo e a qualidade rebaixados da atenção repercutem como prejuízos no sistema lexical e semântico em diferentes extensão e profundidade. Desse domínio linguístico dependerão as relações entre cognição/aprendizagem e memória necessárias para a manutenção de um assunto com coerência, a produção escrita como unidade de texto, a interpretação de material lido, o raciocínio lógico-matemático, a compreensão a partir de dedução e inferências (provérbios, piadas, charges, duplo sentido) e o desempenho nas funções executivas.

Esta cena discorrerá sobre a importância crucial do sistema atencional e suas interrelações na primeira infância e, a partir disso, refletir sobre seus efeitos na vida da criança que tem TDAH.

No cotidiano clínico com essas crianças, temos a impressão de que demonstram má vontade e problema de memória, além disso, parece que nem sempre entendem o que lhes falamos e apresentam comportamentos evasivos. Tudo isso é verdade, mas não se trata de uma questão moral de julgamento de seu comportamento: a criança atravessada pelo TDAH se constitui em meio às interrelações entre o interno e o contexto externo sócio-histórico-cultural sob determinadas condições neurofuncionais.

No acompanhamento dessas crianças, a Fonoaudiologia costuma assumir a explicação médica do TDAH – o que revela muito pouco – sobre o efeito da *atenção* nos processos linguísticos (fala, linguagem, discursividade, sintaxe, pragmática,) e as implicações destes na aprendizagem, cognição, consciência, memória, funções executivas. Isso significa que, de fato, o fonoaudiólogo precisa saber sobre o TDAH, mas precisa saber muito mais sobre a *atenção* e seus *efeitos* no desenvolvimento infantil.

A proposta nesta Cena 7, então, é a de escrever menos sobre o TDAH propriamente dito e mais sobre o sistema de atenção que tem, na primeira infância, seu período mais importante de estruturação. Compreensão que repercutirá na prática fonoaudiológica, em acompanhamentos de crianças com e sem TDAH, podendo subsidiar a estruturação de atividades adequadas e convenientes aos contextos clínico e de vida dessas crianças e de suas famílias.

7.1 TDAH existe?

O TDAH vem se tornando um tema delicado e polêmico porque a família e a sociedade contemporânea, como vimos na Cena 3, encontram-se com dificuldades para cuidar de suas crianças, especialmente para determinar que regras/acordos devem ser cumpridos, motivo pelo qual o TDAH vem sendo interpretado como "falta de educação" ou como reflexo da sociedade contemporânea.

Frequentemente quando estou em um restaurante, na fila do cinema, em parques públicos ou supermercados, vejo as mesmas cenas: a mãe fala com a criança, que não lhe responde! O pai chama a criança que está subindo uma escada onde não poderia, ela não dá a menor atenção e continua subindo! Os pais pedem para a criança esperar e ela começa a gritar porque não quer esperar! A criança interrompe a conversa de qualquer pessoa porque precisa falar naquela hora! A criança chega com os pais no consultório, ou em outro local público ou privado, e mexe em tudo, sem imaginar outra possibilidade de comportamento!

Observo também que tais comportamentos nem sempre têm a atenção dos pais. Nessas cenas, também escuto dizeres, como: "Não adianta falar!", "Ih, deixa ele, senão vai dar escândalo aqui!", "Vai chamar a atenção dele o dia inteiro?".

Existe uma discussão de que, em países como a França e o Japão, menos crianças têm o diagnóstico de TDAH. Claro que isso depende do protocolo avaliativo e de quem o aplica. Contudo, é preciso reconhecer também que a cultura francesa educa suas crianças, desde bebês, para frequentarem museus e ambientes mais regrados, a cultura Japonesa valoriza, na infância, o cumprimento de regras e a busca pela contemplação da natureza. De fato, a repetição de atividades desse tipo pode alterar positivamente a construção do tempo de atenção. No Brasil, observa-se, cada vez mais, a adesão à introdução de Ioga em escolas infantis, o que realmente dá oportunidade para a criança desenvolver melhor a propriocepção do corpo (parado ou em movimento) e ampliar a sustentação da atenção focada. Mas nada disso impede o TDAH verdadeiro como uma condição neurobiológica.

Buscar a compreensão sobre um possível diferencial em relação ao TDAH passa por considerar essas duas realidades: sim, o TDAH existe! E sim, parece que na sociedade contemporânea naturaliza-se, desde a primeira infância, a desatenção, a intolerância às regras sociais e a fala do outro!

Um importante fenômeno concorre para que essa polêmica permaneça em vigor. Os historiadores ingleses Roy Porter (1946-2002) e Peter Burke (nascido em 1937) escreveram *Linguagem, indivíduo e sociedade*, retratando neste estudo que, já no século XIX, um termo médico usado no âmbito da Medicina, afetado por um processo de deslizamento discursivo, entrava em uso através do linguajar comum em diferentes contextos sociais (Burke; Porter, 1997). Esse é um fenômeno que continua ocorrendo com certa frequência. Quando um diagnóstico passa a ser recorrentemente realizado e explicado no consultório médico, os pacientes e/ou familiares se apropriam dele tornando-o popular em contextos não médicos.

Retomemos, a título de comparação, o diagnóstico médico de "Histeria", em uso antes de o século XVIII, destinado a mulheres com problemas mentais. Esse termo popularizou-se ao longo dos séculos, vinculando-se majoritariamente às mulheres com problemas mentais ou não. Mesmo diante dos estudos atualizados desse conceito na área da Psiquiatria apontando, por exemplo, o equívoco de sua associação apenas ao gênero feminino, esse termo ainda é popularmente usado para particularizar a mulher que fala mais alto ou se agita diante de algo que lhe parece inaceitável: "Ela é histérica!", "Ficou doida, está histérica!".

Do mesmo modo, na contemporaneidade observamos a popularização de termos, como: "Depressão", "TDAH", "Transtorno do Espectro Autista", "Transtorno Opositor", entre outros[22]. Chamo a atenção para a consideração fundamental de que a popularização dessas ocorrências médicas com implicações sociais e escolares não está desvinculada das relações de poderes e de práticas de uma sociedade e de sua época. Estamos vivendo em uma sociedade, como veremos mais à frente, afinada com sintomas clínicos de diferentes nosologias. Qual a consequência disso?

A banalização dos referidos termos. Quando isso acontece, afeta também a indicação do tratamento correto, seu prognóstico, a observação de comorbidades e os diagnósticos diferenciais. Essa "profetização" passa a ser feita de maneira irresponsável motivadas por explicações não científicas encontradas na internet, em conversas na escola, entre amigos, em grupos de família etc.

Uma dentista me contou que estava atrasada com o atendimento, sentindo-se mais agitada para dar conta de tudo e, quando a nova paciente entrou para avaliação, repentinamente lhe falou: "Você é agitada, né? Certeza que você tem TDAH, como eu!". A profissional comentou que se assustou com a facilidade com que foi "diagnosticada". O desconhecimento dessa nosologia pelo senso comum imputa ao transtorno uma certa "simplicidade", como se fosse um problema comum de agitação e de distração que não afeta muito a vida do sujeito, porém o TDAH não tem nada de simples!

---

[22] A Sociedade Brasileira de Psiquiatria opõe-se à banalização do termo "depressão" para qualquer quadro com "falta de vontade" ou "tristeza". O diagnóstico de Depressão é um quadro complexo que coloca a vida da pessoa em risco se não for tratado.

7.2 O TDAH definido pela Medicina

A última edição do DSM-5-TR (American Psychiatric Association, 2022) define para o TDAH critérios e bases neurológicas estabelecidas e esclarece que não se trata de "mau comportamento". Aponta a incidência para o TDAH de 5 a 15% das crianças e o classifica em: (i) Desatenção predominante, (ii) Hiperatividade/impulsividade predominante, (iii) Combinado. É cerca de duas vezes mais comum em meninos, e o tipo predominante é o hiperativo/impulsivo. É de causas multifatoriais: fatores genéticos, biológicos, fisiológicos, ou mais especificamente baixo peso ao nascer (menos de 1,500kg), exposição a chumbo e substâncias químicas, deficiência de ferro, ocorrência de outros casos na família, diferenças nos sistemas dopaminérgicos e noradrenérgicos com diminuição da atividade do tronco cerebral superior e de tratos médio-frontais cerebrais[23].

O referido manual refere que suas manifestações têm que se dar antes de 12 anos de idade e sinais de desatenção e hiperatividade podem estar presentes antes dos 4 anos, sendo que o pico da realização de diagnósticos ocorre entre 8 e 10 anos.

Assim como na criança, o TDAH é também diagnosticado no adulto e há dificuldades para isso, pois os sintomas são semelhantes aos de Transtornos de Humor, quadros de Ansiedade ou Drogadição. Uma pesquisa desenvolvida na Suécia e Reino Unido, divulgado em setembro de 2023 e discutido no artigo de Ana Bottalo (2023) – *Diagnóstico e tratamento de TDAH são falhos para pessoas acima de 50 anos, mostra estudo* –, buscou avaliar diretrizes terapêuticas em adultos mais velhos (entre 50 e 55 anos) com TDAH. Concluíram que: (i) a maioria das crianças e adolescência com diagnóstico de TDAH não são acompanhados até a idade em torno de 50 anos; (ii) outros distúrbios mentais, como depressão, transtorno bipolar, transtorno dissociativo de identidade, declínio cognitivo moderado, sintomas associados à menopausa em mulheres e distúrbios do sono, têm manifestações clínicas similares ao TDAH, impedindo o diagnóstico correto; (iii) o uso de medicamento, terapia e atividades psicoeducativas diminuem a manifestação dos sintomas ao longo do tempo.

Na criança, desde o nascimento, os sintomas são de *desatenção* (não considera detalhes, não acompanha instrução falada, justamente por não conseguir colocar atenção etc.), de *hiperatividade e impulsividade* (agita-

---

[23] Não há ainda a identificação de causas neuro, química ou biológica exclusivas para o TDAH.

ção, movimentação em momentos inapropriados, ação impulsiva etc.). O sobrediagnóstico (em qualquer idade) deve ser evitado, pois esses sintomas ocorrem no Transtorno de Espectro Autista, Distúrbios de Aprendizagem, Transtorno de Ansiedade, Depressão, Distúrbio de Conduta e Transtorno Desafiador Opositor.

Seguindo ainda com o DSM-5-TR, o prognóstico para o TDAH não tratado pode levar à imaturidade social e emocional, ao uso abusivo de substâncias, à agressividade e à impulsividade. Os transtornos de conduta podem se apresentar em comorbidade. Os sinais tendem a diminuir com a idade e o tratamento recomendado é terapia comportamental[24] e fármaco.

Diferentes pesquisas são realizadas para identificar o motivo exacerbado da realização desse diagnóstico e seu tratamento. Um estudo de Duarte et al. (2021), *TDAH: atualização dos estudos que trazem diagnóstico e terapêutica baseado em evidências*, confirma o prognóstico descrito acima para o TDAH e analisa que, dentre a variedade de tratamento oferecidos, inclusive farmacológico, não há reconhecimento em relação a total eficácia prometida/esperada, o que impacta negativamente na vida do paciente e de sua família. Esclarece também que o aumento do diagnóstico se deve mais ao examinador do que aos protocolos usados para a sua definição.

Em uma revista voltada para pais, Chloé Pinheiro (2020), membro da Associação Brasileira de Pediatria, esclarece em uma divulgação intitulada *Apesar de mais conhecido, TDAH ainda é mal diagnosticado e pouco tratado*, que, em decorrência de ser mal diagnosticado, gera-se um excesso de notificação e de medicação de crianças com agitação e hiperatividade não associadas ao transtorno. Por outro lado, aquelas que de fato precisariam não são tratadas e as graves consequências disso seriam ansiedade, depressão e possibilidade de dependência química na vida adulta.

Porém, em relação a conscientização e aumento da realização de diagnósticos de TDAH é certo que os meios de comunicação prestam certo serviço. Quando se pesquisa em diferentes plataformas digitais sobre esse tema, imediatamente encontramos uma divisão muito clara quanto aos tipos de informações. Uma pequena proporção delas se compõe de pesquisas das áreas médica, educacional ou jornalística. A maior parte, porém, constitui-se de informativos genéricos com forte tendência comercial, que reforçam a necessidade da realização do diagnóstico precoce na criança, com ofertas

---

[24] Existe um forte posicionamento da Psicanálise contra a postura unilateral desse encaminhamento.

de avaliação, de tratamento e esclarecimento sobre inclusão escolar. Textos muito parecidos destinam-se também aos adultos.

Em função disso, pesquisas analisam a incidência de diagnósticos de TDAH influenciados por propaganda em mídias. Dentre estas, a realizada por Bianchi *et al.* (2022), *Medicalização global, TDAH e infâncias: um estudo na mídia de 7 países*, indica que a influência da mídia torna o TDAH mais lembrado e mais fácil de ser consultado na internet interferindo na realização de diagnósticos.

Outras pesquisas voltadas para outros aspectos do TDAH trazem resultados bem interessantes. O estudo intitulado *Relative age and attention-deficit/hyperactivity disorder: data from three epidemiological cohorts and a meta-analysis*, escrito por Caye *et al.* (2020), indica que crianças relativamente mais jovens, em comparação com seus colegas de classe, têm maior probabilidade de receber um diagnóstico de TDAH. Ou seja, entre as crianças da mesma idade que frequentam a classe, aquelas que são mais novas podem receber esse diagnóstico devido a sua imaturidade. Essa é uma discussão bastante recorrente, ainda que de maneira informal, entre muitos profissionais que trabalham com a primeira infância.

O estudo de revisão de literatura realizado por Almeida, Muniz e Moura (2023), sob o título *Fatores de risco ambientais para o transtorno de déficit de atenção e hiperatividade*, mostrou-se diferenciado por analisar fatores de risco ambientais para o TDAH considerando índices, como: casos na família, hábitos de vida, dados da gestação/parto (prematuridade), condição econômica familiar, escolaridade dos pais, tipo de tratamento realizado com a criança que já tem TDAH. A conclusão foi que há impossibilidade de generalização em relação à causa do TDAH e sobre a eficácia de seu tratamento.

É difícil encontrar pesquisas sobre países com maior número de diagnosticados com TDAH, entretanto, há índices de países com mais consumo de psicofármacos à base de metilfenidato (Ritalina e Concerta), reguladores de comportamentos alterados pelo TDAH. Nesse caso, o primeiro colocado são os Estados Unidos e o segundo é o Brasil. Esses dados, porém, não se restringem ao uso que crianças fazem desses medicamentos. Diferentemente, o volume consumido por ambos os países recobre faixas populacionais de crianças e de adultos, como demonstram Souza e Guedes (2001) no artigo *O uso indiscriminado do Ritalina para o melhoramento no desempenho acadêmico*.

Mesmo dentro da área da Medicina encontram-se vozes dissonantes sobre o TDAH. É o caso do psiquiatra Patrick Landman, autor do livro *Todos hiperativos?: a inacreditável epidemia dos transtornos de atenção* (20190, que afirma veementemente que TDAH não existe. Para esse psiquiatra, não há marcador biológico para o TDAH e as chamadas anomalias cerebrais incluem indícios de simples imaturidade cerebral. Em sua opinião, interferem para a manutenção desse equívoco: (i) o "sucesso" econômico de venda de fármacos com metilfenidato; (ii) a generalização dos critérios que inclui crianças com outras alterações não identificadas que levam à supermedicalização, ao superdiagnóstico e à superprescrição farmacológica. Esses são acontecimentos justificados em nome da prevenção para que essas crianças não desenvolvam aqueles riscos que a Medicina antevê. Motivo pelo qual iniciou-se na França, desde 2010, o movimento "Stop DSM".

7.3 Suporte legal do TDAH

Devido à pluralidade dos aspectos envolvidos, o TDAH torna-se um diagnóstico exponencial e envolve o adulto, a criança, a família, a escola, a medicina, as especialidades clínicas e os laboratórios voltados para a pesquisa, produção e venda de fármacos (por exemplo: Ritalina e Concerta à base de metilfenidato, Venvanse à base de dimesilato de lisdexanfetamina, entre outros).

Como consequência, o alcance do diagnóstico de TDAH ganha relevância através das suas organizações representativas (Associação Brasileira do Déficit de Atenção, Instituto Paulista de Déficit de Atenção, TDAH Descomplicado etc.), da sua data nacional (13 de julho) e das leis que regulam os direitos dos assim diagnosticados. A Lei nº 14.254 (30/11/2021), por exemplo, dispõe sobre o acompanhamento integral para educandos com Dislexia, TDAH ou outros transtornos de aprendizagem, identificação precoce dos sinais de TDAH, formação continuada para seus educadores, responsabilidade da escola em fornecer professor auxiliar e multa, caso a escola recuse a matrícula de uma criança com TDAH. Já o Projeto de Lei n. 4308/2021 regula o direito de tempo adicional na resolução de provas em condição inclusiva, enquanto a Lei nº 14.420 (20/07/2022) institui a Semana Nacional de Conscientização sobre o TDAH, com início em 1º de agosto.

Uma questão recorrente é a procura de esclarecimento quanto à aposentadoria por invalidez do portador de TDAH, entendendo-se que o transtorno pode prejudicar seu desempenho profissional. Isso não é possível, mas pode ser solicitado o BPC/LOAS: benefício pago pelo Instituto Nacional do Seguro Social (INSS) no valor de um salário-mínimo mensal concedido ao cidadão que comprovar ter uma deficiência de longo prazo que o impeça de trabalhar e manter a si mesmo e à sua família.

7.4 A criança nasce com TDAH

Em meu cotidiano clínico, algumas falas chamam a atenção: "Ele está tomando o remédio desde o final do primeiro ano, há meses, mas não mudou nada", "Agora a médica descobriu que eu, como meu filho de 7 anos, também tenho TDAH!", "Só consegue permanecer em classe quando toma o remédio certinho!", "No maternal e jardim nunca falaram nada sobre a atenção dele, foi entrar no primeiro ano...".

Essas falas se referem às crianças que iniciam[25] o Ensino Fundamental 1 (EF1), inclusive algumas delas, na mesma escola que já frequentava. Ou seja, há casos em que a criança nunca chamou a atenção de ninguém quanto a qualidade de sua atenção e nos primeiros anos do EF, essa mesma escola sugere aos pais a realização de avaliações (neuropsicológica, processamento auditivo etc.) pela possível projeção da desatenção em relação ao comportamento, consciência fonológica, processamento auditivo e aprendizagem. Quando consultamos o manual de DSM-5-TR, lá está discriminado que a criança nasce com TDAH, os sintomas ficam aparentes em torno ou antes dos 4 anos e mais identificáveis quando ela entra no EF1.

Muita reflexão precisa ser feita neste momento. Será que uma criança não mostra mesmo nenhum sinal de desatenção antes do EF1? Será que tais comportamentos não são valorizados porque remetem a valores sociais de nossa contemporaneidade quanto ao comportamento infantil? Seria imaturidade neurológica? Quais são os "parâmetros" escolares/médicos/clínicos/familiares para atestar que a criança não teve, ou teve, este problema antes de ela entrar no EF1?

Retornaremos também esses temas na próxima cena em que privilegiaremos a prontidão na primeira infância para a Aquisição de Leitura e Escrita. Por ora, vamos considerar nossas possibilidades de respostas a partir da compreensão do sistema de Atenção.

---

[25] No Brasil, o Ministério de Educação determina que, para que a criança seja matriculada no 1º ano, deve completar seis anos de idade até o dia 31 de março do ano, seguindo a sequência até o 5º ano / 10 anos.

7.5 O sistema de Atenção e sua repercussão em outros sistemas

Nos referenciais teóricos já apresentados de Vygotsky e Luria (Cena 4), vimos que a *Atenção* – interpretada também como um processo sócio-histórico – é uma função psicológica superior (FPS) que se interrelaciona com outras, como linguagem, consciência, aprendizagem, memória, funções executivas. Para qualquer processo envolvendo a *atenção*, vale o entendimento de que, na execução da tarefa principal, as demais ficariam em segundo plano e, do ponto de vista neurológico, os neurônios/sinapses das regiões responsáveis por essa execução estariam ativos, enquanto os demais estariam inibidos. Não quer dizer que estariam ausentes, mas menos operantes.

Em seu livro *Psicologia pedagógica*, de 1926, Vygotsky se preocupou com o que chamou de "a psicologia e a pedagogia da atenção", esclarecendo que mesmo os mais leves atos de atenção convocam uma resposta motora, como a mudança na pulsação e na respiração: "[...] do ponto de vista motor a atenção se caracteriza por movimentos adaptativos internos e externos e pela inibição de toda a atividade restante do organismo" (Vygotsky, 2004, p. 150).

Para ele, antes da reação de atenção, acontece a *atitude de atenção* como um processo precursor da atenção propriamente dita. A atitude de atenção, de acordo com a sua durabilidade, pode ser: *instável, movediça e oscilante*, revelando sua *natureza rítmica*. A atenção, então, "[...] se processa como que por impulsos com intervalos, por linhas pontilhadas e não linha compacta, regulando as nossas reações por impulsos e deixando que elas aconteçam por inércia em intervalos entre um e outro impulso" (Vygotsky, 2004, p. 153).

Vygotsky está se referindo ao sistema reticular, em que a atenção "informa" a realidade que será registrada nas áreas correspondentes de forma *pontilhada*, ou seja, com breves intervalos em um processo natural do sistema nervoso. Dessa forma, enquanto estou aqui escrevendo, sou atenta o tempo todo ao meu pensamento e ao teclado do computador, mas esse *todo* inclui parar e voltar a escrever quando um pensamento fica mais complicado ou quando erro na digitação. Diante disso, é preciso considerar que o retorno à atividade principal inclui conjuntamente sua distração inerente. Esse é o motivo pelo qual as características da atenção em relação a sua *durabilidade rítmica*, que se dá de forma *pontilhada* e *não contínua*, definem que o intervalo entre os pontilhados tem o nome de *distração*.

Para Vygotsky (2004, p. 158, grifo nosso), então, estar atento a algo é estar

> [...] distraído em relação a tudo o demais [...] quanto maior é a força da atenção tanto maior é força da distração [...] do ponto de vista científico, será mais correto falar não na educação da atenção e da luta com a distração, *mas de uma educação correta e simultânea de ambas*.

Ele analisa que, do ponto de vista biológico, menos de 0,01% das reações de atitude de atenção se mantêm inatas, todo o resto sofre modificações pela adaptação do homem ao meio levando o organismo para um estado *preparatório de antecipação de atenção*.

Qual seria a principal função da atenção? A proteção da vida! Para dar conta disso, torna-se complexa por participar das mais diferentes atividades humanas. Esse é o principal motivo, segundo Vygotsky, pelo qual surge a necessidade de o próprio organismo administrar seu comportamento. O desenvolvimento humano se dá nesse jogo entre a proteção da atenção e o risco de sua falta. Em função disso, conseguimos passar de uma ação a outra em todas as esferas da vida.

A atenção tem um ritmo que se compõe justamente de *ativação* e de *repouso* para conservar a energia em um lapso de tempo máximo, já que

> [...] a atenção funciona com explosões mantendo a força do impulso de uma explosão a outra. Assim, o ato de atenção deve ser entendido como um ato que se autodestrói constantemente e torna a surgir, que se extingue e entra em autocombustão a todo instante. (Vygotsky, 2004, p. 160)

É preciso compreender que a natureza rítmica da atenção se opõe a um fenômeno de durabilidade estável, contínua, previsível e controlável: não é da natureza humana permanecer atento o tempo todo, não temos estrutura neurológica para isso!

O ritmo de atenção nos possibilita a percepção de acontecimentos externos independentemente de sua realidade, ou seja, é o ritmo de atenção que viabiliza uma percepção organizada desprendida da realidade caótica de mundo. Vimos, nos capítulos anteriores, que a percepção interpreta/significa as sensações sendo altamente dependente do contexto social, cultural e cognitivo e de como o sujeito se constitui a partir do orgânico/biológico em sua história de vida.

Na teoria vygotskyana, a percepção se ajusta com a linguagem e a noção de aprendizagem realizada em *espiral*: para aprender algo novo, passamos sempre pelo já conhecido, pelo saber já construído e avançamos.

Para Vygotsky (2004, p. 44): "[...] o mundo não é visto simplesmente em cor e forma, mas também como um mundo com sentido e significado. Não vemos simplesmente algo redondo e preto com dois ponteiros: vemos um relógio e podemos distinguir um ponteiro do outro".

Mas, se por acaso, nossa atenção permitir observar somente algo redondo (bola, circunferência, tampa de algo)? A percepção seria a mesma de quem considera por inteira a figura já conhecida de um "relógio", por exemplo? A resposta é que a percepção depende da qualidade da atenção. Na criança com TDAH, essa percepção/interpretação pode ser incompleta e aleatória, prejudicando, por vezes, a atribuição de sentido esperada. Essa resposta, por sua vez, está em relação direta com a aprendizagem, e esse processo todo acontece, então, de maneira alterada prejudicando outros processos/sistemas a ele relacionados.

Estou aqui analisando uma resposta frente a uma demanda visual (percepção de objetos redondos), mas as considerações poderiam se estender a toda as diversidades sensoriais: para Vygotsky, toda percepção humana consiste em percepções categorizadas, o que seria impossível sem a participação da atenção.

Vamos considerar a situação a seguir. Estamos andando tranquilamente de bicicleta pela rua e, quando olhamos para o lado, vemos um portão de garagem se abrindo e algo baixo e marrom saindo correndo. Rapidamente percebemos, um pouco mais à frente, uma porta aberta e, instintivamente, entramos nela aliviados. Andar de bicicleta remete à atitude de atenção assentada em cuidados imaginados/conhecidos, como: (i) cachorros são fatores de risco para o ciclista porque podem correr atrás da bicicleta e derrubá-lo, (ii) cachorros podem surgir de repente quando um portão se abre.

Na percepção organizada da realidade do caos externo, não foi preciso **ver o cachorro inteiro, parte dele foi suficiente para a atenção ser dirigida** para a busca de uma saída de proteção, que se resolveu quando a próxima porta aberta foi vista.

7.6 Diferentes tipos de atenção

Em função das diferentes situações vivenciadas, Vygotsky (2004) classifica a *atitude de atenção* como *interna-arbitrária* ou *externa-não arbitrária*.

Por atenção *não arbitrária*, entende-se uma reação ao estímulo externo imposto à pessoa com uma força inesperada, deslocando toda a atenção e inibindo outras reações, conforme o exemplo acima. Já a atenção *arbitrária* vem de dentro do organismo, da própria vivência: atitude, pensamento ou sentimento. Um exemplo: temos que escrever um artigo e o prazo termina amanhã. Em função dessa responsabilidade, nós nos revestimos de uma a*titude de atenção* (orgânica, psíquica, social) para cumprir essa tarefa. Ajustes e reajustes de atenção serão necessários. Enfim, tudo aquilo que pressupõe uma iniciativa é uma atenção arbitrária motivada (fala dirigida, respostas, escolhas etc.).

Então, na *atenção não arbitrária*, o estímulo disparador externo envolve algum órgão do sentido (olho, ouvido etc.) e, na *atenção arbitrária*, a motivação é interna, mas nas duas, ocorrem as mesmas reações somáticas de pulsação, respiração, contenção das atividades restantes do corpo.

Lent (2010), em seu livro *Cem bilhões de neurônios*, amplia essa explicação dizendo que a *atenção* recobre dois aspectos primordiais: (i) a criação de um estado geral de sensibilização: o alerta, (ii) o recaimento dessa sensibilização sobre determinados processos mentais e neurobiológicos: a *atenção* propriamente dita. Ele distingue também que a atenção envolvida em um processo mental (cálculo matemático, lembrança, pensamento) é chamada de *cognição seletiva* e a atenção voltada para os sistemas sensoriais é chamada de *percepção seletiva.*

Para Lent (2010), a atenção pode se caracterizar também como *focada* ou *seletiva*: neste caso, selecionamos alguns estímulos e nos distraímos em relação aos demais (por exemplo, lendo um livro interessante, nós nos desligamos da realidade). Ou, ainda, a atenção *dividida* ou de *multitarefa,* quando envolve mais do que um estímulo (por exemplo, fazendo o jantar e ajudando o filho com a tarefa da escola).

Entretanto, nem todas as tarefas combinam. Se a atividade principal recrutar o funcionamento do cérebro como um todo (como a linguagem), não poderá ser combinada com atividades que exigem manutenção de atenção: por isso não podemos conversar ao celular e, ao mesmo tempo, dirigir um carro, por exemplo.

Além desses dois tipos, temos também a *atenção flutuante*[26]*, que nos permite atender diferentes situações de modo simultâneo. Trata-se de um estado*

---

[26] O termo ficou conhecido quando Freud definiu que a atenção do analista na escuta clínica seria do tipo "flutuante".

artificial de atenção, impelido pela necessidade do momento, assim, enquanto executando uma tarefa principal, executamos outras simultaneamente: arrumamos a mesa de trabalho, respondemos a uma mensagem, enchemos a garrafa de água, jogamos um papel no lixo etc.

Estudos sobre a psicofisiologia da atenção atualizados por Almeida *et al.* (2018), no artigo *A psicofisiologia da atenção: uma revisão bibliográfica*, anunciam que a *atenção* não é um processo único, envolvendo pelo menos oito áreas cerebrais, tais como:

1. Formação reticular ou sistema ativador reticular ascendente/SARA (regula o estado de vigília que modifica os potenciais elétricos em grandes regiões cerebrais e não apenas em áreas específicas); 2. Tálamo (transmite e integra impulsos motores e sensitivos entre o sistema nervoso central e a periferia do corpo); 3. Lobo Parietal Posterior (responsável por sensações de dor, temperatura, pressão e tato. e está relacionado com a lógica matemática); 4. Córtex Frontal e Pré-Frontal (Frontal: raciocínio social, tomada de decisões; na relação com a amígdala, julgamento social de faces; com o córtex somatossensorial direito, empatia e simulação; com a Ínsula, resposta automática. Quanto ao Pré-frontal: no córtex orbitofrontal, comportamentos sociais e tomada de decisão; no córtex dorsolateral, processos cognitivos; no córtex ventromedial, percepção e expressão das emoções); 5. Lobo Temporal Medial (principais funções: audição, olfato, função vestibular, interpretação de imagens, linguagem e comportamento emocional; em conjunto com o córtex visual, analisa a complexidade dos sinais visuais e facilita a síntese da memória visual de longo prazo); 6. Locus Coeruleus (área ligada ao hipocampo e essencial para a formação de memória declarativa); 7. Giro Cingulado Anterior ou Giro do Cíngulo (processamento cerebral que sintetiza o que entedemos como "inteligência", regula funções autônomas, como a pressão sanguínea, cognição, emoção, aprendizagem, motivação e a detecção de conflitos); 8. Amígdala ou Corpo Amigdaloide (detecta, gera e faz a manutenção das emoções relacionadas ao medo, reconhece expressões faciais de medo, coordena respostas apropriadas para situações de ameaça e perigo). A figura abaixo representa as principais áreas envolvidas no sistema de atenção.

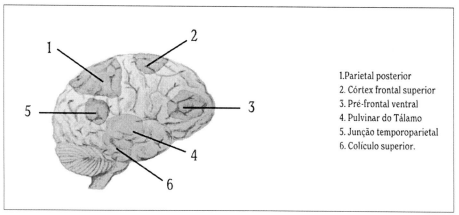

Fonte consultada: Gazzaniga et al.,2019. Ilustração: Barbara Tahira, 2024

7.7 Atenção, memória e aprendizagem

Para Luria (1979), no texto *Atenção e memória* do volume III do *Curso de psicologia geral*, sem a atenção, não haverá atividade mental com funcionamento organizado devido à relação fundamental existente entre atenção e memória. A função da atenção é selecionar, dentre as incontáveis informações sensoriais que nos chegam, quais são as mais importantes e quais serão ignoradas em determinados contextos. O mesmo acontece em relação aos movimentos e à memória necessários para a execução de determinada tarefa.

Nesse momento, devemos relembrar que a percepção é a capacidade de associar as informações sensoriais à memória e à cognição formando conceitos sobre nós mesmos e o mundo, além de orientar o nosso comportamento. A percepção envolve o que é sentido pelo corpo por alguma via sensorial, mas nem tudo o que atinge o corpo é percebido (ou seja, é passível de interpretação), por isso não temos consciência de tudo o que chega até nós[27].

Ainda sobre a percepção, ela ocorre em meio a processamento analítico realizado pelos sistemas sensoriais na caracterização de cada objeto do mundo: cor, movimento, localização espacial, timbre, temperatura, altura, material etc. Através da ativação de diferentes tratos cerebrais, o objeto visto vai sendo reconstruído internamente como um todo para que possa ser

---

[27] Lembre-se de situações em que temos um objeto nas mãos (chaves, por exemplo) que de repente "some", sem que "saibamos" o que fizemos com ele. Trata-se de uma ação realizada, mas não percebida e não interpretada.

memorizado, reconhecido, associado à função desempenhada e ao contexto de pertencimento (categorização). Cada modalidade sensorial terá uma via cortical que será otimizada pelo processo de percepção a partir da situação vivenciada e, por isso, difere de pessoa para pessoa. Todos, provavelmente, já experienciamos situações em que contamos um acontecimento de uma maneira e outra pessoa que estava junto na cena o relata com detalhes que não vimos. Por vezes, as discrepâncias das percepções são tantas que parece que um dos dois mente ou inventa.

Como vimos, é a atenção que ativará os circuitos neuronais de diferentes regiões a partir do que, na execução da tarefa, está para nós em primeiro plano ou em segundo plano. Sem a atenção suficiente em tempo e qualidade, toda essa ativação sofrerá os efeitos dessas condições, ou seja, será mais incompleta, dificultando a passagem de dados para a organização mental do caos externo. Nesse caso, será difícil uma aprendizagem se estabilizar como memória porque, a cada momento, apenas uma parte da informação pode ser percebida, o que atrapalha sua percepção organizadora e estável como lembrança.

Analiso que isso explicaria a dificuldade que percebemos em crianças atravessadas pelo TDAH em estabilizar uma dada aprendizagem, mesmo depois da repetição de sua ocorrência. Esse é o motivo pelo qual afirmei, no início desta cena, que algo sempre escapa a mais na sua interpretação de mundo[28]. Nesse sentido, aqueles pontilhados descritos por Vygotsky terão traços muito distante e a informação não poderá ser associada como uma unidade, algo permanecerá solto à espera de interpretação.

Vamos considerar a situação a seguir. Você foi ao banco para solicitar uma informação financeira ao gerente que lhe explica que a consulta é digital por meio de um site. A primeira possibilidade é a de que você, mesmo não lidando com isso em seu cotidiano, consegue entrar no ambiente digital e tenta baixar o aplicativo necessário informado pelo site. Mas a cada momento em que tenta executar a tarefa, algo dá errado. Tudo fica tão dissociado de suas experiências que você não consegue permanecer focado na situação e desiste.

A segunda possibilidade é que você entra no site, consegue baixar o aplicativo indicado e, a cada avanço em direção à informação que deseja, encontra uma dificuldade e recomeça tudo. Chega um momento em que, de tanto repetir as operações, uma parte delas se tornaram memórias ope-

---

[28] Em todas as nossas experiências algo sempre escapa devido ao funcionamento do sistema de atenção, mas em sujeitos com TDAH isso é mais acentuado.

racionais. Você segue mais um pouco no aplicativo entre o que *lembra* e "o que não *viu/não percebeu/não interpretou*". Se fosse possível desenhar essa experiência, poderíamos colocar um traço quase contínuo de atenção para o que virou memória, traços pontilhados representando o que lembra vagamente e nenhum traço para "o que não viu". A complexidade da operação, a falta de experiência e o cansaço em insistir provocam um rebaixamento de sua dinâmica neurofuncional, que rebaixa também suas possibilidades de atenção. Mas aí você se recompõe, insiste mais um pouco e consegue finalizar e obter a informação desejada.

Há diferenças fundamentais nessas duas ocorrências. Na primeira, o sistema de atenção, por motivos internos ou externos (dentre eles o TDAH), fica menos sustentado do que o minimamente necessário e impede as possibilidades de associação, memória, cognição, aprendizagem e regulação do próprio comportamento. Na segunda, diferentes ativações neuronais, em diferentes rotas, foram envolvidas, mantidas e estruturadas em função do objetivo final.

Para Luria (1979), a atenção que promove a aprendizagem tem caráter consciente e trabalha conjuntamente com a memória e cognição em um processo único: (i) a atenção seletiva se volta para uma orientação atencional focal, (ii) em seguida, uma concentração de funções mentais superiores regularão o estabelecimento de prioridades da atividade consciente do indivíduo diante de um conjunto amplo de estímulos ambientais, (iii) a atenção sustentada da atenção seletiva sobre determinado estímulo ou objeto promoverá a execução das tarefas especificas, (iv) a obtenção de objetivos fixados serão comparados ao que se pretendia fazer.

Esse processo se repete para qualquer demanda da vida quando a *cognição seletiva* e a *percepção seletiva* exigem o funcionamento de outras funções psicológicas superiores a partir da função atencional. Qualquer sintoma que emerge desse processo, como a dificuldade em manter a atenção, por exemplo, significa que um elo da cadeia se rompeu impossibilitando o melhor resultado.

Para Luria (1979), ainda no mesmo texto, o interesse do sujeito, a intensidade ou força dos estímulos externos interferem na oscilação do nível de atenção e o fato de algo ser novidade atrai mais atenção e afeta a aprendizagem. Esse mesmo autor, na obra *Fundamentos de neuropsicologia*, amplia mais ainda esse estudo considerando que os processos individuais também interferem na aprendizagem, pois o campo interno da atenção tem relação direta com a atividade do sujeito, sua motivação e interesse e o grau de automação/domínio (quanto mais eu sei fazer uma coisa, mais posso combiná-la com outras tarefas) (Luria, 1981). Por fim, o êxito do resultado aumentará a atenção e o fracasso gerará tensão. Essa é a relação fundamental entre a atenção como uma FPS que se relaciona com outras FPS – memória, consciência, aprendizagem e linguagem – no contexto de vida de cada um de nós.

7.8 Atenção e sociedade contemporânea

A "atenção" é um tema amplo, atual e implicado na modificação, por vezes, para pior de muitos aspectos na nossa contemporaneidade. Estudiosos das áreas da Sociologia e da Filosofia analisam que estamos vivendo em modo permanente de atenção *flutuante*, volátil e rasa em virtude da desvalorização da ideia de se ter tempo para permanecer, perceber e interpretar.

O filósofo sul-coreano Byung-Chul Han (nasceu em Seul em 1959, naturalizado alemão) analisa, em *Sociedade do cansaço*, que nossa sociedade está enferma, daí o título de sua obra. Nesse conjunto social, o objetivo é produzir pessoas mecanizadas e centradas na busca do lucro. Para ele, o cansaço é a resposta do nosso corpo para o excesso imposto pela sociedade atual: violência da positividade, cobrança de sucesso e resultados, propósitos exagerados de trabalho, controle de atenção para o externo, anulação de si próprio etc. (Han, 2015).

Zygmunt Bauman, sociólogo e filosofo polonês (1925, Polônia-2017, Reino Unido) criou o conceito de "modernidade líquida" para caracterizar, na contemporaneidade, sua volatilidade, incerteza e insegurança. Bauman esteve no Brasil em setembro de 2015, em um encontro com educadores. Sua apresentação pode ser lida no texto *Há uma crise de atenção!* (Bauman, 2015), em que ele aponta que a educação é vítima da modernidade líquida influenciada pelo mau uso da tecnologia, a qual possibilita milhares de informações rasas. Nesse cenário, o estudante se vê com dificuldade de escolha justificada tanto pelo excesso de informação quanto por sua formação escolar superficial, pela sua dificuldade de leitura e de compreensão de texto.

Durante sua fala, o pensador defendeu que os educadores precisam estimular determinadas características que ficam prejudicadas com a utilização errada da tecnologia: "paciência, atenção e a habilidade de ocupar esse local estável, sólido, no mundo que está em constante movimento. É preciso trabalhar a capacidade de se manter focado".

Além disso, chamou a atenção para o seguinte fato:

> Se demorarmos mais de um minuto para acessar a internet quando ligamos o computador ficamos furiosos. Um minuto só! Nosso limiar de paciência diminuiu. As informações mais bem-sucedida, que têm mais probabilidade de serem consumidas, são apenas pedaços. Outra coisa é a persistência. Conseguir algo contém em si um número de fracassos que faz com que você perca tempo e tenha que recomeçar do zero. E isso é bem complicado. Não é fácil manter essa persistência nesse ambiente com tanto ruído e tantas informações que fluem ao mesmo tempo de todos os lados. (Bauman, 2015)

A proposta desenvolvida até aqui trouxe a descrição médica do TDAH na criança, norteou funcionalmente o sistema de atenção e procurou chamar a atenção do fonoaudiólogo para a reflexão sobre esse transtorno a partir do contexto sócio-histórico em que se insere: um transtorno vivenciado por criança, adolescente ou adulto (e famílias) em sua contemporaneidade. Dito isso, precisamos reconhecer que aqueles que de fato têm TDAH são penalizados ainda mais por uma sociedade que se configura em meio a uma *crise de atenção*.

Reconhecer que a sociedade contemporânea tem essa característica não desmerece os diagnósticos de TDAH, ao contrário, tira-os da banalização. Como vimos, não se trata de algo simples. Contudo, uma forma de não produzir tantas crianças desatentas é rever nossos parâmetros de desatenção desde que a criança nasce. Veremos que a atenção se estrutura em um crescente e isso precisaria ser considerado, em minha opinião, como uma área dentro das escalas de desenvolvimento infantil. Não é "esperado" que adultos e crianças se tornem tão desatentos. Assim, o tema a ser considerado a partir desse ponto é a estruturação do sistema de atenção ao longo do desenvolvimento infantil.

7.9 Atenção na primeira infância

Para Vygotsky, conforme referido, do ponto de vista biológico, menos de 0,01% das reações de atitude de atenção se mantêm inatas e todo o resto é modificado pela adaptação humana ao meio, avançando para o *estado preparatório de antecipação de atenção*.

Entende-se por *estado preparatório* de *antecipação da atenção* aqueles milésimos de segundos em que nos sentimos em alerta diante de algo que sabemos que vai acontecer: por exemplo, a criança aguardando o início da aula, à espera de uma brincadeira ou da fala dos amigos, aguardando para pegar seu lanche ou para começar a fazer um desenho etc.

Para Vygotsky e Luria, o sistema de atenção é construído, isto é, não está pronto ao nascer. Ao nascimento, o bebê conta com reflexos que se tornarão processos de atenção envolvendo o cérebro, o meio, o corpo, o outro e o mundo nos moldes do que vimos também com Piaget (na Cena 4) e com Wallon e Winnicott (na Cena 5).

Como e quando a construção do sistema de atenção se inicia na criança?

Em se tratando de *atitude de atenção arbitrária*, sua construção percorre um caminho bem conhecido. Vygotsky (1996) explica, no tomo IV de *Obras escogidas*, que, nas primeiras vezes em que o bebê é alimentado pela mãe, ele pode não estar com fome, mas essa vivência ativa diferentes reações internas em seu corpo. Em outro momento, quando ele estiver com fome, essas reações internas serão ativadas. Nesse momento, ocorre uma virada: um acontecimento externo – a mãe dar o alimento em intervalos quando o bebê não esperava por isso – torna-se uma *atitude interna, subordinada ao estímulo interno,* provocando uma expressão na espera de resposta do mundo externo.

Conforme Wallon também explicou, nesse início de vida, a criança reage ao bem-estar ou mal-estar e seu choro terá a função de exprimir isso no jogo interacional com a mãe, que responderá dando-lhe o leite. O choro do bebê, interpretado pela mãe como fala/linguagem, irá se transformar depois em protolinguagem.

A mãe, quando amamenta, desperta também na criança outras possibilidades de atenção em relação à sua voz quando fala com o bebê (voz já conhecida desde o período intrauterino), à temperatura de seu corpo, ao cheiro e temperatura do seu leite, ao sabor do leite, ao contato táctil da pele do bebê com a pele da mãe, à viscosidade do leite, às demandas internas e viscerais do próprio corpo do bebê. Esse conjunto de demandas sensoriais ativarão, a seu tempo, aprendizagens neuronais instauradas pela atenção psíquica e social nos intervalos em que se apresentam.

O bebê vai se estruturando na relação com a mãe em meio à alternância e combinações rítmicas dessas sensações: no começo da mamada, o foco é o leite; depois, a voz da mãe; depois pode ser um objeto, como referiu Winnicott. Esses diferentes tipos de atenções sensoriais chamadas de *comodalidades*[29] – auditiva, visual, táctil, olfativa e de paladar –, inerentes à situação de amamentação em um jogo interacional mãe e bebê, irão se transformar mais tarde em componentes das funções psicológicas superiores envolvendo linguagem, aprendizagem, memória, atenção seletiva etc.

Há décadas, estudos como o de Golse e Desjardins (2005), *Corpo, formas, movimentos e ritmo como precursores da emergência da intersubjetividade e da palavra no bebê*, vêm identificando risco para autismo em bebês que mostram dificuldades para harmonizar o ritmo das comodalidades sensoriais de modo interativo na relação com a mãe, apontando com isso uma disfunção interativa.

Vygotsky designa essa virada que acontece quando um estímulo externo se transforma em demanda interna como *lei geral de internalização*, é a base para o desenvolvimento na criança de todas as funções psicológicas superiores a partir da atenção voluntária. Ele também explica que o desenvolvimento da atenção na criança

> [...] começa com o primeiro gesto indicativo, por meio do qual os adultos buscam dirigir a atenção da criança e com o primeiro gesto independente da criança, com o qual começa a dirigir a atenção de outros. Mais tarde, em forma muito mais desenvolvida, a criança domina já todo sistema dos meios para dirigir a atenção dos demais. Esse sistema de meios é a linguagem atribuída de sentido; passado algum tempo, a criança aplica a si as mesmas normas de conduta que outros lhe aplicaram e que ela utiliza em suas relações com os demais. Deste modo começa a dirigir sua própria atenção, transportando sua atenção ao plano voluntário. (Vygotsky, 1996, p. 143)

De tal modo, observa-se que a atenção se modifica desde seu modo reflexo e involuntário para voluntário progressivamente ao longo do desenvolvimento infantil. Retomemos também esse percurso a partir dos estudos desenvolvidos por Luria e apresentados no texto *Atenção e memória*. Para ele, os primeiros sinais do reflexo orientado é quando o bebê fixa o olhar em um objeto e interrompe a sucção na mamada diante desse objeto ou pela manipulação dele (comodalidades sensoriais) (Luria, 1979).

---

[29] Entende-se por comodalidades a ocorrência de diferentes modalidades sensoriais ao mesmo tempo, por exemplo: enquanto o bebê suga o seio da mãe, ouve sua voz e olha para ela.

No primeiro ano de vida, a atenção voluntária é muito instável, a permanência da atenção em um mesmo objeto é curta e, assim que aparece outro objeto, a atenção migra para ele. Essa inconstância atencional é para o bebê um exercício extenuante. Por volta do final do primeiro ano de vida, a criança começa a subordinar seu comportamento à fala do adulto dando mostra de uma atenção voluntária um pouco mais estruturada. Isso aparecerá na criança através de suas respostas gestuais à fala do adulto, por exemplo: "Dá tchau!" e a criança abana a mão, "Cadê? Achou!" e a criança move a cabeça para olhar. Depois, anos mais tarde, essa subordinação aparecerá de novo na construção de formas estáveis da atenção voluntária na fala autorreguladora da própria criança.

Nesse primeiro ano ainda, a fala, as ações e os gestos do adulto são *imprescindíveis* para o desenvolvimento pleno da atenção voluntária da criança porque, atenta, ela pode imitar e depois se apropriar deles como instâncias de sentido. No final do primeiro ano de vida e início do segundo, a nomeação de objetos e os comandos verbais do adulto começam a influenciar a criança com a função de orientar e regular seu comportamento. Assim, a criança cumpre a fala do adulto dirigindo seu olhar para o objeto nomeado, selecionando e procurando o objeto no mesmo ambiente, buscando e levando coisas, por exemplo.

Chamo a atenção do leitor para o fato de que a criança atravessada pelo TDAH já pode mostrar sinais nesse primeiro ano, sinais que vão ficando mais fortes à medida que a fala do adulto se *prioriza* como norteadora de sua atenção. Veja como é sutil essa observação, o que não quer dizer que seja fácil e nem que seja definitiva para um diagnóstico, mas passível de orientação quanto a se intensificar nessa criança a busca por esta atenção. Esse é o momento para se observar se nela se polariza a atenção visual e não a auditiva que inclui a fala do outro e se a imitação de atitudes simples do adulto está acontecendo. Pode parecer trivial essa observação, mas não é e precisa ser priorizada nas interações com a criança.

Então, a fala do adulto norteia na criança a ação a ser realizada, organiza sua ocorrência e a ajuda a focar a atenção, interferindo para a estruturação (grosseira) da atenção seletiva. Um exemplo seriam situações em que falamos para a criança algo como: "Pega o pote com as duas mãos, senta-se na sua cadeirinha para comer. Pega, desse jeito, um pedaço de cada vez, olha!". Entretanto, não é toda vez que o adulto fala que ela o atende porque sua atenção ainda é muito instável, sua reação é imediata e o tempo que permanece focada é influenciado pelo seu interesse e pela aparência do objeto (quanto mais colorido mais chamativo).

Contudo, é preciso salientar que toda interação com a criança inclui o outro que precisa estar realmente presente no contexto. A demanda da criança por interação nessa idade que ainda nem fala palavras é altíssima, assim como, importante e estruturante do ponto de vista de seu neurodesenvolvimento.

No início do segundo ano de vida, a criança envolvida no contexto (cotidiano ou brincadeira), já é capaz de manter a atenção na fala do adulto para selecionar um objeto no espaço. Porém, esse envolvimento se perde rapidamente quando outro objeto mais próximo dela ganha sua atenção a partir do que ouve. O adulto fala, por exemplo: "Me dá a bola. A bola está atrás da porta!". Veja, a criança se orienta pelas frases que se apresentam justapostas. Uma frase do tipo "Me dá a bola que está atrás da porta!" seria mais difícil para a criança entender. O pronome relativo "que" que retoma "bola" exige dela uma operação sintática e semântica complexa que ela ainda não consegue identificar. Mas é muito importante o uso de verbo na frase dirigida à criança, tão importante quanto o uso de substantivo e, por isso, temos que tomar o cuidado de privilegiar, no cenário clínico, contextos de nomeação de ação tanto quanto fazemos com objetos, por exemplo.

Continuando com Luria (1979), entre o segundo e terceiro ano, a função simbólica começa a dar ideia da dimensão da atenção voluntária da criança à medida que ela reproduz ações, gestos e papéis observados no adulto. Nessa idade, também é importante que a criança não só escute a fala do adulto, mas que a *realize*. Essa análise orienta que o adulto não deve falar qualquer coisa sem objetivo para a criança e que *deve ajudá-la a concretizar o que foi dito*. Quando ela reforça sua escuta na prática, diferentes memórias são incitadas: motora, semântica, gestual.

Ressalto a importância das relações conceituais referidas: a fala do outro dirige a ação da criança, além disso, quando o adulto faz junto com ela, a auxilia na compreensão de que a fala tem um efeito se for escutada. Não me parece exagerado pensar que esses são os mais importantes prejuízos que a criança com TDAH experimenta, desde o início de seu processo de fala e linguagem. A dificuldade que se observa é a dificuldade de ela concretizar a fala do outro ou executar o que ela própria disse que iria fazer. Algo se perde já aí.

As crianças, por vezes, fazem isso, mas, no caso de crianças com TDAH, isso ocorre com muito mais frequência e, em função disso, são constantemente chamadas a prestar atenção. Existe uma sutileza nesse cenário e não temos como afirmar nada, mas algo sobressai quando a criança não permanece em uma atividade e tem que ser chamada constantemente para fazer algo: observações que precisam ser valorizadas, não como diagnóstico, mas como risco e indicação de trabalho no sistema de atenção.

De tal modo, todo profissional que cuida de criança precisa desenvolver um olhar sobre o fato de que ela pode ser ajudada a entrar na relação - atenção e fala dirigida do outro-, disso depende a posição do adulto em não achar que é "assim mesmo", que com o tempo ela ficará muito atenta, até poderá ficar, mas suas chances são maiores de que essa atenção seja visual e não auditiva, fundamental para a linguagem em crianças ouvintes.

7.10 Atenção e função simbólica

Vimos, em cenas anteriores, que a função simbólica é um grande marco do desenvolvimento infantil e nos dá elementos importantes em relação à qualidade da atenção *seletiva* da criança. Um exemplo possível seria pensar a criança de 4 anos brincando com outra criança e assumindo o papel de professora. Para isso senta-se em um lugar diferente, coloca papeis e canetas à sua frente. Esse fato demonstra a atenção dela aos detalhes que estão implícitos na persona "professora", ou de outro papel que venha a reproduzir.

O desenvolvimento da atenção até agora evoluiu muito desde o reflexo involuntário inicial de quando era bebê. A criança está sofisticando sua linguagem simbólica, compreende a fala que lhe é dirigida, expressa sua vontade e sua recusa e esse conjunto de acontecimentos reorganiza sua percepção de mundo e a levará a interpretar objetos e ações em uma perspectiva cognitiva e social.

Próximo dos 3 anos de idade, a atenção da criança é parcialmente focada porque o córtex cerebral ainda não está suficientemente amadurecido, entretanto, a relação dialética entre o meio e a plasticidade cerebral ajuda nessa maturação quando *a fala acompanha a ação voluntária e a locomoção*: oportunidade do desenvolvimento da atenção voluntária/intencional.

Um pouco antes, a fala do outro dirige a atenção e a ação da criança, agora a criança desempenha sua *atenção voluntária* através da fala, da ação e da locomoção. Retomo a análise de Wallon (Cena 5) de que os movimentos contribuem para que a criança perceba as relações entre cada parte de seu corpo e os objetos a sua volta na *construção de si mesma*. Além disso, para ele o desenvolvimento da motricidade interfere na evolução do psiquismo infantil, na exploração do ambiente, na realização da fala, na inteligência prática e no uso de gesto como expressão de pensamento.

Seguindo ainda com Wallon, ele nos explica que uma das funções da brincadeira é possibilitar à criança a reorganização psíquica de uma experiência ruim, experiência que atualiza também a atenção interna (lembranças, pensamentos e preocupações). Parece claro que o sistema de atenção resultante de condições genética, orgânica e neurológica está implicado na linguagem, exploração do mundo externo e interno (criatividade), relações dialógicas e afetivas, aprendizagem, memória e funções executivas.

Retornando ao texto *Atenção e memória*, de Luria (1979), quando a criança brinca com outra criança de faz de conta, cada uma delas experimenta uma solução para o conflito entre a demanda infantil de conhecer e agir sobre os objetos do mundo externo e os limites concretos de suas capacidades para reproduzir esse conhecimento. Para isso, ela precisa se lembrar dos papéis exercidos por ela e pela outra criança para que a brincadeira não se perca e acabe. Por meio desta atividade lúdica, a criança desenvolverá novas propriedades atencionais porque terá que se manter na interpretação de um determinado papel por tempos cada vez mais estruturados e, ainda, controlar seus impulsos em função dessa prioridade.

A partir disso, podemos alargar nossas possibilidades de interpretações fonoaudiológicas frente à queixa de que a criança não brinca com outra criança, como decorrência de alterações em sua fala e linguagem. A questão pode ser não só a linguagem, pode ser a dificuldade de estruturar gradativamente seu tempo de atenção que precisará recobrir sua fala, seus movimentos pertinentes e a fala do outro. Sem esse tempo de atenção, ainda que tenha a intenção de brincar, não conseguirá sustentar esse empreendimento. A saída encontrada por ela, muitas vezes, é brincar com crianças muito menores em brincadeiras movimentadas aleatórias em que a atenção (focada ou dividida) não exerce função estruturante (correr atrás de outra criança, por exemplo). Resulta disso uma ideia de infantilização que repercutirá em sua criatividade. A criança pode ficar "engessada" nessa condição retroativa que requer pouca imaginação.

Outra possibilidade que o relato dos pais e professores nos traz é de que uma criança brinca muito bem com outra e que elas se entendem muito bem na brincadeira. Neste caso, houve uma complementariedade de papéis e (de suas demandas lúdicas e tempos atencionais) em que ambas as crianças estão criativas e tranquilas em sua atuação. Pode ocorrer também de a criança reclamar que os colegas não querem brincar com ela e quando observamos melhor vemos que a todo momento muda a direção da brincadeira de acordo com o quanto consegue permanecer nela.

Entre os 4 e 5 anos, a criança consegue explicar verbalmente os acontecimentos e está mais conectada à fala do outro como orientadora de sua atenção e ação, contudo a fala do outro já internalizada regulará mais ainda seu próprio comportamento. E como isso aparece?

Vamos considerar a seguinte situação. Um dia uma criança de 4 anos e meio fez uso de uma escada móvel leve, de alumínio, com 6 degraus, para pegar um brinquedo que estava em cima do armário. Quando a mãe viu, explicou que ela não poderia jamais fazer aquilo sozinha. Em outro momento, quando estava brincando com um amigo em seu quarto e quis o mesmo brinquedo que estava no mesmo lugar, a criança explicou para o amigo que jamais poderia usar a escada para pegá-lo.

Nesse exemplo tão simples, o sistema atencional, a fala do outro/mãe, a memória do acontecido e a volta da fala da mãe internalizada como sua interferem regulando seu próprio comportamento. Isso tudo só é possível porque esse conjunto de estruturas neurofuncionais alavancadas pela atenção transformou esses acontecimentos em conscientes. Quando observamos de fora, o contraste do funcionamento da criança com TDAH, por exemplo, pode parecer que ela não escuta, não atende, é impulsiva.

Dei um exemplo de uma criança de mais de 4 anos regulando seu próprio comportamento pela fala internalizada do outro, porém observamos esse comportamento em criança muito menores quando estão começando a andar. Por volta de um ano é uma fase perigosa para acidentes porque a criança, sem medo, coloca a mão em tudo. Já vi cenas em que a criança colocou o dedo na única tomada sem proteção da sala e a mãe falou brava com ela mostrando com a mão o sinal negativo dizendo repetidamente: "Aí não pode mexer! Aí não". Duas horas depois, a criança se aproxima da tomada, a mãe se aproxima também e a criança faz o sinal negativo com o dedo. Nesse caso, o fato de a criança fazer o sinal negativo não quer dizer que não colocará a mão na tomada, mas, a partir desse momento, algo começa a se estruturar nela em relação à fala do outro.

A atenção poderia ser pensada, então, como o mecanismo decisivo que internaliza o que está externo e também dá acesso à compreensão dos mecanismos interiores e psíquicos resultando em uma forma altamente complexa de organização da atividade *consciente* do homem. Para Luria, uma criança que não tenha percorrido esse processo poderá ter dificuldade em todas as formas de funções psicológicas superiores, em especial a de aprendizagem.

Nesse momento da apresentação teórica de Luria, não podemos perder de vista alguns conceitos relacionais envolvendo a atenção: (i) além de seu caráter seletivo consciente, exige memória; (ii) a atenção seletiva determina uma orientação focal quando prioriza a atividade consciente de uma ampla gama de estímulos ambientais organizando a ação do homem; (iii) a atenção sustentada assegura a manutenção da atenção para a execução de tarefas e obtenção de objetivos fixados.

7.11 Sistema de atenção, TDAH e "falta de educação"

Mesmo correndo o risco de uma certa repetição, retomo alguns aspectos envolvidos na compreensão da atenção como uma função psicológica superior (FPS). Isso é fundamental porque a atenção também incide em todas as outras: memória, imaginação, pensamento, linguagem, aprendizagem, funções executivas. Nesse ponto, entendemos definitivamente como o TDAH reverbera em toda a primeira infância e no desenvolvimento posterior. Uma conclusão a partir disso nos autoriza a dizer que o TDAH não traz de imediato uma questão de inteligência, mas altera o desempenho cognitivo funcional da criança devido aos poucos elementos percebidos/interpretados e memorizados que afetarão todos os processos de aprendizagens (como vimos, para aprender o novo, retoma-se conhecimentos já estabilizados).

Já vimos que a atenção voluntária não acontece naturalmente, mas resulta do enfrentamento entre as formas volitivas (dependente da força da atenção, do nosso interesse, da necessidade psíquica etc.) e o estabelecido pela cultura. Desse modo, quando entramos na cultura, mesmo antes de nosso nascimento, nós nos assujeitamos a tudo o que ela representa.

Para compreender essa ideia precisamos assimilar que a noção de língua considerada neste trabalho está para além da convenção de seus aspectos fonético, fonológico, sintático, semântico e de extensão vocabular que possibilitam a troca de mensagens compreensível por um determinado grupo. A língua carrega também as características de existência anterior ao nosso nascimento e de ser suporte do caráter sociocultural e da herança histórica de um povo disseminada pelo seu uso falado, escrito, gesticulado em práticas públicas e privadas.

Assim, o ambiente escolar é marcado por práticas e regras próprias, bem como o familiar ou de trabalho, isso já foi determinado por processos históricos ao longo do tempo. Então, quando a criança se apropria da língua, também se submete às representações vigentes em um movimento de assujeitamento cultural, reprimindo e controlando reações pessoais/particulares de impulsividade e imediatismo.

Vimos com os autores apresentados nas Cenas 4 e 5 que o desenvolvimento infantil é um período de embates que podem ser terríveis para a criança, pais e professores, pois o que está em jogo é o confronto entre o "bem-estar" e a "regra". A criança não consegue lidar com isso sozinha e conta com meios auxiliares mais estabilizados (signos, modelos dos adultos). Sua maior resistência é renunciar ao que deseja.

Esse é o ponto mais confuso e diferencial entre TDAH e "má educação", dentro da concepção de sociedade contemporânea apresentada. A criança com TDAH parece mais sujeita a ter a atenção interna, menos amadurecida, com projeções diretas no ambiente externo sem considerar as regras combinadas ou vigentes. Entretanto, a criança que age sem a vigilância do adulto também se apresenta assim.

Para Vygotsky (1995), como vimos a partir do texto *La prehistoria del desarrollo del lenguaje escrito*, o desenvolvimento da atenção voluntária é também o desenvolvimento de uma importante função psíquica. Para a criança avançar terá que desenvolver, na medida do que é possível para sua idade e experiências, o controle do próprio comportamento e o domínio de sua atenção: disso resulta ganho de consciência sobre o mundo. É exatamente a construção dessa consciência que está desarranjada na criança com TDAH e naquela que não recebeu orientação sobre convivência social.

Em linhas gerais, reporto aqui algumas informações do campo da Neurologia relativas ao fato de que, de acordo com cada entrada sensorial, a atenção pode ser especificada em: (i) atenção auditiva; (ii) atenção visual; (iii) atenção tátil; (iv) atenção olfativa; (v) atenção gustativa; (vi) combinadas.

Ocorrências de alterações nessas especificidades podem resultar, por exemplo: na atenção auditiva, com diminuição do estado de alerta e alteração de processamento auditivo; na atenção visual, com diminuição do estado de alerta e falha no reconhecimento de cena geral e periférica; na atenção gustativa, com prejuízo gerando a seletividade alimentar; além de o desenvolvimento hiperfuncional de uma sobre a outra, isto é, criança muito visual e pouco auditiva, por exemplo[30].

O TDAH interfere de modo diferente nas atenções sensoriais, porém talvez o maior problema esteja na atenção intermodal, quando é necessária a coordenação de duas ou mais modalidades de sentidos. Sabemos que a visão pode dominar o som, mas, em se tratando de relações temporais, a modalidade auditiva é fundamental e, em situação em que a atenção é dividida, as tarefas em execução terão que usar recursos de processamento diferentes.

No estudo de Vygotsky já referido sobre "a psicologia e a pedagogia da atenção", ele chama a atenção para alguns cuidados que devem ser mantidos quando se busca privilegiar o sistema atencional da criança. Reúno aqui algumas de suas observações:

Se o meio não apresentar novas exigências para a criança, não for motivador para a aprendizagem/intelecto, ela não alcançará as formas superiores de pensamento ou alcançará com atraso.

Atitude de Atenção retrata um comportamento social aprendido e são diferentes, a depender da aprendizagem em questão, exigindo uma reorganização do corpo, inclusive do ponto de vista postural: a *atitude de atenção* da criança que se senta em sua cadeira e ouve uma instrução da professora é diferente daquela quando se senta para ouvir uma história, ou de quando está realizando um desenho etc. No cotidiano clínico de uma criança com TDAH, é muito comum o profissional chamar sua atenção para retificar sua postura quando está sentada ou fazendo determinadas atividades.

Os pressupostos vygotskyanos explicitam que o *educar* da professora significa unir a linha do interesse da criança com o que deve ser apreen-

---

[30] Considerando-se obviamente que tenha sido traçado o limite diferencial dentre tais alterações como questões atencionais ou como prejuízos causados pelo Transtorno do Processamento Sensorial (TPS), em que as mesmas alterações (audição, tato, paladar, visão ou olfato) ocorrem devido às falhas em seus processamentos.

dido por ela em um todo único. Parece-me que é perfeitamente possível ajustarmos isso ao "acompanhar" do fonoaudiológico. Ou seja, o interesse da criança, os objetivos terapêuticos e os materiais selecionados precisam estar em compatibilidade.

Antes de "obrigar" a criança a realizar uma atividade, deve-se preparar a ação e suscitar a *expectativa* do novo, ou seja, a expectativa de atenção para a atividade a ser desenvolvida.

Saber sobre o interesse da criança e controlar minimamente os estímulos externos podem interferir para o sucesso dos objetivos propostos. Além disso, a criança tende a se interessar pelo que os outros se interessam e o adulto ajuda na atenção da criança se usar esse recurso.

A mudança de um foco para outro não é distração, mas *oscilação* entre dois estímulos com igual força e a decisão de retorno para o objeto inicial ou a escolha para esse outro mais adequado. Distração preocupante é quando não há a possibilidade de retorno da atenção ao objeto inicial. Qualquer objeto na sala ou nas roupas das pessoas, qualquer detalhe é dispersor. Controlar esses elementos é recomendável, mas com cautela, pois para Vygotsky (2004, p. 176) "[...] a ausência de estímulos externos vem a ser nociva para o ato de atenção".

Abro um parêntesis para reproduzir que, para Vygotsky, a expectativa é o que antecipa o estado de atenção e gera as reações para a atividade/tarefa/trabalho a ser realizado. Isso mostra como o tempo, a força e a forma de se instalar uma expectativa geram diferenças nas atitudes de atenção, seja em casa, na clínica, na escola, na vida.

O papel da família nesses casos é muito importante porque a expectativa do que acontecerá no encontro da sessão fonoaudiológica ou no cotidiano escolar começa antes de a criança sair de casa e passa pela maneira como os pais valorizam esses acontecimentos. Situações em que os pais não acreditam nos profissionais/atendimento realizado, ou na instituição escolar frequentada pelo filho costumam resultar em comentários e posturas negativos que refletem também no comportamento da criança.

7.12 Atenção e as funções executivas

Mencionei anteriormente que o tema "atenção" é amplo e presente em todas as FPS, sendo um tipo delas bastante referido quando se trata de TDAH: as Funções Executivas (FE).

Para a apresentação da relação entre *atenção e FE*, trago a distinção entre termos bastante associados a esse tema: "intencionalidade, intenção, intencional". Minha opção é pelo termo "intenção", usado por Luria (1966) em *Higher cortical functions in man* e por Vygotsky (1987) em *Pensamento e linguagem*, para se referirem às primeiras ações intencionais da criança. Essa diferenciação é necessária porque a definição das FE inclui: intenção, seleção de objetivos, planejamento, monitoramento, sequenciamento de ações, raciocínio, memória de trabalho, controle inibitório e regulação de comportamento em função dos objetivos a serem atingidos.

A linguagem, a fala e as funções executivas promovem grandes mudanças funcionais no cérebro infantil. Sabe-se que as áreas mais relacionadas às funções executivas são o córtex pré-frontal dorsolateral, o córtex pré-frontal ventromedial, o córtex pré-frontal orbitofrontal e o córtex cingulado anterior. Entretanto, sabemos que, no período da infância, esse cérebro está em formação.

O estudo *Linguagem, funções executivas e técnicas de mapeamento cerebral nos primeiros anos de vida: uma revisão*, desenvolvido por Oliveira, Pessôa e Alves (2018), pontua que as modificações funcionais das áreas cerebrais na criança ocorrem, de maneira geral, no seguinte percurso: entre os 16 e 36 meses de idade há um grande salto no desenvolvimento das habilidades linguísticas e cognitivas (explosão de vocabulário/complexidade de pensamento), promovendo: (i) mudanças nas áreas frontais e pré-frontais do córtex cerebral, (ii) reorganização das áreas anteriores do cérebro, (iii) maturação de áreas temporo-frontais associadas à linguagem, (iv) ativação dos circuitos corticotalâmicos (que veiculam impulsos elétricos de alta frequência); (v) ativação da área frontal medial do cérebro (devido à necessária interferência da linguagem no controle Inibitório).

Continuando com esses autores, o desempenho de crianças com 4 anos e meio de idade, em tarefas envolvendo memória de trabalho, controle inibitório e linguagem, levam ao aumento da especialização da atividade cortical na região frontal medial. Não é fácil determinar a relação entre idade e maturação de áreas cerebrais na criança porque, além dos marcadores biogenéticos, estão altamente vinculadas às vivencias da criança.

Dando continuidade ao tema, referi antes que existe uma forte relação de dependência entre o sistema de atenção e as funções executivas. A organização Núcleo Ciência pela Infância (NCPI, 2016) traz um estudo interessante, intitulado *Funções executivas e desenvolvimento na primeira infância: habilidades necessárias para a autonomia*, e nele me apoio para reproduzir as informações a seguir.

Para que servem as FE? Para possibilitar ao indivíduo, inserido na sociedade, autonomia no gerenciamento de sua própria vida. Em cada ciclo de vida, essa função alcança uma grandeza no interior de um trabalho progressivo e complexo que começa na infância, estende-se até a juventude, chega à maturidade na fase adulta e sofre um declínio com o avanço da idade.

A neuroplasticidade atinge um número considerável de sinapses na primeira infância e as FE exigem a interrelação de diferentes áreas cerebrais que se afetam mutuamente. Neste período é que se dá o maior desenvolvimento da neuroplasticidade envolvendo aspectos sociais, biológicos, emocionais e, absolutamente dependente das experiências da criança em casa, na escola, em atividades sociais etc.

O que está envolvido nas FE? Organizar atividades no dia a dia, planejar, executar etapas, concluir tarefas mesmo com interrupções e distrações, controlar impulsos, manter o foco, refazer planos para corrigir erros e realizar diferentes ações simultaneamente.

As experiências da criança desde o nascimento são importantes, mas a fase entre três e cinco anos de idade é fundamental para o grande impulso do desenvolvimento das FEs, especialmente em relação à *memória de trabalho*, ao *controle inibitório* e à *flexibilidade cognitiva* – essas são as três principais e interdependentes funções que compõem as FEs.

A *memória de trabalho* se compõe de *representações verbais* (reter informações e relacioná-las a curto prazo), como estratégias de prontidão (dizer "obrigado/a" após uma gentileza, cumprimentar, por exemplo), e de *representações perceptivas visuais, auditivas, táteis, olfativas e gustativas* (que permitem a imaginação de objetos e ações na ausência do concreto). Esses dois tipos de memória de trabalho se distinguem pelo conteúdo memorizado: verbal (informações) e não verbal (informações visuoespacial). A memória de trabalho, como o nome diz, é recrutada no tempo em que determinada tarefa/objetivo se realiza e, além disso, recobre informações sobre isso, alternativas de soluções, planejamento da tarefa em partes, criatividade para o reajuste de uma nova sequência de trabalho.

São exemplos de atividades favoráveis para o desenvolvimento dessa função: para os bebês, as experiências sensoriais e verbais são elementos para o futuro desenvolvimento da memória de trabalho. Para as crianças, atividades que envolvem antes e depois, uso de determinados objetos, brincadeiras que privilegiam diferentes percepções sensoriais, jogos de regras e criação de estratégias, recontagem de histórias com e sem figuras, criação de histórias a partir de personagens estabelecidos, criação de jogos com regras envolvendo categorias (exemplo: só vale dizer o nome de animais com pelos etc.), ajudar a criança a contar como montou um jogo de peças, entre outros.

O *controle inibitório* tem relação direta com a *memória de trabalho* e interfere no domínio da atenção, do pensamento, do comportamento e das emoções evitando distrações, impulsos e ações automáticas. Compõe-se de: controle inibitório de atenção (foco no objetivo principal), inibição cognitiva (resistir a pensamentos invasivos ou não relacionados), autocontrole (controlar o comportamento evitando desistir quando não gosta de fazer, falar sem pensar, tirar conclusões precipitadas, ter impulsividade, não calcular as consequências de uma ação ou decisão).

São exemplos de atividades favoráveis para o desenvolvimento do controle inibitório nas crianças desde bebê: rituais de alimentação, banho e sono (que contribuem para o bebê se organizar temporalmente no atendimento de suas necessidades); controle de esfíncteres; ajuda à criança para que espere sua vez de falar; manutenção da atenção durante a leitura de uma história; brincadeira de "estátua"; brincadeira de nomear só objetos a partir de determinada característica (exemplo: azuis); cumprimento de atividades propostas pelos pais (guardar brinquedos, pegar objetos de um lugar e levar para outro ambiente, colaborar com as demandas da casa), por professores ou por elas mesmas (fazer pulseiras e colares; fazer carros com caixas de sapatos etc.); brincadeira de lembrar trajetos; brincadeira de "caça ao tesouro"; brincadeira de completar frases, de adivinhação, de mímicas etc.

A *flexibilidade cognitiva* envolve a autorregulação, sendo a possibilidade de mudar de perspectiva no momento, de pensar e agir considerando a opinião de outras pessoas. É dependente da memória de trabalho e da inibição cognitiva para analisar a questão, reconhecer erros, repetir a operação.

São exemplos de atividades favoráveis para o desenvolvimento dessa função: ajuda à criança para que refaça um objetivo que não deu certo inicialmente; jogos de solução de problemas cotidianos; criação de histórias coletivas em que o adulto impõe problemas para serem resolvidos; criação de frases sem usar determinadas palavras; brincadeira de assumir papéis de personagens que cumprirão determinadas funções (salvar a cidade, tornar-se invisível) etc.

A intenção de trazer as sugestões acima não é a de formalizar listas de atividades, mas apenas a de colaborar com o fonoaudiólogo para a análise necessária do brinquedo que melhor contribuirá para *unir a linha do interesse da criança com o que deve ser apreendido por ela em um todo único.*

As FEs envolvem áreas cerebrais específicas para o seu processamento, embora muitas outras áreas também sejam ativadas. Auxiliam na conquista da autonomia da criança no contexto de sua idade e vivência, mas também interferem nas FPS e no psiquismo fortalecendo, por exemplo, atitudes de insistência, perseverança, cooperação, respeito mútuo, disciplina e flexibilidade.

Vimos, na Cena 4, que o cérebro do bebê não está pronto ao nascer e que existem funções que se completarão apenas na fase adulta. Em se tratando de FE, os circuitos das regiões pré-frontais são modificados, modulados, consolidados em função da genética, das experiências da criança, fundamentalmente, daquelas que envolvem interações sociais. Essas modificações nortearão todo o desenvolvimento posterior de raciocínio lógico e verbal, conforme já apontei.

Tendo em vista tudo isso, quando uma família protege seu filho em excesso, fazendo tudo por ele quando já tem condições de fazer algo, está exatamente contribuindo para que as áreas envolvidas na FE sejam menos ativadas, interferindo na maturação cerebral como um todo. Por outro lado, exigir de uma criança o que ela não tem condições de fazer a prejudicará da mesma forma. É importante que os adultos repassem às crianças algumas responsabilidades e as ajudem a realizá-las, de acordo com suas possibilidades. Por isso, volto a lembrar aos fonoaudiólogos a importância de consultar guias de desenvolvimento infantil.

É importante ter ciência de que, dentre as áreas envolvidas nas FEs, estão as regiões pré-frontais que fazem interconexões com o *sistema límbico* (sistemas emocionais), interferindo na coordenação de respostas ao medo, *estresse* e alegria no funcionamento executivo. A região pré-frontal é responsável pelo planejamento tem o amadurecimento mais tardio. Quanto mais essa região desenvolve, menos as reações da criança serão puramente emocionais (chorar, bater, morder), entretanto são os fatores genéticos, ambientais e culturais que moldam também a formação das áreas pré-frontais. Outros desdobramentos desse processo neuronal e ambiental são as noções de certo e errado que remetem à criança memórias passadas e ideias de antecipação, propiciando que elas se preocupem com as consequências no futuro.

Importante também é o conhecimento de que o consumo de álcool, baixa nutrição e transtorno mental na gravidez podem prejudicar o desenvolvimento cerebral do córtex pré-frontal, gerando na criança mais impulsividade e desorganização.

Retornando ao que já discutimos, vimos a importância de a criança alcançar a programação e a regulação do próprio comportamento e nisso a *fala interna* tem um papel muito importante, pois é responsável pelo comportamento voluntário na seleção do que precisa ser feito, na criação de um plano para isso, na monitoração e comparação entre o que foi feito e a intenção original em atividades que, no começo, são muito simples.

Relembrando, para Vygotsky (1998) em *A formação social da mente*, a fala interna seria a internalização da fala egocêntrica, aquela que a criança faz quando brinca sozinha, ou ainda quando quer fazer alguma coisa e, para isso, fala em voz alta prenunciando a ação, conferindo um caráter de planejamento (nortear os acontecimentos) a sua enunciação, com vistas a atingir um objetivo em uma atitude absolutamente executiva. Esse movimento de internalização ocorre progressivamente entre os 3 e 6 anos.

O adulto eventualmente também recorre à vocalização da fala interna como apoio quando precisa realizar uma tarefa que requer muito passos (por exemplo: primeiro pego o formulário, depois levo para preencher, depois etc.) ou para memorizar o número de um código ou senha recém-criados para ser usados em seguida.

Comportamentos como esses mostram a relação explicita da associação fundamental entre linguagem e ação, sendo a ação voluntária controlada pelo pensamento verbal. Este é um importante recurso que temos que usar frequentemente com a criança com TDAH, pois trata-se de um facilitador de memória e de organização/planejamento de ações. A fala tem uma função de organizar o pensamento e atualizar a memória, como vimos com Luria na Cena 5. Esse é um esforço muito necessário a ser cumprido junto à criança com TDAH. Assim, outras estratégias são retomar com a criança, todos os dias, como foi sua rotina desde o momento em que se levantou, ou antecipar o que será feito no outro dia, ou representar com o desenho determinado momento do seu dia.

7.13 Sistema de atenção na tríade fonoaudióloga-criança-família

Como já mencionado, quanto mais o fonoaudiólogo entender o funcionamento do sistema de atenção, mais conseguirá analisar o processo de pensamento e de aprendizagem da criança com (ou sem) TDAH, conduzindo melhor seus objetivos clínicos.

Quando a família nos leva a sua criança para avaliar, como vimos na Cena 2, nossa devolutiva não se restringe ao diagnóstico fonoaudiológico e recobre também o quê, como e por que foi feita a avaliação, além de quais são as potencialidades dessa criança.

A resposta da avaliação destina-se ao presente da criança no convívio com a família, na pré-escola e em situações sociais. Mas sabemos que a primeira infância é a preparação para a fase de escolaridade, quando o sistema de atenção tem papel fundamental e isso precisa ser considerado no escopo da avaliação e intervenção terapêutica fonoaudiológica.

Por isso, o cenário terapêutico na infância, em linhas gerais, precisa ser pensado em função: (i) dos objetivos clínicos, (ii) das estratégias possíveis para manutenção da atenção da criança, o que varia de uma para outra, (iii) da postura do familiar presente na sessão, já que poderá se constituir como um distrator em especial (nesse caso, a presença do familiar é mantida com mais distância física da criança), (iv) da relação entre atividades e brinquedos/materiais utilizados, (v) de considerar mais atividades para o mesmo objetivo expandindo progressivamente o tempo de permanência, (vi) de fazer uso de marcadores de tempo de permanência na atividade (uso de alarme, por exemplo), (vii) de manter para a criança com TDAH as mesmas regras válidas no cenário clínico para as outras crianças, (viii) de fazer o mapa mental desenhado junto da criança do que foi feito na sessão, (ix) de incluir, em toda sessão, uma atividade de representação de linguagem por meio de desenho (papel ou lousa) para que seja retomado discursivamente, (x) de sempre considerar um trabalho, no final da sessão, com a expectativa de atenção para o próximo encontro com o uso de calendário.

Existirão ocorrências de dissonâncias entre o que o fonoaudiólogo propõe e o que a criança faz e tais situações precisam ser enfrentadas, o que pode incluir resistências redobradas da criança gerando momentos de tensão. Interpreto esses acontecimentos como circunstâncias próprias das cenas clínicas com crianças que podem ter essa característica, apresentando-se com TDAH, de risco para TDAH ou mesmo sem TDAH. O enfrentamento da situação pela fonoaudióloga com coerência e responsabilidade dará a essa criança mais uma oportunidade de ela se reorganizar diante da demanda externa. Além disso, ela poderá perceber que a construção dessa relação é verdadeira e inclui desacordos sem que estes desestabilizem seu acolhimento.

Esses momentos repercutem também na tríade fonoaudióloga-criança-família e a consistência dessa relação costuma ser reforçada porque o cotidiano clínico não se desenvolve em um ambiente artificial, mas real, em que todos os participantes estão por inteiro nele.

A criança com TDAH pode se apresentar com questões de fala e, mais frequentemente, sua dificuldade se encontra no domínio linguístico discursivo. No período da infância, é crucial a realização de um trabalho voltado para a atribuição de sentido e para a ampliação do sistema lexical e semântico em extensão e profundidade/complexidade. Por isso, sugere-se o uso de narrativas com manutenção de um assunto com coerência; a construção de histórias (sequenciais); a descrição de materiais multissensoriais e unissensoriais; a interpretação e a construção de materiais multimodais; o raciocínio matemático simples derivado de situações cotidianas; o desempenho de funções executivas contextualizadas; a sensibilização da consciência fonológica; o uso do desenho como recurso representativo e como estratégias de memória e de discurso; o treino de diferentes memórias isoladas e, depois, combinadas, especialmente as auditivas (entonações, palavras e música).

Esses objetivos podem ser facilitados pelas atividades já indicadas quando considerei a *relação entre atenção e funções executivas*: planejar envolvendo as etapas da execução, priorizar a fala como autorregulação de comportamento e a linguagem como atualização de pensamento, memória e ação nos contextos de suas ocorrências. Para isso, por exemplo, pode-se priorizar atividades que aconteçam rapidamente (organizar uma festa de aniversário de alguém ou de um animal), trilhar labirintos simples seguindo instruções verbais, brincar de "me avise quando errar" (para exemplificar: falo uma coisa e mostro outra, assim falo "perna" e aponto o olho, ou, no caso das cores, falo "azul" e mostro o círculo amarelo etc.), fazer lista de supermercado com desenhos, elaborar resolução de problemas (como: dentre seis potes, preciso encaixar três e o do meio só pode ser o azul), contar acontecimentos a partir de fotos impressas de familiares etc.

Deve ser reforçada a consideração no cotidiano do nível linguístico da Pragmática[31], já que esse costuma se mostrar como um aspecto prejudicado

---

[31] J. L. Austin e Paulo Grice são autores pioneiros da área da Pragmática.

no desempenho dessas crianças. O que a pragmática envolve? A troca de turnos em jogos interacionais/dialógicos/conversacionais, a manutenção de um assunto, as informações não verbais (expressões faciais, por exemplo), a explicação do sentido quando o outro não entende, a fluência das mensagens, o uso de determinadas expressões verbais em contextos determinados.

Assim, algumas possibilidades de trabalho para atuar nesse aspecto linguístico incluem chamar a atenção para a troca de turnos, promover interpretação de expressões faciais, realizar treino de situações reais (falar com a criança ao telefone, por exemplo), ajudá-la a usar expressões de cumprimento e socialização (como: "oi", "tchau", "obrigada", "desculpa", "por favor" etc.), explorar com ela noções conversacionais através de "situações de faz de conta".

Conforme já pontuado, ajudar a criança com TDAH a repetir inicialmente em voz alta a informação necessária para determinada situação até que consiga fazer isso mentalmente. Por exemplo: a professora avisa que é para guardar o material da mesa, lavar as mãos e ir para a quadra. A criança deverá repetir "guardar material, lavar as mãos, quadra". No início, é possível que não aconteça nada, depois, talvez, ela guarde apenas uma das instruções, mas a tendência é que depois isso se estabilize positivamente.

Uma atenção especial deve ser dispensada à repetição de situações em que a criança deve cumprir a fala do outro concretizando uma ação, iniciando com frases simples e depois tornando-as mais complexa, ou ainda poderá exercer o papel de quem fala para o outro cumprir a ação. Além disso, pode-se desenvolver a percepção de frases atípicas e de frases com absurdos; misturar a fala com placas indicativas/representativas (fala enigmática) e mostrar a ela vídeos curtos de ação parando antes de completar para que a criança adivinhe o que vai acontecer.

Como vimos, o TDAH funciona como um fenômeno difuso que atinge todo o desenvolvimento infantil por afetar um elemento base para o desenvolvimento de todas as funções psicológicas superiores. Essa condição reivindica dos pais e dos profissionais que lidam com essa criança que repitam muitas vezes a mesma coisa, o que exige esforço e, por vezes, pode se tornar muito cansativo para todos. Essa é uma situação que demanda estratégias de manejo. Nesse momento, retomar a lembrança das potencialidades da criança é um alento importante. É salutar a lembrança de que essas crianças, por vezes, parecem perceber o mundo como fotos e não como um filme, por isso a discursividade da linguagem falada e escrita se impõe como área de risco. Um reconhecimento importantíssimo é que esses processos aqui discutidos são suportes para essas crianças (e outras crianças) no processo de aquisição de leitura, escrita e raciocínio matemático.

7.14 E os pais, como participam desse processo?

Além do compartilhamento dos acontecimentos clínicos em que estão presentes, considero importante a atenção diária quanto ao acolhimento desses pais, pois se uma criança tem o diagnóstico de Deficiência Intelectual, passado o período de adaptação da família a essa realidade, dificilmente ocorrerão períodos de culpabilização da criança. Mas com a criança com TDAH isso é diferente. E por quê?

Quando a criança começa a se organizar ao longo da terapia, a família costuma esperar que isso se mantenha, porém novas aprendizagens exigentes de diferentes tipos de atenção a desorganizam novamente e tudo se desestabiliza. Isso ocorre com a criança típica também, conforme vimos com Piaget na Cena 4, mas com a criança com TDAH se dá com mais intensidade e com mais demora para alcançar nova estabilização. É quando podem ocorrer julgamentos de que a criança: "Não se esforça", "Só faz quando quer", "Para brincar na tela ou no vídeo game, ela não tem problema" etc.

De fato, neurologistas afirmam que, para brincar na tela ou jogar videogame, a criança não tem problema porque a atenção espontânea (*bottom-up*) exigida para esses jogos é do tipo contínua, com recompensas intermitentes e frequentes, diferente daquela atenção com esforço de concentração necessária na escola. E, exatamente por isso, podem ter preferência aumentada por telas.

A esse propósito, o estudo baseado em revisão de literatura realizado por Sousa e Carvalho (2023), *Uso abusivo de telas na infância e suas consequências*, investiga o uso abusivo de telas por crianças (com e sem TDAH) e analisa que o uso excessivo de telas por crianças pequenas não desencadeia o TDAH, mas desenvolve comportamentos compatíveis com alguns de seus sintomas (ansiedade, agitação e desatenção), além disso provoca profundas alterações nas áreas cerebrais associadas à competência social, memória e cognição. No caso de crianças com TDAH, o dano é enorme porque consolida todos os prejuízos já experimentados por ela nessa condição. Os autores chamam a atenção para o fato de que uma justificativa para exposição aumentada dessas crianças se deve também ao alto nível de estresse dos pais.

A gravidade dos efeitos da tela na constituição do cérebro social da criança vem sendo fortemente considerado em diferentes estudos para além do rebaixamento funcional da linguagem e da cognição. Em 2018, o pesquisador romeno da área da sociologia e psicologia, Marius Teodor Zamfir, após analisar crianças com mais de quatro horas de exposição diária às telas, concluiu que como efeito da privação sensório-motora e socioafetiva elas apresentavam comportamentos semelhantes aos encontrados em crianças diagnosticadas com TEA, desenvolvendo assim o que ele chamou de "autismo virtual" (Zamfir, 2018).

Retornando ao TDAH, já ouvi de pais de crianças de 5 anos sobre a rotina estressante, relatando a tensão constante que enfrentam porque tudo é muito trabalhoso, exigindo muitas retomadas de situação e repetição de solicitações até o ponto em que desistem e acabam fazendo o que se requer no lugar dos filhos. Ouvi também sobre como se sentem julgados socialmente recebendo "conselhos" sobre "como dar limites".

Em uma festa de aniversário, uma das convidadas, mãe de uma criança de 7 anos com TDAH do tipo impulsivo, contou-me que, em reuniões sociais, seu filho parece que "emite sinais" de quando vai se desestabilizar e aí ela tem que intervir, conduzindo-o para junto dela ou do pai para que fiquem no seu "controle". Muitas vezes, sente-se mal por não intervir de pronto, achando que dá para esperar mais um pouco e, então, percebe que não dá quando alguém demonstra irritação/desconforto com alguma situação envolvendo a criança.

Ela chegou a dizer que já considerou a possibilidade de não sair mais para lugar nenhum. A família se reuniu e decidiu por selecionar com cuidado os locais onde levam a criança porque, por vezes, todos ficam expostos. O irmão da criança já contou para ela que às vezes fica constrangido com o comportamento do irmão e, outras vezes, sente pena dele porque todo mundo se estressa com ele. Ela considera que, quando passaram a selecionar o ambiente que o filho frequentaria, todos ganharam, inclusive a própria criança. Ela experimentou sensações ótimas: (i) de relaxar sem culpa, pois seu filho não estava sendo punido, e sim tomando um lanche com uma tia e os primos, por exemplo; (ii) de não ter de sair do local por não mais saber o que fazer com o filho e sempre lembrar da expressão ou da fala recriminatória de alguém; (iii) de diminuir o grau de frustração do filho quando o caos generalizado se instala.

Um estudo bastante interessante sobre o impacto de TDAH nas famílias foi escrito por Benczik e Casella (2015), publicado com o título de *Compreendendo o impacto do TDAH na dinâmica familiar e as possibilidades de intervenção*. Os autores analisam que o cenário estressante na primeira infância pode se complicar mais quando a criança chega na adolescência. Descreveram que esse transtorno promove dificuldades no convívio familiar do dia a dia. Os pais acusam a criança de "não escutar", "ser preguiçoso", "ser desobediente", "não seguir regras e normas", "não conseguir completar as solicitações mais simples", "não tolerar frustração" etc. A agitação e a impulsividade provocam estresse em quem convive com a criança. Os filhos, em resposta, tendem a reclamar, resmungar e brigar de forma impulsiva, incoerente e sem autocontrole.

Os autores analisam que as interações familiares de pais e filhos com o diagnóstico de TDAH podem ser marcadas por conflitos, desarmonia e discórdia, o que impacta a todos da família. Os pais também exibem sentimentos de incompetência para educar e descrevem uma rotina familiar estressante, pois as tarefas mais simples (como tomar banho, escovar os dentes, sentar-se para as refeições, preparar-se para dormir, fazer as tarefas de casa) podem se tornar uma missão quase impossível de o filho realizar. Como resultado alguns pais fazem as tarefas ou as deixam por fazer.

Trago essas informações para que se entenda que o TDAH não é simples nem para os pais, nem para a escola, nem para a criança. Cada vez mais, tenho considerado que a terapia psicológica é fundamental para a criança com TDAH e para seus pais, para que a dinâmica familiar (as relações nela reconhecidas: entre os pais, os irmãos etc.) seja afetada o menos possível, além de cuidar da frequente exposição da criança a frustrações.

Para os pais, algumas sugestões comuns a outras crianças também são positivas para essas: (i) reforçar o que a criança faz melhor; (ii) estabelecer regras e limites dentro de casa que vale para todos, (iii) usar frases curtas e diretas e falar olhando para a criança, (iv) não sobrecarregar a criança com excesso de atividades extracurriculares, (v) as tarefas escolares e outras podem ser subdivididas em tarefas menores (mais fáceis, em menor tempo), (vi) estabelecer uma rotina diária clara e consistente; (vii) cuidar para que os brinquedos não fiquem tão expostos, (viii) sempre lembrar a criança da rotina do dia e, quando incluir lugares diferentes do habitual, esclarecer o que vão fazer lá e como se portar, (ix) favorecer sua independência e autonomia para a idade, (x) propor horário livre para brincar do que quiser

(xi) se possível, procurar ajuda psicológica para que a questão da criança não se torne a questão central e valorizada nesta família, (xii) promover afetos positivos, já que ajudam mais que os negativos. Por fim, é importante salientar que o quadro de TDAH, com tratamento adequado, tende a se amenizar com o tempo.

Os pais precisam receber informações sobre o funcionamento neurofuncional do sistema de atenção e o impacto deste no desenvolvimento como um todo e, para isso, é importante usar palavras técnicas, mas também fazer sua tradução para a linguagem cotidiana, a fim de facilitar a absorção dos fundamentos do trabalho terapêutico a que ao filho estará exposto. Além disso, essa compreensão ajuda-os a não culpabilizar a criança e entender que, por exemplo, a repetição é necessária.

Além das atividades já elencadas, a família também pode planejar eventos sociais (piquenique, ir ao cinema, ir ao parque) com datas marcadas, pois, pode ajudar a criança se organizar enquanto espera acontecer. Algumas atitudes também ajudam na relação dos pais com a criança como, por exemplo, tocar no ombro dela pode evitar que ela seja chamada a todo momento, além disso, quando falar com ela para corrigir algum comportamento que não deveria acontecer, não se prolongue, seja objetivo e sustente os combinados.

Um objetivo importante a se ter com os pais é o de pensar com eles, ajudando-os a incluir novos hábitos quando tudo o que fizeram já não promove mais efeito na criança – se a fala dos pais não tiver nenhum efeito na criança, nada acontece.

7.15 Fonoaudiologia e escola

Me parece fundamental que, na parceria da família com a escola, seja feito um acordo de comunicação clara e objetiva. Já tive diferentes experiências. A escola sabe da questão da criança, afirma para a mãe que tudo vai bem e, de um momento para o outro, marca uma reunião com os pais com uma lista enorme de problemas da criança. Também pode ser que a escola chame os pais para conversar sobre a criança que está dando problema por não conseguir brincar de nada e só correr. Os pais respondem diante disso que, dentro da escola, a responsabilidade de controlar a criança é dela e seus profissionais.

Desse modo, a relação do fonoaudiólogo com a escola é regida por diferentes fatores, que passam pela família, pela criança, pelo saber da escola sobre TDAH ou seu risco, pela autonomia dos professores que se ocupam da criança, entre outros.

Minha relação com a escola é a de construção de uma parceria que me possibilite certificar o que entendemos por TDAH ou por suspeita de risco, localizar as questões da criança, suas possíveis consequências e expor o trabalho que realizo. É crucial ouvir a percepção da escola sobre a criança e depois buscar a formalização de ajustes possíveis na relação Fonoaudiologia e Escola a partir de reuniões. Não se trata de orientação, a parceria é a realização de trabalho em comum. Enquanto isso não ocorrer, não houve efetivação da parceria.

Não podemos esquecer que a criança fica quatro horas por dia na escola e uma ou duas horas por semana conosco. Sempre que possível, em reuniões com o professor, preocupo-me em não o sobrecarregar com mais incumbências, mas sugerir possíveis contribuições da escola para essa criança em relação ao cotidiano comum naquele ambiente (são intervenções pontuais sobre participação dela nas atividades, sobre outras crianças que poderiam colaborar com ela, sobre a possibilidade de ajudá-la a assumir incumbências como: levar recado, ajudar a arrumar o lanche de outras crianças etc.). O maior objetivo é minimizar a atenção ao comportamento dela e maximizá-la em relação à fala e à linguagem da criança.

Duas observações servirão de análise para medir o sucesso dessa parceria: (i) observar a fala da escola mais voltada para processos de linguagem e aprendizagem e menos para o comportamento, (ii) entender o que aconteceu com as propostas privilegiadas pelo professor e pela fonoaudióloga naquele primeiro trato de parceria.

Têm sido muito positivas minhas parcerias com pré-escolas e escolas tanto em relação à criança com risco ou possível diagnóstico de TDAH quanto com aquelas típicas. Isso se deve ao fato, como vimos, de que nossa sociedade vive uma "crise de atenção" e, por vezes, a escola é o primeiro lugar onde isso é identificado, muitas vezes, antes da família. Nesse sentido, parece que a escola se mostra interessada em refletir sobre isso.

Por outro lado, observo que crianças com comportamentos de desatenção e dificuldade em cumprir regras podem representar também o começo de uma "guerra" entre essas duas instituições – Escola e Família -, talvez porque ambas passem por transformações importantes nesse momento histórico. Como resultado, frequentemente as escolas orientam os pais pela busca de avaliações especializadas, o que me parece resolver dois problemas de uma vez: saber de fato o que está acontecendo com a criança e a entrada de um terceiro com mais possibilidade de mediação. O problema é, como também vimos, que a realização de diagnósticos pode ser equivocada quando a criança tem, de fato, alguma coisa ou quando não tem.

7.16 Finalizando

Encerro esta cena reafirmando a complexidade e a variedade das questões envolvidas no TDAH e a importância de a Fonoaudiologia estar atenta ao fato de que vivemos em uma sociedade afinada com o déficit de atenção. Saber e entender isso impele-nos a assumir o compromisso de observar essa função em todas as crianças, contribuindo para que não corram o risco de receber um diagnóstico falso positivo. Para não encompridar mais ainda esta cena, não teci considerações sobre o efeito da pandemia de Covid-19 no sistema de atenção de crianças pequenas. Ainda assim, meu objetivo foi o de reunir o máximo de informações possíveis nos diferentes aspectos contemplados acoplando a muitos deles propostas de atividades. Essas atividades são apenas sugestões associadas a diferentes funções linguísticas e ao escopo teórico apresentado, portanto não têm o caráter de recomendação. Contudo, acredito fortemente na possibilidade de que o trabalho dos fonoaudiólogos na área de linguagem (e também de psicólogos e dos professores da pré-escola) pode interferir positivamente na relativização de futuros diagnósticos de TDAH.

Referências

ALMEIDA, J. V. Q.; MUNIZ, R. B.; MOURA, L. E. G. de. Fatores de risco ambientais para o transtorno de déficit de atenção e hiperatividade. **Revista de Medicina**, São Paulo, v. 102, n. 4, art. e-166097, 2023. Disponível em: https://doi.org/10.11606/issn.1679-9836.v102i4e-166097. Acesso em: 10 mar. 2024.

ALMEIDA, R. da S. *et al*. A psicofisiologia da atenção: uma revisão bibliográfica. **Cadernos de Graduação: Ciências Humanas e Sociais**, Aracaju, v. 5, n. 1, p. 123-136, 2018. Disponível em: https://periodicos.set.edu.br/fitshumanas/article/view/5908. Acesso em: 10 mar. 2024.

AMERICAN PSYCHIATRIC ASSOCIATION. **Manual diagnóstico e estatístico de transtornos mentais**: DSM-5-TR. 5. ed. Porto Alegre: Artmed, 2022.

BAUMAN, Z. Zygmunt Bauman: "Há uma crise de atenção". **Fronteiras do Pensamento**, São Paulo, set. 2015. Disponível em: https://www.fronteiras.com/leia/exibir/zygmunt-bauman-ha-uma-crise-de-atencao. Acesso: 10 set. 2023.

BENCZIK, E. B. P.; CASELLA, E. B.. Compreendendo o impacto do TDAH na dinâmica familiar e as possibilidades de intervenção. **Revista Psicopedagogia**, São Paulo, v. 32, n. 97, p. 93-103, 2015. Disponível em: http://pepsic.bvsalud.org/scielo.php?script=sci_arttext&pid=S0103-84862015000100010. Acesso em: 10 mar. 2024.

BIANCHI, E. *et al*. Medicalização global, TDAH e infâncias: um estudo na mídia de 7 países. **Estudos de Sociologia**, Araraquara, v. 27, n. esp. 2, art. e022023, 2022. Disponível em: https://doi.org/10.52780/res.v27iesp.2.16855 Acesso em: 10 out. 2023.

BOTTALLO, A. Diagnóstico e tratamento de TDAH são falhos para pessoas acima de 50 anos, mostra estudo. **ABC do ABC**, Santo André, 20 set. 2023. Disponível em: https://abcdoabc.com.br/diagnostico-e-tratamento-de-tdah-sao-falhos-para-pessoas-acima-de-50-anos-mostra-estudo/. Acesso em: 10 mar. 2024.

BURKE, P.; PORTER, R. (org.). **Linguagem, indivíduo e sociedade**. São Paulo: Editora UNESP, 1997.

CAYE, A. *et al*. Relative age and attention-deficit/hyperactivity disorder: data from three epidemiological cohorts and a meta-analysis. **Journal of the American Academy of Child & Adolescent Psychiatry**, Amsterdam, v. 59, n. 8, p. 990-997, 2020. Disponível em: https://doi.org/10.1016/j.jaac.2019.07.939. Acesso em: 23 abr. 2023.

DUARTE, T. B. *et al*. TDAH: atualização dos estudos que trazem diagnóstico e terapêutica baseado em evidências. **Brazilian Journal of Surgery and Clinical Research**, Cianorte, v. 35, n. 2, p. 66-72, 2021. Disponível em: https://www.mastereditora.com.br/bjscr35-2. Acesso em: 10 mar. 2024.

GAZZANIGA, M. S.; IVRY, R. B.; MANGUN, G. R. Cognitive Neuroscience - The Biology of the Mind. 5 ed. New York: W. W. NORTON, 2019

GOLSE, B; DESJARDINS, V. Corpo, formas, movimentos e ritmo como precursores da emergência da intersubjetividade e da palavra no bebê: (uma reflexão sobre os inícios da linguagem verbal). **Revista Latinoamericana de Psicopatologia Fundamental**, São Paulo, v. 8, n. 1, p. 14-29, 2005. Trabalho publicado originalmente no Journal de Psychanalyse de l'Enfant, v. 35, p. 171-91, 2004. Disponível em: https://doi.org/10.1590/1415-47142005001003. Acesso em: 23 abr. 2023.

HAN, B-C. **Sociedade do cansaço**. Petrópolis: Vozes, 2015.

LANDMAN, P. **Todos hiperativos?**: a inacreditável epidemia dos transtornos de atenção. Rio de Janeiro: Contra Capa, 2019.

LENT, R. **Cem bilhões de neurônios?**: conceitos fundamentais de neurociência. 2. ed. São Paulo: Atheneu, 2010.

LURIA, A. R. Higher cortical functions in man. New York, NY: Basic Books, 1966.

LURIA, A. R. **Atenção e memória**. Rio de Janeiro: Civilização Brasileira, 1979. (Curso de psicologia geral, v. 3).

LURIA, A. R. **Fundamentos de neuropsicologia**. São Paulo: Editora da Universidade de São Paulo, 1981.

NÚCLEO CIÊNCIA PELA INFÂNCIA. **Funções executivas e desenvolvimento na primeira infância**: habilidades necessárias para a autonomia. São Paulo: NCPI, 2016. Disponível em: https://ncpi.org.br/publicacoes/funcoes-executivas-infancia/. Acesso em: 10 set. 2023.

OLIVEIRA, M. C. V. de; PESSÔA, L. F.; ALVES, H. V. D. Linguagem, funções executivas e técnicas de mapeamento cerebral nos primeiros anos de vida: uma revisão. Estudos & Pesquisas em Psicologia, Rio de Janeiro, v. 18, n. 1, p. 341-360, 2018. Disponível em: https://doi.org/10.12957/epp.2018.38124. Acesso em: 10 set. 2023.

PINHEIRO, C. Apesar de mais conhecido, TDAH ainda é mal diagnosticado e pouco tratado. **Bebê.com.br**, São Paulo, 25 set. 2020 [atualizado em 23 jan. 2023]. Disponível em: https://bebe.abril.com.br/desenvolvimento-infantil/apesar-de-mais-conhecido-tdah-ainda-e-mal-diagnosticado-e-pouco-tratado/. Acesso em: 10 set. 2023.

SOUSA, L. L.; CARVALHO, J. B. M. de. Uso abusivo de telas na infância e suas consequências. **Revista Eletrônica Acervo Saúde**, São Paulo, v. 23, n. 2, art. e11594, 2023. Disponível em: https://doi.org/10.25248/REAS.e11594.2023. Acesso em: 20 out. 2023.

SOUZA, G. C. de; GUEDES, J. P. de M.. O uso indiscriminado do Ritalina para o melhoramento no desempenho acadêmico. **Research, Society and Development**, Vargem Grande Paulista, v. 10, n. 15, art. e354101523004, 2001. Disponível em: https://doi.org/10.33448/rsd-v10i15.23004. Acesso em: 20 out. 2023.

VYGOTSKY, L. S. **Pensamento e linguagem**. São Paulo: Martins Fontes, 1987.

VYGOTSKY, L. S. La prehistoria del desarrollo del lenguaje escrito. In: VYGOTSKY, L. S. Obras escogidas. Madrid: Visor, 1995. v. 3, p. 183-206.

VYGOTSKY, L. S. **Obras escogidas IV**. Madrid: Visor, 1996.

VYGOTSKY, L. S. **A formação social da mente**. 6. ed. São Paulo: Martins Fontes, 1998.

VYGOTSKY, L. S. **Psicologia pedagógica**. São Paulo: Martins Fontes, 2004. Trabalho publicado originalmente em 1926.

ZAMFIR, M. T. The consumption of virtual environment more than 4 hours/day, in the children between 0-3 years old, can cause a syndrome similar with autism spectrum disorder. **Journal of Romanian Literary Studies**, Tîrgu-Mures, n. 13, p. 953-968, 2018.

CENA 8

A PRIMEIRA INFÂNCIA E OS PROCESSOS DE AQUISIÇÃO DE LEITURA E ESCRITA: CONTINUIDADE OU RUPTURA?

A Cena 8 se inicia com a colocação de um problema: os processos de aquisição de leitura e escrita dos primeiros anos do Ensino Fundamental (EF) se dão como continuidade ou ruptura em relação ao período da pré-escola na primeira infância? Pode até parecer que essa proposição nem se constitua como um problema, pois parece óbvio que a resposta seja "Continuidade!".

Contudo, é evidente que essa relação de continuidade não pode ser dada como certa só porque a criança frequentou o período obrigatório da pré-escola. Importa saber como foi essa experiência para ela. Em função disso, seria prudente dar como resposta ao problema colocado: "Depende!". Do quê? Difícil responder pontualmente. Como veremos ao longo dessa escrita, trata-se de respostas multifatoriais.

Essa área de atuação fonoaudiológica se dá na interface com outras áreas e soma conhecimentos com a Pedagogia, a Psicopedagogia, a Neurologia, a Neuropsicologia, a Terapia Ocupacional, a Psicomotricidade (entre outros). Não estou me referindo aqui à Fonoaudiologia Educacional, mas à prática clínica fonoaudiológica com crianças que se apresentam com dificuldades nos processos iniciais de leitura e escrita. Tais dificuldades não aparecem do nada e, na maioria das vezes, são explicadas pelas experiências da criança nos primeiros anos de vida em casa e na creche/pré-escola.

Venho chamando a atenção para a principal característica da primeira infância como suporte para todos os conhecimentos que ainda vão chegar. Esta é a grande justificativa para que valorizemos, no cenário fonoaudiológico infantil de todas as crianças acompanhadas o que se constitui como substrato para sua futura escolaridade.

A escrita desta cena ratifica, então, a importância fundamental da construção da compreensão abrangente sobre mais esse tema pelo fonoaudiólogo. Isso se deve ao fato de o cotidiano clínico envolver cenas de aquisição dos processos de leitura e escrita altamente dependentes da história de vida da criança e de seus conhecimentos cotidianos, como vimos nos aportes teóricos reproduzidos nas Cenas 4, 5 e 7.

Soma-se a isso o reconhecimento de que o período da primeira infância se estende desde a gestação da criança até a idade de 6 anos, quando poderá ocorrer uma sobredeterminação de idade e de imaturidade para crianças, inclusive, quanto ao fato de no Brasil o último ano desse período ser o primeiro ano da escolarização, propriamente dita.

8.1 A pré-escola e a escola

No âmbito da Educação brasileira, temos uma questão política e social retratando uma desigualdade sociocultural constrangedora. A busca do Estado pela uniformização nacional (Base Nacional Comum Curricular/BNCC, 2017) estabelece que a criança que completa 6 anos de idade até a data de 31 de março do ano letivo seja matriculada no primeiro ano do EF. O propósito político e educacional é homogeneizar a aprendizagem do processo de alfabetização da criança brasileira nos dois primeiros anos desse nível de ensino.

Essa medida foi importante diante da observação de que algumas escolas particulares iniciavam os processos de leitura e escrita com crianças de menos de 5 anos de idade, enquanto, nas escolas públicas, encontravam-se crianças de 9 anos (ou mais) ainda não alfabetizadas.

Vamos com sensatez tomar como certo o fato de que existem crianças que adquirem a leitura e a escrita com menos idade. Contudo, soma-se para isso fatores biológicos, maior exposição da criança aos livros, incentivo para atividades desse tipo, hábitos de leituras em casa, conhecimento das funções sociais da escrita etc.

Aqui não me refiro a essas crianças que também podem necessitar de apoio específico a depender de sua precocidade e nem sempre a escola se mostra preparada para isso. Mas questiono o risco que a busca da homogeneização pode gerar em crianças que, por diferentes motivos, chegam aos 7 ou 8 anos (ou mais) sem conseguir caminhar no processo de alfabetização.

No programa educacional do primeiro ano do EF formulado pela BCNN privilegia-se a continuidade à pré-escola, incluindo: ciências, geografia, língua portuguesa, matemática e história. De maneira geral, nesse ano letivo, a criança precisa compreender o que significa cada uma dessas disciplinas; estabelecer a relação entre as letras e seus sons; saber a diferença entre números e letras; ter noção de tempo e espaço; realizar cálculos de adição e subtração; localizar e nomear partes do corpo humano. Ou seja, trata-se de um programa educacional com itens definidos e de simples verificação quanto ao desempenho da criança.

Em minha experiência profissional e acadêmica (na orientação de pares e professores) e com base na relação de décadas com professores e gestores (através de curso de formação que ministrei e de visitas a escolas frequentadas por pacientes), sei de uma boa quantidade de crianças com históricos de "nunca terem tido problemas" na pré-escola e, no segundo ano do EF, a notícia de que estão com problemas chega explodindo como uma bomba.

O momento em que a criança começa a frequentar a escola infantil é uma fase de expectativa para os pais em relação à adaptação dela, seu relacionamento em grupo, sua capacidade de responder às demandas desse primeiro ambiente externo à família. Esse cenário pode ser revelador de muitas características maravilhosas antes desconhecidas da personalidade do filho e, outras vezes, de diferentes problemas, inclusive, de alterações em seu desenvolvimento.

Na suposição de que a criança percorreu bem esse caminho, quando ela ingressa na escolarização formal, fase da alfabetização propriamente dita, surgem novas expectativas positivas nela e nos pais diante da partilha do mundo, agora lido e escrito, sem motivos para preocupações e qualquer coisa diferente disso seria um susto.

Porém, diferente da situação tranquila esperada quanto ao percurso de aprendizagem da criança, as famílias se assustam quando a escola começa a pontuar as dificuldades apresentadas pelos seus filhos. Pais desabafam: "Estou sem chão! Nunca imaginei isso, sempre foi tão esperta!", o que podemos interpretar como "sempre foi tão inteligente", pois, no senso comum, a aquisição de leitura e escrita remete mesmo apenas à inteligência.

Em relação à criança, poderíamos dizer que é neste momento que sua história de desenvolvimento e de vida mudam? Será que algo passou desapercebido? O que a pré-escola considera como requisito para a aquisição dos processos de leitura e escrita que ela não alcançou? Por que ninguém percebeu?

E quais problemas essas crianças, até então dentro do esperado, podem apresentar? Conforme vimos em Piaget, Vygotsky e Wallon, os mais variados tipos, mas especialmente dificuldade, por exemplo, em: permanecer sentada;

esperar a sua vez, conviver com os colegas; entender o que tem que fazer; associar o nome da letra à sua imagem visual, à sua imagem sonora e ao seu trajeto motor; associar o numeral à sua quantidade; associar o número ao seu trajeto motor; executar desenho (como representação, registro e memória); controlar o próprio comportamento etc.

8.2 Como e quando a Fonoaudiologia entra nesse cenário?

Observo que, se a criança tem ou teve problema na fala, a entrada da Fonoaudiologia nesse cenário é bem rápida. A associação entre a qualidade de fala e a escrita é muito valorizada pelos pais e pelas escolas. Em outras condições, a busca pela Fonoaudiologia acontece (mas pode haver exceções) ao longo do segundo ano ou até no terceiro ano do EF. Essa busca tardia pode ser devido: (i) ao desconhecimento sobre o trabalho da Fonoaudiologia em relação aos processos de Leitura e Escrita, a menos que a questão apresentada pela criança seja "troca de letras"; (ii) a determinação da BNCC de que a alfabetização da criança ocorra até o segundo ano EF; (iii) ao prejuízo que a pandemia causou às crianças em fase de aquisição de fala (Pandemia [...], 2021; Reis; Coelho, 2021) e aquelas em transição entre a pré-escola e o primeiro ano (dificuldades outras que podem se manter até o 5º ano EF). Esses motivos, por vezes, são considerados acertadamente por muitas escolas como justificativas para a dilatação dos prazos de aprendizagens (infelizmente, muitas não fazem isso).

Nesses casos, costuma ser dado um tempo para a criança se "achar" nessa nova situação. Quando a persistência do problema é observada, as primeiras indicações da escola podem ser encaminhamentos para a psicopedagoga, a fonoaudióloga e/ou para avaliações neuropsicológicas e de processamento auditivo.

Assim, nessa nova etapa da vida, a quebra de uma previsibilidade positiva gera inquietações na criança, quando percebe que alguma coisa (que ela não sabe exatamente o que é) não vai bem, e também nos pais, que, diante desse inesperado, podem pensar, por exemplo em:" Deficiência Intelectual", "Dislexia", "Dificuldades Escolares", "TDAH", "Distúrbios de Aprendizagem" e outros. Enfim, onde antes não havia indícios de nada, agora veem-se evidências de muitas coisas.

Do ponto de vista dos pais, pode ocorrer ainda um questionamento frente à competência da escola, ainda mais quando a criança passou o período pré-escolar nela. Esta é uma questão legítima. E, ainda que exigências mais refinadas e organizadas comecem a acontecer no 1º ano do EF, nenhuma delas pode ser valorizada como absolutamente nova, pois espera-se que todas tenham sido alavancadas por experiências e vivências organizadas e assimiladas pela criança na pré-escola, como vimos em cenas anteriores, especialmente, com Piaget, Vygotsky, Luria e Wallon.

Em relação à avaliação fonoaudiológica, independentemente das ferramentas usadas, fenômenos da aquisição da linguagem escrita e lida podem implicar níveis fonético, fonológico, sintático, semântico, pragmático; consciência fonológica; memória auditiva e visual; noções de letras e números e avaliações das acuidades visuais e auditivas.

A análise desse conjunto de dados que vão se apresentando – pois nem todos podem estar disponíveis ao mesmo tempo – nortearão os objetivos terapêuticos que serão também partilhados com os pais nas sessões fonoaudiológicas e podem ser realinhados posteriormente com a escola em reuniões com a professora e/ou coordenadora. Esse perfil investigativo acaba por revelar, mesmo sem ter o propósito, como e quando a continuidade pretendida entre o período da infância na pré-escola e o início da escolaridade, propriamente dita, tornou-se ruptura. Dito de outro modo, o fonoaudiólogo busca, pela decomposição do fenômeno apresentado pela criança, em meio à análise e ao raciocínio clínico, uma interpretação que possibilite a formulação de um diagnóstico e seus diferenciais como norteador terapêutico.

No meu caso, sempre explico que a avaliação fonoaudiológica seguirá o melhor percurso que eu julgue necessário e que ela pode se iniciar com as investigações dirigidas ao que foi delimitado pela queixa, aos dados iniciais que a criança apresentar nessas investigações e às solicitações de avaliações externas (oftalmologia e otorrinolaringologia/audiometria). Disso já surgirão os objetivos mais emergenciais, lembrando que toda sessão é intervenção e avaliação. Com o seguimento do atendimento, outras partes da avaliação fonoaudiológica vão se completando.

Mantenho essa conduta porque não me parece razoável uma criança ficar 4, 5 semanas (ou mais) sendo submetida a uma avaliação à espera de um diagnóstico, enquanto continua indo para a escola carregando sozinha seu problema por 4 horas diárias por semanas e mais semanas. Na devolutiva, tudo isso é explicado aos pais para ficarem cientes do que se privilegia neste processo todo e nos momentos iniciais dele.

Cada fonoaudiólogo, ao longo de seu cotidiano clínico, enquanto costura teoria e prática, vai percebendo o que lhe é mais confortável em relação ao seu domínio profissional e ético: seu modus operandi. A construção dessa conduta contém a reflexão, a coerência e a transparência da singularidade do que será partilhado com a criança e com a família e suporta mudanças de percurso sempre que necessário. No limite, trata-se de o fonoaudiólogo definir como constrói sua carreira e, diante de qualquer atitude clínica, responder para si mesmo: o que está fazendo? Por que está fazendo? Como está fazendo? Esta é a melhor opção na vida da criança (ou adulto)?

No acompanhamento de crianças que passam a apresentar dificuldade nos processos iniciais da aquisição de leitura e escrita, uma atenção especial precisa ser dada à ideia de maturidade. Criança com história de nascimento em prematuridade gestacional ou de peso pode ter seu desenvolvimento comprometido de forma tênue, mas com repercussões densas e espalhadas. Vimos, na cena anterior, que isso tanto pode gerar diagnósticos verdadeiros de TDAH quanto de falso positivo, por exemplo.

Por outro lado, mesmo crianças típicas, nascidas a termo, podem ter o tempo maturacional um pouco mais tardio. Vale ressaltar que a infantilização de algumas crianças por motivos psíquicos pode interferir na maturidade esperada em seu desempenho linguístico e cognitivo.

Tem chamado muito minha atenção como crianças (inclusive com diagnósticos médicos) que não alcançam o que a pré-escola espera são matriculadas no primeiro ano do EF por completarem 6 anos dentro da data de corte.

Muitas dessas crianças precisam claramente de um pouco mais de tempo para estabilizarem suas conquistas. Tempo que não coincide com o do MEC. Como vimos em cenas anteriores, há na criança um tempo de maturação neurológica que abrange estruturas cerebrais de sistemas correlacionados (neurossensorial, fala, linguagem, cognição, memórias, desempenho motor). Diante disso, muitos pais preocupados e em sofrimento entram com solicitações em Secretarias de Educação para impedir tais situações por considerem-na prejudiciais à sua criança. Fazem isso como se fosse deles a responsabilidade de provar que a criança precisa desse tempo, e não da escola (aonde ela vai todos os dias), que se encontra barrada pelas políticas públicas que, desse modo, podem se tornar engessadas pela generalização.

Nesses casos, a conduta fonoaudiológica não é a de esperar a maturação acontecer espontaneamente, mas compreender que sua intervenção e avaliação não se estruturam a partir de um diagnóstico definitivo. Essa avaliação identificará o que não está em consonância com o desempenho global da criança e norteará um trabalho específico com ela, com a família e em parceria bem estruturada com a escola. Esse é um tempo de travessia, de suspensão de diagnósticos e só a efetivação desse trabalho de intervenção envolvendo a tríade e a escola é que revelará os próximos passos.

A partir de minha vivência profissional e da relação já explicitada com professores, não vejo inconveniente nenhum em relatar a minha impressão de que muitas crianças carregam uma escolaridade marcada por dificuldades, simplesmente porque não se respeitou seu tempo maturacional na sua relação real de aprendizagem, de desempenho psíquico etc. Não estou sozinha nisso. Leme (2021, p. 2), em seu trabalho, *A "maturidade" da criança e a idade mais indicada à alfabetização: exame de um enunciado direcionado aos professores*, analisa que:

> Os especialistas, em sua maioria, preocupam-se com o que consideram a ausência de "maturidade e/ou prontidão" das crianças de seis anos para a alfabetização nesse momento da vida, de modo que o desenvolvimento natural e/ou espontâneo da criança aparece como elemento indispensável à alfabetização.

Nesse mesmo trabalho, ela traz a análise apoiada na obra de Orminda Isabel Marques, inovadora no ensino brasileiro da leitura e escrita por compreender que aprender a ler e escrever impõe uma questão de maturidade como algo próprio da criança, não alterável por estímulos externos. Assim, organizar para a criança atividades pedagógicas conforme sua idade seria contraproducente. Essa análise finaliza alertando que da postura do professor dependerá a gravidade da situação, vista como uma fase em que a criança somente precisará de mais atenção para vencê-la, ou como sintoma de algum distúrbio.

O português Vitor da Fonseca vai mais longe. Atuante na área da Psicomotricidade, com larga experiência no acompanhamento de crianças com problemas de desenvolvimento e aprendizagem, no artigo *Necessidades da criança em idade pré-escolar*, reconhece o importantíssimo papel da educação pré-escolar na prevenção do insucesso escolar (incluindo a questão da imaturidade) e nos processos de socialização promovendo a diminuição das desigualdades sociais (Fonseca, 2000).

8.3 O que seria a "prontidão" para a alfabetização?

Nas Cenas 4, 5 e 7, ocupei-me de teorias sobre o desenvolvimento infantil privilegiando nelas aspectos de integração neurossensoriais e de sistemas neurofuncionais atencionais, perceptuais, linguísticos, cognitivos e executivos (concernentes às funções executivas); os diferentes tipos de memórias; a fala externa que se internaliza como reguladora de comportamento; a íntima relação entre todos esses aspectos com o psiquismo e o brincar; a importância do desenhar; a relação afetiva positiva como facilitadora para a aprendizagem.

Também vimos nas teorias apresentadas, inclusive na Cena 3, a importância de se refletir sobre como a criança vivencia a relação entre o cérebro e o meio ambiente (casa, escola, interações sociais expandidas) que progressivamente transformam as estruturas – mentais, psíquicas, linguísticas e neurofuncionais – ao longo do seu desenvolvimento. Além disso, as teorias explicitaram a importância da linguagem, do aprendizado cotidiano, da fala e da língua na infância, visto que é na discursividade das interações sociais que as significações são sustentadas historicamente ampliando sentidos ao longo de toda a vida.

Esses dois parágrafos resumem o caminho da prontidão[32] para a aquisição da leitura, da escrita e do raciocínio matemático de base social e histórica, somando-se à maturidade neurológica como uma unidade que possibilita o aprender. Entretanto, mesmo que um desses aspectos seja bem desenvolvido, não efetivará a aprendizagem sozinho, pois a exigência é de processos interrelacionais, e não de acontecimentos isolados. E me parece que, justamente por isso, algo pode escapar e se mostrar só mais para tarde diante de exigências mais complexas apresentadas na educação formal.

De acordo com esse objetivo, os programas educacionais de pré-escola transformam o percurso de desenvolvimento da criança em diferentes habilidades preditoras para a aprendizagem (pré-requisitos) para que ela possa, então, aos 6 ou 7 anos de idade, entrar e ter sucesso nas aquisições da leitura, escrita e raciocínio matemático.

---

[32] Uma ressalva merece ser feita quanto ao termo "prontidão" que parece uma demarcação atingida, ou seja, em determinado momento a criança tem ou não tem prontidão. Prefiro a compreensão facilitada pelas teorias já apresentadas de que a criança em seu percurso de aprendizagem formal e informal está em um *continuum* em que o adquirido é base (algo pronto) para o novo conhecimento.

8.4 Quais são as habilidades preditoras ou os pré-requisitos?

Nos moldes de uma *word cloud*, resolvi alinhar aqui os termos encontrados com mais frequência em uma pesquisa rápida em que digitei no Google os seguintes termos: "habilidades preditoras", "pré-requisitos", "alfabetização". Como respostas, obtive termos já referidos em cenas anteriores voltadas para o desenvolvimento infantil, mas o objetivo agora é o de ajudar o fonoaudiólogo a identificar que: (i) usam-se termos que fazem parte de outro termo mais amplo, termos que significam a mesma coisa, conceitos que mudaram de nomes porque foram absorvido por nosologias atuais[33] e termos que fazem parte de outros domínios de saberes; (ii) cada vez mais, é necessário o uso de termos técnicos adequados nos relatórios fonoaudiológicos, tarefa nada simples diante do fato de que ainda não existe um glossário referencial técnico para as diferentes áreas de atuação fonoaudiológica no Brasil.

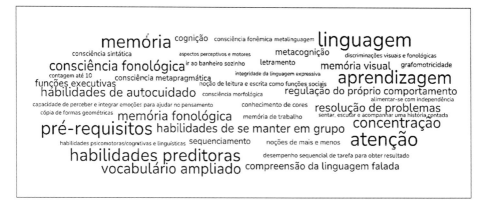

Nesta escrita, a partir deste ponto, passo a destacar teoricamente os chamados pré-requisitos/habilidades preditivas, buscando fortalecer a compreensão de que eles já fazem parte do cotidiano fonoaudiológico em diferentes tipos de atendimento clínico infantil. Relembro, contudo, a importância de não se compartimentar a criança, principalmente no período da primeira infância, imaginando que, se ela tem um problema específico e simples para a produção de algum fonema, todos os outros

---

[33] Os termos fonoaudiológicos se originam em estudos acadêmicos, em sua maioria feitos fora do Brasil (EUA, Inglaterra etc.), que demoram para ganhar homogeneidade de uso pelo fonoaudiólogo, o qual fica na outra ponta atuando na clínica. Também costuma ocorrer o uso de termos médicos, a partir do DSM-V (2014), DSM-V-TR (2022), CID-10 (1993) e CID-11 (2019).

níveis estarão garantidos (fonológico, sintático, semântico, pragmático). Pode não ser assim. Essa afirmação só será possível se todos os níveis forem avaliados.

Vimos na Cena 7 que diferentes áreas de conhecimentos produzem conceitos que se tornam senso comum e me parece que isso também se dá no interior da própria área de conhecimento. No campo da Fonoaudiologia, a relação entre os efeitos de questões de linguagem e a cognição parece mais estabilizada do que a relação entre os efeitos de questões de fala e a cognição. Explicando melhor, de uma criança com problemas na área da linguagem podem ser esperado problemas também na área da aprendizagem. Em contraste a isso, de crianças com problemas simples ou moderado de fala e boa compreensão de linguagem, as possibilidades de dificuldades de sintaxe ou de complexidade semântica podem não ser consideradas como questões que podem afetar a qualidade de sua aprendizagem.

De novo, trata-se de conclusões que se originam da divisão malfeita na prática clínica entre fala e linguagem. A fala possibilita que a linguagem se materialize e que mal-entendidos se resolvam. Crianças com problemas de fala, muitas vezes, colocam-se (e/ou são colocadas) à margem disso, porque sua fala, por si só, pode se constituir como um gerador (em diferentes graus) de mal-entendidos, conforme demonstrará a próxima cena.

Deste modo, dar a opinião sobre um acontecimento, inventar histórias, contar desenhos animados assistidos, recontar livros lidos por alguém, contar algo que aconteceu são acontecimentos linguísticos de atribuição de sentidos. Acontecimentos exigentes de uso mais elaborado da sintaxe da língua e de vocabulários mais complexos que, por sua vez, convocam o funcionamento de áreas cerebrais específicas. Chamo a atenção, contudo, para o fato de que tão relevante quanto a produção de frases é a compreensão de frases mais extensas com mais elementos sintáticos de coordenação e subordinação (respeitando-se sua faixa etária e experiência de vida). Assim, seria importante pensar se esses desempenhos podem se mostrar insuficientes em crianças que tiveram problemas de fala porque nelas tal complexidade linguística pode ter se estabilizado mais tarde.

Vimos que a proposta desta Cena 8 é levar o fonoaudiólogo a ampliar sua reflexão sobre a relação entre a pré-escola e os primeiros anos do EF, o que traz para o centro da questão o tema "prontidão/habilidades preditivas". Para se ter noção dos termos nele envolvidos, trouxe anteriormente uma nuvem de palavras associadas a isso com mais frequência.

O propósito agora é apresentar um conjunto de estudos do campo da Fonoaudiologia e de outras áreas contemplando o referido tema. Porém, antes disso, parece-me produtivo trazer a definição de alguns termos técnicos inscritos na nuvem que também aparecerão nos estudos apresentados. Entretanto, definições de um mesmo termo se mostram ora mais, ora menos completas, então, mesmo correndo o risco de repetições, mantenho distintos referenciais teóricos sobre o mesmo termo quando necessário.

Busco nas áreas da Psicologia Cognitiva e da Linguística, no trabalho desenvolvido por Hodges e Nobre (2012), como em *Processos cognitivos, metacognitivos e metalinguísticos na aquisição da leitura e escrita*, definições para os termos Cognição, Metacognição, Metalinguagem.

As autoras definem o conceito de *cognição* a partir de Vygotsky, retomando a função cognitiva, uma das funções psicológicas superiores (FPS), que, por meio da linguagem na relação com o meio sociocultural, viabiliza o processamento e as representações internas do mundo. São os processos reflexivos sobre cada aprendizagem/aquisição que remetem ao termo *metacognição* como um pensar sobre o conhecimento. Ou seja, "[...] o conhecimento do próprio conhecimento, controle e autorregulação dos processos cognitivos, [...] sendo o sujeito capaz de planejá-los, monitorá-los e controlá-los" (Hodges; Nobre, 2012, p. 87). Na criança pequena, o controle metacognitivo começa pouco consciente e depois se amplia na dependência das interações sociais (expressão oral) e do papel da escola.

Para as autoras se, no termo *metacognição*, a cognição era o objeto de reflexão; em relação ao termo *metalinguagem*, os elementos de reflexão são os linguísticos: trata-se da capacidade de falar sobre a linguagem. É o uso de palavras para se fazer referência a outras palavras quanto ao significado ou característica (substantivo, verbo, voz passiva, voz ativa etc.). Hodges e Nobre (2012, p. 85) analisam que, na aprendizagem da leitura e da escrita, "[...] os domínios linguístico, cognitivo, metacognitivo e social estão intrincados, influenciando-se mutuamente".

Retomando a Psicologia pedagógica, de Vygotsky (2004), e as considerações feitas na Cena 4, a criança reflete e levanta hipóteses quando, dentro de casa, pergunta sobre algo ou explica o que está fazendo ou algo que aconteceu na sua frente (mesmo usando para isso pensamentos mágicos). Essas operações de pensamento e de linguagem evoluirão para conscientes e estarão na base das atividades metacognitiva e metalinguística, necessárias para a aquisição da alfabetização: a criança precisa ser capaz de pensar sobre o conceito (cotidiano ou formal) e de falar sobre ele com outras palavras. Para esse fim, tanto Vygotsky quanto Luria criavam frequentemente situações em que crianças de diferentes idades e escolaridade explicavam para o colega de classe algo que o professor ensinou, ou algo que vivenciou.

Mendonça (2018), na área de Letras, em trabalho intitulado *As competências linguísticas de crianças de 4 e 5 anos: estratégias de intervenção*, distingue que a habilidade metalinguística envolve diferentes competências: (i) fonológica: processo gradual de aquisição dos sons da fala e discriminação da articulação dos sons da língua; (ii) morfossintática: conhecimento das regras de organização das palavras em frases; (iii) semântica/lexical: qualidade e quantidade de palavras, atribuição de significado a uma palavra dentro de uma organização sintática; (iv) pragmática: uso da linguagem em diferentes contextos sociais (expressar, manter e iniciar interações, por exemplo).

Com o uso, tais competências se tornam conscientes e essas consciências se caracterizam como: (i) fonológica: compreensão de que a linguagem oral pode ser dividida em componentes mínimos manipuláveis (fonemas); (ii) sintática: reflexão sobre a estrutura sintática da língua e o controle intencional de sua aplicação na organização das palavras para a produção e compreensão de frases; (iii) morfológica: reflexão e manipulação intencional da estrutura morfológica da língua (formação de palavras, flexão, função, relações na frase etc.); (iv) semântica e pragmática: uso da linguagem em contexto de interação social, o que implica não apenas a troca de turno conversacional, a manutenção de tópico, a resolução de mal entendidos, as inferências, as retomadas do diálogo, mas também a compreensão de conceitos abstratos; expressão das emoções; adequação da linguagem não-verbal; solicitação de ajuda e esclarecimentos; capacidade de responder apropriadamente perguntas "Qu" (o quê, quando, quem, quanto, quais); possibilidade de acompanhar as alterações do tópico em discussão e entender o significado implícito da mensagem. Esses são índices que aferem a extensão e a profundidade sintática, semântica e lexical da fala da criança em diferentes idades e experiências sociais.

Rosa (2020), a partir da Linguística, explicita, no artigo *O papel da consciência fonoarticulatória na aquisição de língua materna*, um pouco mais os níveis de consciência metalinguística e as identifica como: (i) consciência fonológica: habilidade de refletir, discriminar e manipular os sons da fala (apagar, adicionar ou substituir sons e sílabas) nas palavras, o que se subdivide em: (a) consciência fonêmica: viabiliza a manipulação dos sons individuais (fonemas) que constituem uma palavra, (b) consciência fonoarticulatória: reflexão sobre os sons e os movimentos (ou gestos motores) dos articuladores envolvidos na sua produção; (ii) consciência semântica: habilidade de refletir e interpretar os significados das palavras e dos enunciados; (iii) consciência morfológica: capacidade de refletir e manipular as menores unidades linguísticas (morfemas) que possuem significado (formação e a flexão de palavras); (iv) consciência sintática: habilidade de refletir e manipular os elementos linguísticos que constituem a estrutura interna das sentenças, como a ordem das palavras, as combinações entre as palavras e a pontuação, por exemplo; (v) consciência pragmática: reflexão sobre o uso da língua incluindo as escolhas dos sentidos das palavras e dos seus efeitos durante a interação comunicativa.

Finalizando a referência do estudo de Rosa (2020), ela chama a atenção ainda para duas particularidades: (i) a diferença entre consciência fonológica (reflexão, por parte da criança, sobre a estrutura sonora da língua) e a consciência fonêmica (habilidade da criança em manipular sons individuais dentro de palavras); (ii) a grande importância de se trabalhar a consciência fonoarticulatória na criança, já que estudos vêm esclarecendo que os bebês começam a absorver a língua desde o útero. Em consequência disso, a percepção auditiva e a produção oral são fatores primordiais e facilitadores para o desenvolvimento da linguagem.

O termo "memória fonológica" aparece muito em estudos relacionados à aplicação de protocolos, especialmente aqueles que discutem respostas de crianças de determinadas faixas etária com ou sem determinados diagnósticos. A explicação sobre "memória fonológica" está dentro do conceito "memória operacional". O estudo denominado *Desempenho cognitivo e memória operacional fonológica de escolares entre 8 e 10 anos*, de Oliveira et al. (2020), recupera a ideia de que a memória operacional é responsável pela manutenção, manipulação e articulação temporária entre as informações e as memórias de curto e longo prazo, sendo bastante associada ao potencial de aprendizagem. Um de seus componentes é a alça fonológica que desempenha o papel de armazenar temporariamente informações verbais e, por isso, interfere na aprendizagem de palavras da leitura. Crianças com dificuldades escolares podem ter essa memória rebaixada.

Por fim, os termos "habilidades psicomotoras" e "grafomotricidade". O estudo desenvolvido por Pinheiro, Mello e Abed (2021), intitulado *Psicopedagogia e psicomotricidade: contribuições ao professor alfabetizador*, expõe que na pré-escola as crianças desenvolvem habilidades psicomotoras voltadas para a consciência do seu corpo, a lateralidade e as capacidades de situar o próprio corpo no espaço, dominar a noção de tempo, adquirir habilmente a coordenação de seus gestos e movimentos, incluindo ajustes tônicos do corpo. Isso se dá em meio às vivências corporais, sensoriais e perceptuais. As experiências motoras que a criança desenvolve reforçam as habilidades grafomotoras (rabisco, garatuja, intenção estética, representação de linguagem, letra etc.), o autocontrole, a memória visuoespacial e auditiva de curto prazo, memória rítmica, além de os diferentes tempos de atenção que serão exigidos na escolarização formal.

O objetivo de trazer a definição dos termos cumpre a formalização de uma noção geral e não completa e detalhada, já que cada um deles se constituiriam como assunto de livros inteiros. Finalizada essa etapa, passo a apresentação dos estudos no campo da Fonoaudiologia e em outras áreas voltadas para o tema em questão "pré-requisitos/habilidades preditivas", o qual, por sua vez, remete à transição entre a pré-escola e os primeiros anos do EF.

8.5 Habilidades preditoras, leitura e escrita

A Sociedade Brasileira de Fonoaudiologia, em parceria com o Conselho Regional de Fonoaudiologia, lançou, sob a organização de Capellini, Germano e Oliveira (2020), o e-book *Fonoaudiologia educacional: alfabetização em foco*. De base cognitivista, privilegiarei dele o capítulo *Habilidades preditoras para a aprendizagem da leitura e da escrita*, de Bianca Arruda Manchester de Queiroga e Cláudia da Silva (2020).

As habilidades preditoras são identificadas pelas autoras como responsáveis por processamentos específicos que permitem o aprendizado global e devem ser compreendidas isoladamente. São elas:

Habilidade auditiva: receptora dos estímulos sonoros, interfere: (i) na aquisição da linguagem oral; (ii) na memória auditiva e discriminação de sons da linguagem oral (e, depois, dos grafemas na linguagem escrita); (iii) na percepção auditiva e discriminação dos sons empregados na escrita, com traços sonoros próximos e distintos (Exemplo: /v/aca - /f/aca); (iv) na relação entre conceitos apresentados oralmente; (v) no direcionamento do foco da atenção auditiva na presença de distratores.

Habilidade visual: receptora de estímulos via processamento visual, é responsável por: (i) interpretá-los com a habilidade multidimensional (associação de diferentes informações ao mesmo tempo: formas, cores, posições no espaço); (ii) dar informação sobre a identificação do estímulo visual; (iii) promover a discriminação visual de um objeto de interesse dentre outros objetos; (iv) possibilitar a formação da memória visual (recuperação da informação visual de forma eficaz e precisa); (v) promover a discriminação e a seleção de letras de acordo com a diferenciação específica e com sua posição no espaço (formato das letras, como por exemplo: p – q – b – d, m – n – u – v); (vi) viabilizar a discriminação de figura e fundo (objetos, letras, formas, números etc.); (vii) auxiliar na manutenção do foco visual para a decodificação (sequências de formas, identificação de letras ou números); (viii) interferir na manutenção do foco da leitura sequencial em linhas.

Habilidade de velocidade de processamento: é a capacidade que o indivíduo desenvolve em processar estímulos de forma rápida, sucessiva e assertiva, dependente de outras habilidades, como a visual e a auditiva na integração que possibilitam a alfabetização.

Habilidade de consciência fonológica: conceito já definido anteriormente, associa-se ao entendimento do princípio alfabético da escrita da língua portuguesa.

Habilidade de processamento cognitivo: essa habilidade envolve a atenção, a memória, o acesso e a recuperação da informação, nela: (i) a atenção se associa às habilidades auditivas direcionando os estímulos em função das atenções seletiva e sustentada; (ii) (a) a memória auditiva sequencializa estímulos para a percepção dos fonemas na formação de palavras na ordem temporal e para a sequencialização dos grafemas, sílabas, palavras, frases, números e cálculos matemáticos na ordem espacial; (b) a memória visual permite armazenar estímulos por um breve período de tempo; auxilia no reconhecimento de características específicas de determinados estímulos, como forma, posição e tamanho, possibilitando a distinção entre estímulos semelhantes (por exemplo: letras e números); reproduz sequências assertivas em meio a outros estímulos que não fazem parte da palavra; acessa e recupera informações dos processos cognitivos memorizados; (iii) a recuperação de uma informação auditiva ou visual de base fonológica ou silábica depende de estar armazenada na memória auditiva, visual ou fonológica, respectivamente.

O estudo fonoaudiológico desenvolvido por Williams et al. (2021) sob o título de *Linguagem escrita: o trabalho da fonoaudiologia na educação infantil com as habilidades preditoras da alfabetização*, também de base cognitivista, traz a referência de que as habilidades metacognitivas e metalinguísticas são importantes para o processo de alfabetização e, para isso, a criança deve estar com tais habilidades desenvolvidas ou em fase de desenvolvimento final. As autoras elencam as seguintes habilidades como preditoras para a alfabetização: vocabulário, nomeação automática rápida, consciência fonológica, memória de trabalho fonológica. E complementam com a seguinte afirmação: "[...] é fundamental que a parte neurológica esteja íntegra e tenha atingido a devida maturação cognitiva" (Williams, et al., 2021, p. 55223). Destacam também a importância do papel do fonoaudiólogo nas habilidades preditoras tanto na identificação das dificuldades como na prevenção e intervenção precoce.

O *Programa de intervenção cognitivo-linguístico em escolares na educação infantil*, desenvolvido na área da Fonoaudiologia por Rosal et al. (2020), estrutura-se a partir do reconhecimento de que avaliações nacionais e internacionais da educação brasileira revelam baixo rendimento em tarefas de leitura e escrita. Para interferir nesses resultados, o programa busca desenvolver as habilidades cognitivo-linguísticas em crianças com idades entre 5 anos e 5anos e 11meses, como pré-requisitos para melhor desempenho no futuro processo de desenvolvimento da leitura e escrita. Foram privilegiadas como habilidades cognitivo-linguísticas atividades envolvendo o livro "Histórias para o desenvolvimento de rima e aliteração" e a obra "Pensando em imagens, sons, palavras e letras". A aplicação desse programa interferiu positivamente nas tarefas de segmentação silábica, memória fonológica, nomeação rápida e compreensão auditiva. Porém constatou-se baixo desempenho nas habilidades metafonológicas, como por exemplo: identificação e produção de rima. Esse resultado modificou-se positivamente depois da segunda aplicação do Programa.

Oriunda das áreas da Fonoaudiologia e da Neurologia, a pesquisa desenvolvida por Petreça, Crippa e Dassie-Leite (2023), publicada como *Habilidades preditoras da leitura e escrita em escolares do 1º e 2º ano do ensino fundamental I*, busca identificar as habilidades preditoras mais efetivas para a aprendizagem da leitura e da escrita como indicadores de dificuldade de aprendizagem em crianças com idades entre 5,6 anos e 7,7 anos. Com 68 participantes divididos entre dois grupos com e sem dificuldades de aprendizagem detectada, avaliaram-se habilidades preditoras linguísticas, auditivas e de processamento fonológico. Os alunos com dificuldades apresentaram desempenho inferior em: vocabulário expressivo, fluência verbal fonológica, memória de sons verbais, memória de ordens simples, discriminação auditiva verbal, consciência fonológica, memória de trabalho fonológica e acesso fonológico ao léxico mental. Entretanto, não houve diferença entre os dois grupos em relação às seguintes habilidades: sistema fonológico, fluência verbal semântica, percepção auditiva, localização sonora, memória de sons não verbais e memória de ordens complexas. O objetivo do trabalho é contribuir com profissionais das áreas da Saúde e da Educação para a identificação, promoção e intervenção precoce nos anos iniciais da alfabetização.

Oliveira, Guaresi e Viali (2019), na área da Linguística, desenvolveram um estudo, intitulado *Análise de preditores linguísticos e cognitivos da aquisição e aprendizado inicial da leitura e escrita*, para avaliar os preditores linguísticos e cognitivos – consciência fonológica, consciência sintática, atenção seletiva e memória de trabalho – no aprendizado inicial da leitura e da escrita de 22 crianças entre 6 e 7 anos. Como resultado da relação entre preditores e processos iniciais de alfabetização, obteve-se: (i) consciência fonológica como a maior preditora; (ii) consciência sintática em correlações fracas nessa relação; (iii) memória de trabalho com correlação significativa e moderada entre a memória de trabalho fonológica; (iv) atenção seletiva como correlação significativa com a leitura e escrita. Os resultados podem nortear a prevenção, a identificação e a intervenção, em casos de dificuldades de aprendizado.

Outro estudo que passo a apresentar é da área da Neurociências (ciência cognitiva da leitura). Trata-se de um programa desenvolvido na parceria entre a Coordenação de Aperfeiçoamento de Pessoal de Nível Superior (CAPES) e três Universidades de Portugal, envolvendo três pilares do conhecimento (Psicologia, Educação e Ciências) e destinado às crianças da pré-escola para melhorar o desempenho delas nos processos de alfabetização. Essa parceria resultou em um curso – *ABC na prática: construindo alicerces para a leitura* – de capacitação e formação continuada dos profissionais da educação como uma das implementações da Política Nacional de Alfabetização (PNA), sob o Decreto nº 9.765, de 11 de abril de 2019. Sucena e Nadalim (2021) são os organizadores do manual publicado no Brasil, resultado dessa experiência.

O programa se compõe de duas fases de intervenções. O primeiro, "Promoção de competências pré-leitoras", é destinado aos estudantes do último ano da pré-escola e é composto por 25 atividades dirigidas à consciência fonológica. Assim, privilegia: segmentação silábica, consciência explícita da rima, consciência explícita do fonema em posição inicial, fluência fonêmica, identificação do fonema inicial, segmentação fonêmica, contagem fonêmica, fusão fonêmica, adição fonêmica (fim da palavra) e substituição fonêmica.

O segundo programa, "Promoção precoce nas competências de leitura", é destinado aos alunos do primeiro ano do EF e objetiva a decodificação, por meio de 13 atividades práticas, evidenciando: relações entre grafemas e fonemas, decodificação alfabética e ortográfica, leitura de palavras e pseudopalavras (CV.CV e CV.CV.CV), leitura e escrita de palavras com os grafemas complexos "nh" e "lh"; leitura de palavras com grafemas complexos "rr", "ss", "ch"; leitura de palavras com grafemas "s" e "r" em posição intervocálica, leitura e escrita de palavras com "rr" e "r" em posição intervocálica.

A partir desse programa, a proposta é que os professores submetam seus alunos a essa etapa de prevenção e, além disso, encontrem-se mais preparados para interpretar o desempenho deles intervindo rapidamente quando necessário.

Da área da Educação, trago a análise que focaliza o público infantil na distinção entre os modelos da alfabetização e do letramento realizada por Miranda et al. (2021) em *Alfabetização e letramento na educação infantil*. Nele, não aparecem termos como pré-requisitos/habilidades preditivas, o que não significa que não haja medidas preparadoras para a alfabetização. As autoras identificam que a principal diferença entre "alfabetização" e "letramento" é que na primeira, quando marcada pela tendência tradicional, pauta-se em processos mecânicos, repetitivos e sem sentido, fora de contextos históricos, sociais e culturais. Em contrapartida, no "letramento", privilegia-se toda manifestação de leitura e de escrita da criança como singular e com significados (aspectos sociais da leitura e da escrita que circulam na sociedade). Com base nos estudos desenvolvidos por Magda Soares[34], assumem que, na educação infantil, a criança participa ativamente da construção da leitura e da escrita em seu mundo.

---

[34] Magda Becker Soares (1932-2023), educadora e linguista, foi uma das maiores especialistas no Brasil em Alfabetização e Letramento sob os princípios da continuidade, integração, sistematização e acompanhamento.

Essa construção associa-se à liberdade de expressão e de diferentes experiências com palavras em vários idiomas, música, dança, arte, leitura de clássicos, literatura brasileira, histórias de filmes de animação, jogos, brinquedos, diferentes gêneros de escrita (livros infantis, receitas, folhetos, jornais, revistas, cartas, ingressos, etiquetas), ou seja, tudo o que podemos ler e escrever da nossa realidade. Nessa visão a Educação Infantil não deve apenas cuidar da criança, mas educá-la para o mundo e isso deve se iniciar pela ampla compreensão da leitura do mundo, antes da leitura ou escrita de palavras.

O trabalho apresentado pela pedagoga portuguesa Ângela Balça, na área da Educação, em Santa Catarina, em 2021, sob o título *Oralidade, leitura e escrita: uma relação desigual na escola*, traz a reflexão sobre a relação na escola entre os distintos domínios da língua materna: oralidade, leitura e escrita. Para ela, a relação entre estes três domínios privilegia a oralidade apenas a serviço da aprendizagem da leitura e escrita, relegando para o segundo plano o ensino e a aprendizagem destas competências na modalidade oral. Como conclusão, refere a necessidade e a urgência da compreensão de que o ensino e a aprendizagem da oralidade precisam de espaço, tempo, além de trabalho planificado, objetivo e eficaz como promoção do desenvolvimento infantil. Ela reforça a ideia de que essa responsabilidade é da família e também da escola, pois saber escutar, saber falar, saber se comunicar, são competências importantes no desenvolvimento da criança em um mundo que se torna cada vez mais digital (Balça, 2021).

Estive até agora me ocupando de preditores que podem e devem ser desenvolvidos pela criança no período da infância, dentro de casa e na escola, como possíveis facilitadores para a sua aquisição dos processos da leitura e escrita.

Porém, chama a minha atenção como a linguagem matemática é pouco considerada pela área da Fonoaudiologia. Com frequência a matemática aparece no cenário fonoaudiológico quando a criança, com dificuldade em ler e escrever, também se apresenta com dificuldade para interpretar o enunciado matemático em questões isoladas ou em problemas.

Pouco se fala nos preditores para o desenvolvimento das habilidades matemáticas nesta área. Na busca que fiz pelos termos - "preditores", "matemática", "Fonoaudiologia" – encontrei o texto de Renata Mousinho et al. (2020), intitulado *Leitura, escrita e matemática: do desenvolvimento aos transtornos específicos de aprendizagem*, que não se reporta ao desenvolvimento infantil.

Além desse, há o trabalho *Dificuldade com a linguagem matemática nos primeiros anos escolares: uma reflexão linguística*, de Bordin, Silva e Braga (2021), realizado por fonoaudiólogas na área da Psicopedagogia como trabalho de conclusão de curso, cuja proposta é uma reflexão linguística a respeito da dificuldade com a linguagem matemática apresentadas por crianças dos primeiros anos escolares. As autoras, ancoradas na teoria sócio-histórica de Vygotsky, compreendem que a vivência de diferentes experiências linguísticas interfere na qualidade e na particularidade da rede de sentidos de crianças de diferentes comunidades que se caracterizam também como experiências com a própria língua.

De tal modo, a linguagem matemática se sustenta na língua natural do falante que, em determinado momento da educação formal, será reorganizada com códigos e gramática próprios pertinentes à estrutura matemática, exigindo a presença de termos técnicos da área, como somar, dividir, multiplicar etc. Mas, como referido outras vezes, é na infância que esse suporte de saber é construído e envolve o acesso da criança a conceitos informais em seu cotidiano quando, por exemplo, quantifica objetos, escolhe o prato com mais ou menos sobremesa, divide um pedaço de bolo em partes, procura um número no controle remoto da televisão etc.

A análise realizada pelas autoras, a partir da revisão de literatura na área da Matemática, orienta que é a capacidade de a criança compreender e formular expressões verbais orais que garantirão sua interpretação numérica. Elas se apoiam no livro *Educação infantil e percepção matemática, de Lorenzato* (2006), para reafirmar a importância fundamental da experiência perceptual de crianças pequenas em relação à exploração matemática no encontro entre a língua que fala e a linguagem matemática.

Nesse caso, funcionaria como preditores para a aquisição dessa linguagem o uso de termos matemáticos pela criança e a compreensão norteadora para o adulto que interage com ela de que a linguagem matemática se estrutura em função de: (i) três campos independentes: espaço(formas/geometria), numérico (quantidade/aritmética) e de medidas (integração da geometria e aritmética); (ii) sete processos analíticos numéricos: correspondência, comparação, classificação, sequenciação, seriação, inclusão, conservação; (iii) estas últimas são noções que, respeitando o contexto e o desenvolvimento da criança, devem ser apresentadas a ela e revisadas verbalmente por meio de: materiais manipuláveis, desenhos, histórias ou representados por pessoas; (iv) a estabilização da fixação dos conceitos matemáticos no plano verbal ocorre mais facilmente quando são feitas à criança indagações sobre eles para que responda de forma explicativa, por exemplo: Como é? Onde está? O que está acontecendo? Onde acontece isso? Quando aconteceu? Como eles são diferentes? Qual é o maior? Qual deles possui mais? Para onde ele foi?

As autoras concluem que a reflexão linguística, a partir do campo da Fonoaudiologia, sobre as dificuldade de aprendizagem matemática de crianças nos primeiros anos escolares têm relação direta com: (i) o processo de aquisição de linguagem; (ii) a vivência matemática na vida cotidiana da criança, que refletirá em seu aprendizado formal; (iii) o conhecimento e o uso gradativo do vocabulário matemático no cotidiano e na escola como suporte para a interpretação numérica; (iv) o papel organizador da fala na descrição do aprendizado matemático; (v) o envolvimento da família, da escola e da atenção dos especialistas no aprendizado gradativo da criança sobre a linguagem matemática.

8.6 Como a escrita desta cena pode repercutir na tríade fonoaudiólogo-criança-família?

Retomo que a proposta desta cena é a reflexão teórica e analítica sobre a condição de continuidade ou ruptura entre a pré-escola na infância e os primeiros anos do EF. Entendendo que pode ser de continuidade para uns e de ruptura para outros.

Chamo a atenção para a importância fundamental da construção da compreensão abrangente sobre esse tema pelo fonoaudiólogo. O motivo disso é que toda criança (típica ou não) que acompanhamos no período da infância, independentemente da queixa apresentada, possivelmente se tornará escrevente e leitora, atividades cujos processos implicam, como vimos, áreas concernentes ao trabalho do fonoaudiólogo.

A aquisição dos processos de leitura e escrita se compõem de processos multifatoriais, alguns de fácil observação e outros não. Por isso há tantas possibilidades de surpresas ao longo da caminhada pela transição da criança entre as duas instâncias do ensino: pré-escola e escola.

Como instrumento teórico voltados para a primeira infância, apresentei, nas cenas anteriores, diferentes pontos de vistas incluindo a influência da maturidade infantil; a importância de se refletir sobre como a criança vivencia a relação entre o cérebro e o meio ambiente (casa, escola, interações sociais expandidas) e como as experiências da criança progressivamente transformam as estruturas (mentais, psíquicas, linguísticas e neurofuncionais) ao longo do seu desenvolvimento; a alta relevância do aprendizado cotidiano; a importância de a criança compreender e produzir frases complexas no sentido gramatical e semântico em diferentes contextos pragmáticos.

No campo da Fonoaudiologia infantil, encontramos índices que mostraram a sofisticação que a avaliação fonoaudiológica precisa alcançar. Não é meu propósito, mas compreendendo que nem todos os fonoaudiólogos têm acesso a protocolos particulares ou avaliações estruturadas, fica a sugestão de pesquisa na internet de teses e de protocolos de livre acesso que podem ser de grande auxílio. Entretanto, é, especificamente, a análise fonoaudiológica qualitativa de todos os dados que beneficiará a criança e sua família.

Por fim, considerei a linguagem matemática como uma questão linguística cotidiana que se desdobrará em linguagem específica, a qual retornará como interdependente do ensino formal. A preocupação foi expor a necessidade de o fonoaudiólogo também valorizar seus preditores e considerar a vivência social e perceptual da criança com números uma experiência no domínio da língua materna.

Todo o arcabouço teórico apresentado está a serviço do fonoaudiólogo tanto na decomposição do fenômeno apresentado pela criança, para a sua análise e raciocínio clínico avaliativo, quanto na terapia e partilha com a família. Todos esses preditores, compreendidos a partir do desenvolvimento específico dessa criança, sempre que se mostrarem como objetivos fonoaudiológicos, irão se constituir como possibilidades de atividades que podem estar presentes na vida cotidiana da criança em casa e na pré-escola.

Assim, a análise da rotina da criança e a orientação quanto ao olhar da família sobre as habilidades preditoras apresentadas, incluindo aquelas da linguagem matemática, representa a intervenção fonoaudiológica por excelência e pode gerar mais possibilidades de sucesso em seu futuro processo de alfabetização.

Referências

BALÇA, Â. Oralidade, leitura e escrita: uma relação desigual na escola. **Poiésis**, Tubarão, v. 15, n. 27, p. 19-31, 2021. Disponível em: https://doi.org/10.59306/poisis.v15e27202119-31 Acesso em: 10 out. 2023.

BORDIN, S. S.; SILVA, P. M. V. A.; BRAGA, A. C.. **Dificuldade com a linguagem matemática nos primeiros anos escolares**: uma reflexão linguística. 2021. Trabalho de Conclusão de Curso (Especialização em Psicopedagogia Clínica e Institucional) - Instituto Brasileiro de Formação de Educadores, Campinas, 2021.

CAPELLINI, S. A.; GERMANO, G. D.; OLIVEIRA, S. T. de (org.). **Fonoaudiologia educacional**: alfabetização em foco. São Paulo: Sociedade Brasileira de Fonoaudiologia, 2020.

FONSECA, V. da. Necessidades da criança em idade pré-escolar. **Saber & Educar**, Porto, n. 5, p. 7-37, 2000.

HODGES, L. D.; NOBRE, A. P. Processos cognitivos, metacognitivos e metalinguísticos na aquisição da leitura e escrita. **Teoria e Prática da Educação**, Maringá, v. 15, n. 3, p. 89-102, 2012. Disponível em: https://doi.org/10.4025/tpe.v15i3.25490. Acesso em: 19 maio 2023.

LEME, A. C. F. A "maturidade" da criança e a idade mais indicada à alfabetização: exame de um enunciado direcionado aos professores. *In*: CONGRESSO BRASILEIRO DE ALFABETIZAÇÃO, 5., 2021, Florianópolis. **Anais** [...]. Florianópolis: Universidade do Estado de Santa Catarina, 2021. Disponível em: https://eventos.udesc.br/ocs/index.php/V_CBA/ppr/paper/viewFile/1190/863. Acesso em: 10 set. 2023.

LORENZATO, S. **Educação infantil e percepção matemática**. Campinas: Autores Associados, 2006.

MENDONÇA, J. J. C. **As competências linguísticas de crianças de 4 e 5 anos**: estratégias de intervenção. 2018. Dissertação (Mestrado em Educação Pré-Escolar) - Escola Superior de Educação João de Deus, Lisboa, 2018.

MIRANDA, C. M. M. de *et al.* Alfabetização e letramento na educação infantil. **Revista Ibero-Americana de Humanidades, Ciências e Educação**, São Paulo, v. 7, n. 6, p. 1210-1216, 2021. Disponível em: https://periodicorease.pro.br/rease/article/view/1462. Acesso em: 10 set. 2023.

MOUSINHO, R. *et al.* **Leitura, escrita e matemática**: do desenvolvimento aos transtornos específicos da aprendizagem. São Paulo: Instituto ABCD, 2020.

OLIVEIRA, E.; GUARESI, R.; VIALI, L. Análise de preditores linguísticos e cognitivos da aquisição e aprendizado inicial da leitura e escrita. **Língu@ Nostr@**, Vitória da Conquista, v. 7, n. 1, p. 3-30, 2019. Disponível em: https://doi.org/10.22481/lnostra.v7i1.13178. Acesso em: 10 set. 2023.

OLIVEIRA, M. M. de *et al.* Desempenho cognitivo e memória operacional fonológica de escolares entre 8 e 10 anos. *In*: CONGRESSO ONLINE INTERNACIONAL DE TERAPIAS COGNITIVAS E COMPORTAMENTAIS, 1.; JORNADA INTERNACIONAL DE TERAPIAS COGNITIVO COMPORTAMENTAIS, 6., 2020. **Anais eletrônicos** [...]. Ribeirão Preto: Universidade de São Paulo, 2020. p. 168. Disponível em: https://proceedings.science/jotcc-2020/trabalhos/desempenho-cognitivo-e-memoria-operacional-fonologica-de-escolares-entre-8-e-10. Acesso em: 21 out. 2023.

PANDEMIA: uma em cada cinco crianças, de 2 a 4 anos, teve desenvolvimento prejudicado na pandemia, diz estudo. **Crescer Online**, 25 maio 2021. Disponível em: https://revistacrescer.globo.com/Saude/noticia/2021/05/pandemia-uma-em-cada-cinco-criancas-de-2-4-anos-teve-desenvolvimento-prejudicado-na-pandemia-diz-estudo.html. Acesso em: 10 mar. 2024.

PETREÇA, R. H.; CRIPPA, A. C. de S.; DASSIE-LEITE, A. P. Habilidades preditoras da leitura e escrita em escolares do 1º e 2º ano do ensino fundamental I. **Research, Society and Development**, Vargem Grande Paulista, v. 12, n. 8, art. e19912842990, 2023. Disponível em: https://doi.org/10.33448/rsd-v12i8.42990. Acesso em: 10 mar. 2024.

PINHEIRO, C. B.; MELLO, A. M. G. de; ABED, A. L. Z. Psicopedagogia e psicomotricidade: contribuições ao professor alfabetizador. **Construção Psicopedagógica**, São Paulo, v. 30, n. 31, p. 54-68, 2021. Disponível em: https://doi.org/10.37388/CP2021/v30n31a07. Acesso em: 10 set. 2023.

QUEIROGA, B. A. M. de; SILVA, C. da. Habilidades preditoras para a aprendizagem da leitura e da escrita. *In*: CAPELLINI, S. A,; GERMANO, G, D.; OLIVEIRA, S. T. de (org.). **Fonoaudiologia educacional**: alfabetização em foco. São Paulo: Sociedade Brasileira de Fonoaudiologia, 2020. p. 27-42.

REIS, E. M.; COELHO, E. C. Crianças de 6 a 10 anos são as mais afetadas pela exclusão escolar na pandemia, alertam UNICEF e Cenpec Educação. **UNICEF**, Brasília, DF, 29 abr. 2021. Disponível em: https://www.unicef.org/brazil/comunicados-de-imprensa/criancas-de-6-10-anos-sao-mais-afetadas-pela-exclusao-escolar-na-pandemia. Acesso em: 10 set. 2023.

ROSA, E. N. da. O papel da consciência fonoarticulatória na aquisição de língua materna. **Verbum**, São Paulo, v. 9, n. 3, p. 232-249, 2020. Disponível em: https://doi.org/10.23925/2316-3267.2020v9i3p232-249. Acesso em: 10 abr. 2024.

ROSAL, A. G. C. *et al*. Programa de intervenção cognitivo-linguístico em escolares na educação infantil. *In*: ENCONTRO BRASILEIRO DE FONOAUDIOLOGIA EDUCACIONAL, 2., 2020, São Cristóvão. **Anais** [...]. São Paulo: Sociedade Brasileira de Fonoaudiologia, 2020. p. 6.

SUCENA, A.; NADALIM, C. (org.). **ABC na prática**: construindo alicerces para a leitura. Brasília, DF: Ministério da Educação, 2021.

VYGOTSKY, L. S. **Psicologia pedagógica**. São Paulo: Martins Fontes, 2004. Trabalho publicado originalmente em 1926.

WILLIAMS, E. M. O. *et al*. Linguagem escrita: o trabalho da fonoaudiologia na educação infantil com as habilidades preditoras da alfabetização. **Brazilian Journal of Development**, Curitiba, v. 7, n. 6, p. 55212-55227, 2021. Disponível em: https://doi.org/10.34117/bjdv7n6-094. Acesso em: 10 abr. 2024.

CENA 9

NA LÍNGUA, NAS LINGUAGENS E NA FALA: A CRIANÇA NAS INSTÂNCIAS DO SENTIDO

Esta cena pretende recobrir a relação entre temas tão presentes no cotidiano clínico: *fonoaudiologia, criança, família, língua, linguagens, fala e sentido* – saberes imbricados entre si, os quais demandam conceitos novos e retomada de antigos, já referidos anteriormente.

Relembro que, além da particularidade deste capítulo, a proposta do livro como um todo remete às proposições pertinentes ao desenvolvimento (e neurodesenvolvimento) infantil, todas passíveis de infindáveis desdobramentos, porém limitadas pelo corte imposto por este gênero de escrita. Em função disso, reitero a recomendação de que o leitor aprofunde seus conhecimentos sobre os estudos apresentados e as reflexões suscitadas por eles.

Sabemos que *língua, linguagens*[35] *e fala* são domínios linguísticos que constituem e exteriorizam cadeias de sentidos. Contudo, se um dos elos dessa cadeia se mostra rompido, inábil ou insuficiente, é o desenvolvimento da criança que o denunciará, explicitando a origem dessa descontinuidade em diferentes cenários clínicos fonoaudiológicos. A proposta desta cena se cumpre justamente ao privilegiar esses elos fraturados e suas possíveis repercussões, fenômenos presentes na prática clínica que perpassam a tríade fonoaudióloga-criança-família.

Em cenas anteriores, vimos que o saber fonoaudiológico (teoria e prática) se compõe na interface com outras ciências, pois a compreensão de como uma criança entra na *língua*, nas *linguagens* e na *fala* demanda multifacetados conhecimentos.

Jakobson (2008), em seu estudo *Linguística e comunicação*, explica que a complexidade de partilhar ou transmitir sentidos exige a compreensão de que o funcionamento da língua se estrutura a partir de dois eixos,

---

[35] Neste livro, baseado na ND, conforme referido na Cena 4, o termo "linguagens" transmite a ideia de que a linguagem pode ser gestual, falada, escrita, musicada, representada em desenhos, expressa afetivamente etc.

ou dois instrumentos, que atuam em simultaneidade na construção da mensagem a ser transmitida. São eles: a metáfora (seleção) e a metonímia (combinação)[36], duas operações subjacentes e orientadoras da linguagem receptiva e expressiva.

A *metáfora* acontece na verticalidade, por similaridade (por seleção, contraste ou substituição), enquanto a *metonímia* acontece na horizontalidade, por contiguidade (combinação). Ou seja, as relações de sentidos convocam um léxico que lhes é próprio em diferentes categorias semânticas (eixo vertical) e que conformam as ideias a serem partilhadas (como uma lista), selecionando o que é pertinente[37]. No entanto, para produzir efeito de sentido, as ideias precisam ser combinadas e é a metonímia (eixo horizontal) que convoca, para este fim, as relações sintáticas e influenciada também pela pragmática[38]. O funcionamento dessas operações se inicia na criança durante sua aquisição de fala e linguagem na língua materna.

Entretanto, na simultaneidade do funcionamento desses eixos, a depender do contexto linguístico, sempre haverá o predomínio de um eixo sobre o outro. Um exemplo disso é quando informamos nossos dados pessoais (nome, idade, sexo, cidade de nascimento etc.) e mobilizamos predominante o eixo metafórico, mas, quando conversamos ou contamos algo para alguém, o eixo da metonímia será mais requisitado tanto pelo funcionamento sintático da língua quanto pelo contexto discursivo de sua ocorrência.

Assim, nesse raciocínio clínico fonoaudiológico, entende-se que o processo alterado de aquisição de fala e linguagem tem repercussões em todo o desenvolvimento infantil e na constituição da subjetividade do sujeito, imprimindo-lhes diferentes particularidades.

Desse raciocínio clínico, faz parte também a recuperação do já escrito em cenas anteriores: (i) a questão primária avaliada define um diagnóstico funcional, elimina outros e norteia o programa terapêutico; (ii) como extensão dessa avaliação, estruturam-se o compartilhamento com a família (após análise de rotina) e as parcerias com a escola e outros profissionais; (iii) um diagnóstico inicial da criança pode mudar em função do acompanhamento

---

[36] Nessa teoria, esses termos retratam eixos de funcionamento e não "figuras de linguagem".
[37] Observe que, se falamos de "moda", selecionamos palavras como: "roupas", "cor", "modelo", "estilo", "desfile". Mas, se falamos de "viagem", as palavras referidas são "passagens", "mala", "férias", "destino" etc.
[38] A pragmática interfere, por exemplo, no sentido de que para apresentar um estudo para alguém minha organização sintática de fala será mais próxima do uso formal da língua, mas para falar com um amigo esse uso será informal, com frases incompletas e reduzidas porque sabemos sobre os conhecimentos prévios que partilhamos.

fonoaudiológico adequado e, por isso, é fundamental a compreensão da repercussão da questão principal em outros domínios linguísticos, no desenvolvimento e na subjetividade da criança.

Portanto, o discernimento, cada vez mais estruturado por parte do fonoaudiólogo sobre os efeitos de repercussão entre os domínios linguísticos – língua, linguagens e fala –, configura-se como uma questão crucial no raciocínio clínico, bem como na análise de dados linguísticos e no planejamento terapêutico. Para aprimorar esse discernimento, reporto aqui fundamentos teóricos já estabilizados nos campos da Aquisição de Linguagem e/ou da Psicolinguística[39].

9.1 Começando pelo começo...

A história sobre o percurso da criança no processo de aquisição de fala e linguagem é validada pela filiação teórica de quem a conta. Reafirmo que a concepção de linguagem a qual me filio é norteada pela área da Neurolinguística Discursiva, desenvolvida pela Profa. Dra. Maria Irma Hadler Coudry no departamento de Linguística do Instituto de Estudos da Linguagem da Unicamp.

Como vimos na Cena 4 com Vygotsky, Franchi e Coudry, nesta perspectiva, a linguagem não é considerada como código linguístico que traduz o pensamento. Diferente disso, é compreendida em sua natureza discursiva[40], de caráter indeterminado, em que o sentido não está dado *a priori*, mas na situação pragmática, em meio a práticas com a linguagem, como resultado de processos ideológicos e históricos que produzem efeitos na sociedade, na língua e no cérebro/mente.

Essa noção de linguagem compreende uma noção de sujeito constituído, desde o nascimento, na e pela linguagem, um ser histórico, incompleto e que circula em diferentes sistemas de linguagem (verbal e não verbal), incluindo a relação desta com outros sistemas, tais como: atenção, sensação, percepção, cognição, memória, pensamento, orientação espacial e corporal, emoção, psiquismo etc.

---

[39] Aquisição de linguagem é uma área de estudo composta por vertentes teóricas da Linguística ou da Psicologia do Desenvolvimento e voltada para a análise de como a criança adquire a língua materna. A área da Psicolinguística, inserida na Linguística, ocupa-se da análise dos processos pertinentes à comunicação humana (expressão e decodificação/compreensão), inclusive de base computacional, mediante o uso da linguagem oral, escrita e gestual.

[40] Outros pontos de vistas teóricos são possíveis, dentre estes: a linguagem como expressão do pensamento (J. Piaget); a linguagem como comportamento verbal a ser modificado (B. F. Skinner).

Desse ponto de vista, é possível pensar que o percurso que a criança trilha no processo de aquisição de fala e linguagem não acontece a partir de seu nascimento, nem se resume ao seu próprio corpo; diferente disso, envolve, como veremos, acontecimentos multifacetados.

Nas Cenas 2, 3, 4 e 5, identificamos diferentes referenciais sobre esse percurso. Dentre eles, vimos: (i) a chegada da criança e a demanda por ressignificações das noções de "infância", "criança" e "família", moldadas pela contemporaneidade nos reajustes dos papéis familiares quanto às responsabilidades implicadas nos exercícios das funções paterna e materna; (ii) a organização do ambiente que receberá a criança e a importância, no desenvolvimento biopsíquico e social do bebê, da atenção que recebe dos pais (ou de quem exerce as funções paterna ou materna); (iii) a possibilidade de a chegada da criança encontrar cenários polarizados pela condição de fragilidade (física, psíquica ou social) da criança, da mãe ou dos dois; (iv) o fato de a primeira infância ser o tempo da explosão de sinapses e da consolidação da interdependência entre afetividade, domínios linguísticos, integração sensório-motora, cognição e circuitos neuronais, como base para todo o desenvolvimento ulterior.

Todos esses referenciais, por sua vez, somam-se aos conhecimentos já estabilizados nas áreas de Aquisição de Linguagem (AL) e Psicolinguística, conforme apresento a seguir.

1. O aparelho auditivo está desenvolvido em torno da 20º e 24ª semanas de gestação, quando o bebê começa a discriminar a voz da mãe e de um estranho, a distinguir a língua materna de outra língua, a reagir de forma diferente à música (Gordon, 2008). No último trimestre gestacional, passa a responder a tudo isso comportamental, elétrica e neuroquimicamente (Lecanuet *et al.*, 2000).

2. Noam Chomsky[41] propôs, há mais de seis décadas, a questão: como as crianças do mundo inteiro desenvolvem tanta sofisticação linguística (por volta de três anos de idade), apenas em função do que escutam da fala dos pais e de outras pessoas (*input* linguístico)? Sua resposta, jamais derrubada, é a de que essa capacidade é genética. Em 1957, Chomsky iniciou a estruturação da Teoria

---

[41] Linguista, filósofo, sociólogo, cientista cognitivo, ativista político norte-americano, nascido em 1928.

Gerativista[42], de base biológica e cognitivista, revisada muitas vezes depois, para explicar que a criança adquire língua/linguagem porque nasce com um *Dispositivo de Aquisição da Linguagem* – DAL (ou *Language Acquisition Device*/LAD), inerente à espécie humana, que lhe permite assimilar os princípios e parâmetros que regem a língua a que está exposta. Nessa teoria, as línguas do mundo se organizam a partir de um conjunto limitado de princípios e parâmetros regulados pela "Gramática Universal – GU". Esse é um conceito compreendido como um dos princípios ou "leis" invariantes que regem as línguas, determinando tanto seu funcionamento quanto as mudanças possíveis em seu interior (por exemplo, a estrutura de línguas latinas, das línguas anglo-saxônicas etc.). Chomsky reconhece também que as sentenças das línguas se estruturam em partes menores e, no interior da *Gramática Gerativo-Transformacional*, são passíveis de serem infinitamente combinadas ou geradas através de regras transformacionais. Desse modo, a língua é compreendida como um sistema computacional que, diante de um conjunto de elementos básicos de regras, passa a gerar infindáveis elementos mais complexos.

3. Catherine E. Snow (1977), a partir de uma perspectiva conexionista, desafiou a proposição chomskyana em relação ao limitado *input* necessário para a criança adquirir língua e linguagem. Suas pesquisas, voltadas para o desenvolvimento linguístico longitudinal da criança em diferentes interações, mostraram que a linguagem é anterior à palavra e que os adultos modificam sua maneira de falar quando se dirigem à criança (Fala Dirigida à Criança - FDC). Ela chamou a atenção, em especial, para o fato de a mãe desenvolver, diante da criança, uma fala materna (*manhês*) com características próprias (entonações diferenciadas, repetições de palavras, uso de sentenças simples), além de considerar a criança, na relação dialógica, como um interlocutor no contexto do "aqui" e do "agora" (Snow, 1977).

4. A experiência da percepção *multimodal* (voz, variação de entonação, gestos) do bebê em resposta à mãe nos primeiros tempos de vida é precursora da emergência da palavra em seu desenvolvimento

---

[42] A apresentação resumida dessa teoria está bem longe de representar sua complexidade e alcance prático. Para mais esclarecimentos, sugiro os estudos desenvolvidos por Chomsky, Mary A. Kato, Ronaldo O. Batista, além da entrevista de Chomsky em https://www.blogs.unicamp.br/linguistica/2020/01/10/

linguístico. Em função disso, Scarpa (2005) esclarece que, antes das palavras, as primeiras características da língua a serem produzidas pelos bebês são as rítmicas e entonacionais, evidenciando a *dupla face* da prosódia: ponte inicial entre a organização formal da fala e o potencial significativo e discursivo da língua, além de possibilidade primeira de estruturação ligando o som ao sentido.

5. Cavalcante *et al.* (2016) apresentam o conceito de *envelope multimodal* (gesto, olhar, produção vocal, prosódia) para a estruturação da interação entre mãe e criança. Nesse caso, as aquisições da linguagem e da língua funcionam como *instâncias multimodais* em que a fala e os gestos se apresentam indissociáveis. Destaco também que, na área da Psicanálise, já na década de 1970, os estudos desenvolvidos pelo psicanalista Didier Anzieu culminaram no conceito de e*nvelope psíquico*. Vimos com Winnicott, na Cena 5, sobre o manuseio da mãe no cuidado (afetivo e higiênico) com o bebê, que a pele deste tem o valor de fronteira do corpo. Anzieu estende essa noção para a relação entre o aparelho psíquico e o corpo orgânico, salientando que as sensações cutâneas, mesmo antes do nascimento, tendem a despertar nas crianças suas percepções internas e externas. Esses processos continuam se estruturando após o nascimento, instaurando o *envelope psíquico* do bebê na relação com a mãe (pelo olhar, voz, manuseio, alimentação etc.) (Anzieu, 1989).

6. Para a continuidade dessa exposição, de cenas anteriores, retomo que a entrada da criança ouvinte na interação multimodal com a mãe inicia-se pela entonação, respondendo à voz da mãe com o olhar, depois com produções semivocálicas, sorrisos e respostas corporais. Na sequência desse processo, as vocalizações, o sorriso e o choro do bebê se tornam cada vez mais funcionais porque seguem sendo interpretados no contexto interacional com a mãe (ou com quem cumpre a função materna). Continuando mais um pouco, uma diferença acontece: o bebê começa a brincar de produzir e ouvir os próprios sons em articulações presentes em inúmeras línguas do mundo. É chegado o tempo do balbucio. Encontram-se na literatura diferentes indicadores de idades para esse acontecimento: a partir dos três meses, entre quatro e nove meses, até os 6 meses de idade.

9.2 O que é preciso relembrar sobre o balbucio da criança ouvinte?

1. O estudo desenvolvido por Jakobson (1972), intitulado *Por que mama e papa?*, dá relevância para os seguintes aspectos do balbucio: (i) período de experimentação articulatória, inclusive de sons que não pertencem à língua materna da criança; (ii) reconhecimento, em suas produções recorrentes, do valor linguístico distintivo desses sons e suas oposições fonológicas - o que possibilitará as diferenciações no significado das palavras, assim como contribuirá para a formação do sistema fonêmico regulado e estabilizado por leis estruturais de sua língua materna; (iii) identificação, em diferentes línguas do mundo, das primeiras palavras da criança como *"mama" e "papa"*, e isso se deve: (a) à fala infantil do adulto com o bebê, em que há reduplicação silábica, (b) à dimensão fisiológica desses sons por causa da atividade de sucção (bilabial) no seio da mãe, acompanhada de um leve murmúrio nasal produzido pelo bebê com a boca acoplada no seio (ou mamadeira) e cheia de leite, (c) ao uso que o bebê faz desse som para chamar pela mãe quando está com fome. Para Jakobson (1972), o balbucio abre para a criança a possibilidade de associação entre o articulatório, o linguístico, o semântico, o cognitivo, o psíquico e o físico (função estomatognática da sucção).

2. Estudos interacionistas[43] caracterizam o balbucio como uma mesclagem entre pedaços de dizeres do outro que a criança produz na experimentação sonora e proprioceptiva (percepção no corpo da produção e da audição) de uma gama imensa de sons.

3. Silva e Vogeley (2018) explicam que os estágios de aquisição de linguagem acontecem em um gradiente ou *continuum* sem delimitações específicas, no qual os Esquemas Motores Vocais (EMV ou *Vocal Motor Schemes* - VMS) promovem avanços lexicais, guiando a escolha no padrão de palavras-alvo que a criança virá a aprender. As autoras delimitam para o balbucio a seguinte organização: (i) inicia-se de forma independente com as vogais anteriores e centrais (i, e, Ɛ, a) e, entre seis e oito meses de idade, inicia-se o balbucio

---

[43] Claudia T. G. de Lemos é a grande representante desta área no Brasil e, por volta de 1999/2000, sua filiação teórica migra do construtivismo para a Psicanálise.

canônico (sílabas/C+V duplicadas, reduplicadas, com combinações variadas); (ii) por volta dos 10 meses, aparece a produção de jargões (cadeias silábicas repetitivas sem significado); (iii) segue-se um período de mesclagem entre o balbucio e as primeiras palavras; (iv) chega-se ao final do período pré-lexical com o início da associação pela criança entre sons e objetos, pessoas ou ações, sendo que os EMVs, nesse momento, representam o controle da articulação de fonemas, com a criança tendendo a usá-los em palavras-alvo para aproveitar o padrão que já desenvolveram (por isso, a criança com mais EMVs tem maior possibilidade de ampliação lexical em menor tempo); (v) na sequência, por volta de um ano de idade, ocorre a emergência das primeiras palavras compreendidas pelos pais, denotando na criança uma surpreendente acurácia voltada para a aquisição fonológica, através dos seguintes estágios: (a) pré-linguístico (0:1 até 1:0 ano); (b) fonologia das 50 primeiras palavras (1:0 a 1:6 ano); (c) desenvolvimento fonológico (1:6 a 4:0 anos) (Silva; Vogeley, 2018).

4. Barros (2012) amplia o *continuum* da aquisição de linguagem: (i) balbucio: a produção de sílabas com o formato típico de consoante-vogal, por exemplo [ma], [da], [ba]; (ii) jargão: a presença de contorno entoacional recobrindo uma cadeia de sílabas ou um longo fragmento composto por sílabas ininteligíveis; (iii) holófrase: os primeiros enunciados da entrada da criança em sua língua materna, em um dado contexto linguístico, combinando um termo verbal e outro gestual (apontar, fazer movimentos corporais, olhar); (iv) bloco de enunciados: a alternância da produção de holófrases com enunciados completos (de pedidos, perguntas, respostas).

5. Estudos discriminam que a aquisição fonológica do Português Brasileiro (PB), de maneira geral, organiza-se inicialmente com o balbucio, seguida da aquisição de vogais, nasais, plosivas e fricativas, dentro da relação entre idade e maturação neurológica da criança[44].

---

[44] Podemos encontrar pequenas variações nesse quadro em diferentes estudos. Em função da casuística e qualidade de análise, optei pelo estudo de Ferrante, van Borsel e Pereira (2008), *Aquisição fonológica de crianças de classe socioeconômica alta*.

> 3 anos: os fonemas /p/, /b/, /t/, /d/, /k/, /g/, /m/ e /n/ estão adquiridos e estabilizados no sistema fonológico; fonemas /f/, /v/, /s/, /ʃ/, /z/, /ʒ/, /ʎ/ e /ɲ/ e as africadas [tʃ]e[dʒ] estão adquiridos nessa faixa (com variações de idade); fonema /R/ em onset simples, fonema /l/ em onset simples.
>
> 4 anos: fonema /ɾ/ inicialmente na posição de onset simples; /l/ em onset complexo; fonema /R/ na posição de coda.
>
> 5 anos: fonema /ɾ/ na posição de onset complexo.

9.3 Diferentes cenários clínicos

Essa extensa explanação teórica introdutória privilegia a compreensão da repercussão entre os domínios linguísticos quando um deles está fragilizado na recepção e/ou expressão e sua correlação contínua e sobreposta no percurso integral do neurodesenvolvimento infantil, no processo de aquisição de fala e linguagem e na constituição subjetiva da criança.

Deste modo, o fenômeno da repercussão entre os domínios linguísticos do processo de aquisição de linguagem pode afetar diferentes particularidades existentes entre: a função estomatognática e a propriocepção envolvida na produção/articulação de sons; os comandos motores do balbucio e os EMVs mais facilitados para a eleição da palavra-alvo; a entonação e a entrada da criança na língua e na linguagem; a presença da criança, do outro e seus respectivos papéis como interlocutores no contexto do "aqui" e "agora"; a memória proprioceptiva e auditiva de sons e o aprendizado de fala; a relação envolvendo a atenção multimodal, os sistemas sensoriais e a linguagem.

Assim, chamo a atenção do fonoaudiólogo para o fato de que o desarranjo funcional entre os elos dos três domínios linguísticos – língua, linguagens e fala – cria um ciclo de interinfluência entre a constituição da subjetividade da criança e o desenvolvimento infantil a partir de diferentes cenários, os quais passo a considerar.

9.4 Quando o elo fragilizado é a entrada na língua

Em 2010, defendi minha tese de doutorado[45], *Fala, leitura e escrita: encontro entre sujeitos* (Bordin, 2010) e nela apresento FS, cujo acompanhamento longitudinal deu-se entre 2006 e 2010. Tratava-se de uma criança ouvinte,

---
[45] Comitê de Ética e Pesquisa (CEP) da Faculdade de Ciências Médicas da Unicamp tendo obtido o parecer favorável de número 326/2008.

prestes a completar 4 anos, filha única, que nunca havia frequentado a escola, sem histórico importante de doenças ou atrasos, com desenvolvimento motor global e autocuidados dentro do esperado. Ela demonstrava compreensão da fala do outro (frases simples), intenção de comunicação e busca pela interação com o outro. Sua fala era preenchida pela repetição de combinações aleatórias dos sons /k/, /d/, /g/, /a/, /ã/, /i/, /o/, /õ/, /u/ e era marcada por entonações de conversa ou de pergunta. Devido ao alto grau de ininteligibilidade de sua fala, era o contexto partilhado com o outro que, por vezes, indiciava alguma possibilidade de atribuição de sentido pelo interlocutor.

Reproduzo resumidamente as observações que fiz no período da avaliação fonoaudiológica de FS: (i) apresentava a repetição isolada da maior parte dos fonemas do Português Brasileiro; (ii) quando ouviu sua fala gravada, não a reconheceu como sua; (iii) não fez nenhum desenho representativo, apenas riscos aleatórios com pouca pressão; (iv) somente a mãe e a avó materna interagiam com a menina porque ninguém na família entendia sua fala, motivo pelo qual ela não frequentava a escola; (v) irritava-se e chorava quando insistia em explicar o que queria e não era compreendida; (vi) foi um bebê "silencioso" (conforme explicou sua mãe); (vii) fazia pouco uso de gestos e, quando ocorriam, eram para apontar; (viii) quanto à motricidade oral, havia adequação das funções estomatognáticas e grande dificuldade para a realização de movimentos combinados.

Apesar dessa apresentação reduzida e pontual, minha observação foi a de que FS tinha uma alteração de fala, mas não na produção de sons, e sim na fonologia da língua. Essa questão na entrada de FS na língua reverberava fortemente na fala. Mas não só.

Na decomposição desse fenômeno que repercutia, de maneira contínua e sobreposta, no desenvolvimento, na aquisição de fala e de linguagem e na subjetividade de FS, notava-se que: (i) ela tinha atravessado precariamente a fase do balbucio, base perceptual importantíssima para o desenvolvimento funcional do aparelho fonador (propriocepção, EMVs), do feedback auditivo e da aquisição dos sons da fala fonética e fonologicamente; (ii) essa fragilidade reverberou no sistema sintático, que não podia ser acessado nem em nível de holófrase; (iii) em FS, possivelmente suas regiões cerebrais pré-motora e motora da fala, de processamento auditivo, de memória auditiva, de funções executivas (entre outras) mantinham-se mais imaturas devido à falta de ativação pela impossibilidade da articulação da fala nas relações semânticas e sintáticas da língua; (iv) a repercussão de sua questão de fala incidia na linguagem, no sistema semântico da língua, pois FS mantinha-se em camadas mais superficiais de cargas de sentidos das palavras que conhecia, o que acometia sua cognição de modo funcional, pois ela não conseguia perguntar sobre o que não entendia e sua interação verbal/social se limitava ao contexto concreto com a participação da mãe e/ou da avó; (v) havia um equívoco em sua percepção auditiva linguística (processamento auditivo?), pois parecia não reconhecer diferenças entre a sua fala e a fala que escutava ao seu redor na estrutura de uma língua; (vi) sua memória visual parecia boa.

A partir disso tudo, perguntas surgiram: a) como FS estruturava a memória visual com a memória auditiva em função das palavras da língua[46] (significado/significante) e na formações de categorias semânticas?; b) como essa família lidava com a questão da fala da criança e seu choro constante?; c) como a família julgava a capacidade de aprendizagem dessa criança?; d) por que ela não conseguia combinar os sons que repetia isoladamente?; e) por que ela desenhava traços isolados sem o mínimo de representatividade semântica? f) existia alguma relação entre a dificuldade de combinar na boca os sons da fala e os traços feitos com as mãos no desenho?

Na devolutiva da avaliação que fiz com a mãe, salientei a importância, naquele momento, da compreensão do fenômeno apresentado pela sua filha. Pouco tempo depois e diante de análises e reflexões mais consistentes, para essa criança ouvinte, com quatro anos de idade, que fazia uso de sons preenchedores de espaços linguísticos e que se encontrava mais próxima da linguagem e muito distante da língua e da fala, dei o diagnóstico de Apraxia da Fala na Infância (AFI).

9.4.1 Como a AFI é definida?

De acordo com a *American Speech-Language-Hearing Association* (ASHA) (2012) e autores como Shriberg e Wren (2019) a AFI está classificada dentro dos "Transtornos Motores da Fala (TMF)", ao lado de mais três categorias[47].

---

[46] · Lembremos que a palavra, a partir de Saussure, em 1916, é entendida como um signo linguístico de duas faces – significado/sentido e significante/nome.

[47] Segundo Shriberg *et al.* (2017, 2019), temos: 1. "Disartria" ou "Disartria Desenvolvimental" (DD) - distúrbio neuromuscular com efeitos debilitantes na respiração, fonação, ressonância, articulação da fala e prosódia. A disatria se divide em sete tipos a depender das características da lesão cerebral; 2. "Atraso Motor de Fala (AMF)" ou "Desordem Motora de Fala não especificada (DMF)" - comprometimento na execução neuromotora da fala (imprecisão, fala instável, alterações de voz e prosódia) que reverbera na variabilidade articulatória de lábios superior, inferior e mandíbula; 3) Apraxia e Disartria simultâneos - mais comum em adultos e em crianças com Síndrome de Down.

De maneira geral, nos TMF, diante da palavra-alvo, observam-se: sequência de movimentos alterada (desde a sílaba ou antes disso), coarticulação prejudicada e dificuldade para associar sons dos fonemas e movimentos de fala.

O termo "apraxia" está em oposição ao de "praxia" (que significa fazer/agir), uma habilidade complexa, dependente de sistemas neuromusculares e da integração sensorial, cuja função é realizar tarefas (Ayres, 1979). Qualquer tarefa precisa ser idealizada, planejada, organizada em uma sequência de ações motoras de acordo com a exigência do meio ambiente. Ao longo da primeira infância, as praxias, como atividades motoras funcionais, são construídas pela criança a partir do modelo dado pelo outro e de suas experimentações de mundo (que continuam ao longo da vida). As praxias são passíveis de criar uma representação mental e neuronal que se automatizam como memórias, através da repetição da ação: de sentar-se, andar, falar ou usar garfo etc.

No caso da produção da fala, exige-se a integridade do sistema neurológico e das estruturas orofaciais (OFA), sendo, como vimos, o balbucio e o desenvolvimento das funções estomatognáticas as primeiras explorações motoras orais (com as respectivas ativações neuronais) feitas pela criança como base para a construção de sua praxia oral (orofaciais e fala) e a memória dela.

Rodrigues (1989), em seu estudo *Neurolinguística dos distúrbios da fala*, realizado a partir de análises de exames eletromiográficos, explica que a coordenação dos gestos articulatórios pressupõe um grande número de comandos motores predeterminados e implicados na armazenagem (memória) e seleção de cada um desses gestos. E, ainda, que a fluência da fala necessita de movimentos musculares contínuos, velocidade adequada sem esforço, sendo que a posição dos órgãos fonoarticulatórios não pode ser zerada após cada gesto articulatório, pois aos gestos articulatórios adjacentes se soma certo grau de sobreposição espaço-temporal em determinado contexto fonético, do qual "[...] emerge uma organização temporal a ela intrinsecamente associada e que mudanças em uma delas implicaram reorganização da outra e vice-versa" (Rodrigues, 1989, p. 28).

Para dar um exemplo sobre isso, consideremos a fala das palavras "abacate" e "abana" e nelas a sílaba representada na escrita por "ba". No

---

Índices norte-americanos indicam que AMF é três a quatro vezes mais comuns do que a AFI e que a AFI é mais comum em meninos e muito associada ao Transtorno de Espectro Autista e Síndrome de Down, não havendo índices estipulados para a Disartria devido a sua associação a diferentes lesões cerebrais (ASHA, 2007).

primeiro contexto fonético, a produção da sílaba guarda a característica de uma vogal oral, mas, no segundo, devido a sua proximidade com sons nasais, sua característica muda para nasal.

A ASHA descreve a AFI como um transtorno neurológico funcional (portanto, sem lesão localizada), em que a precisão e a consistência dos movimentos da fala encontram-se alterados, na ausência de qualquer dano neuromuscular. O problema principal está no planejamento e/ou programação de parâmetros espaço temporais das sequências dos movimentos, provocando erros na produção dos sons da fala, alterando a prosódica. E, neste caso, a ASHA orienta que o acompanhamento fonoaudiológico auxilie a criança na programação dos órgãos fonoarticulatórios e no planejamento motor envolvido na fala para que a coarticulação precisa de palavras e frases aconteça na pragmática.

Ainda segundo a ASHA, os critérios diagnósticos abrangem um conjunto de aspectos que podem ser observados nas crianças com AFI: dificuldades no balbucio, desenvolvimento tardio das primeiras palavras, inventário restrito de consoantes e vogais, prejuízo na sequenciação dos sons e pausa entre os sons, presença de erros inconsistentes nos sons da fala, linguagem receptiva melhor que linguagem expressiva, dificuldade de imitação, imprecisão de movimentos de lábios e de língua durante a produção de sons e palavras, dificuldade em palavras maiores e complexas, fala difícil de ser compreendida, erros atípicos em vogais e consoantes, prosódia inadequada e falhas em provas de diadococinesia (DDC ou DDK)[48]. A AFI pode se apresentar também em quadros como: TEA, Síndrome de Down, TDAH, Epilepsia Rolândica, Síndrome do X Frágil, Síndrome de Joubert, Galactosemia, Síndrome de Rett e Síndrome Russell-Silver[49].

O que privilegiaremos, então, na terapia de crianças com AFI e com a sua família? Analiso que o diagnóstico de AFI dado pela ASHA esclarece que o transtorno é motor, acomete a combinação de sons e se apresenta na forma de uma apraxia, revelando que nessa criança sua praxia de fala não se

---

[48] "Diadococinesia" é a habilidade de realizar repetições rápidas envolvendo contrações musculares opostas, revelando a maturação e a integração neuromotora. A avaliação da DDC oral inclui testes fonoarticulatórios para avaliar a função dos lábios e da língua, utilizando a repetição de sílabas (exemplos: tic-tac, pocotó, pataka).

[49] Diferentes protocolos estão disponíveis na internet como resultados de estudos brasileiros de mestrados e doutorados voltados para a avaliação da AFI. O *check list Mayo Clinic*, desenvolvido por Shriberg et al. (2012), também é uma boa ferramenta de triagem.

efetiva como memória. Em uma visão superficial, poderia ser considerado que, organizando os sons na palavra e na frase, essa criança não teria mais problemas com sua fala. Mas basta trabalhar os sons da fala? Não!

No caso de FS, os sons que fazia não se ajustavam à língua e eram "aceitos" em um universo absolutamente restrito ao qual estava inserida. Ela não tinha vivido, desde o seu nascimento, experiências relevantes para o seu desenvolvimento proprioceptivo de fala e de processamento auditivo, por exemplo. A dimensão de seu papel de interlocutor era restrita demais, pois falava o que ninguém entendia e não promovia, no meio ambiente, as respostas pretendidas. E isso a fazia chorar. Então, em função disso, era preciso com urgência trabalhar, além da propriocepção fonoarticulatória, a linguagem e o conhecimento de mundo da maneira que fosse possível: para falar, ela precisava de sons e de palavras com sentidos para entrar na interação com alguém.

Passo a elencar, em linhas gerais, os índices norteadores da terapia com essa criança, realizada com a mãe dentro da sala e, em algumas situações, com a avó.

Do ponto de vista articulatório e auditivo: alerta oral/propriocepção da região oral interna e externa, percepção da própria boca em movimento e de seus interlocutores, brincadeiras envolvendo ritmos e alternância de volume com sons que ela já combinava, propriocepção de centros de ressonâncias, imitação de movimentos orofaciais da fonoaudióloga, exercícios fonoarticulatórios isolados e combinados, ampliação da memória semântica associando sons que ela já produzia a objetos e pessoas. Exemplos disso: ela falava /Kakaaaaa/ para muitas coisas, então "Kaka" passou a ser apenas o nome da boneca com a qual brincávamos. Progressivamente, esses objetivos tornaram-se mais complexos.

Em relação à linguagem, à cognição e à função executiva[50], nos termos de Vygotsky, privilegiou-se o brincar para o desenvolvimento do simbólico entendendo-se que a fala na criança começa sucedendo ou acompanhando a ação e tem como referência a situação presente. Entretanto, aos poucos, a fala passa a preceder a ação, assumindo a função organizadora/planejadora da ação a ser realizada. Com FS, o treino articulatório de sons combinados estava associado a essas fases da fala em relação ao brincar simbólico, o que

---

[50] A título de rememoração: as atividades inicialmente bem simples e voltadas para as FE(s) sustentavam-se nos objetivos de: planejar, solucionar problemas, criar iniciativa, controlar impulsos (ação inibitória) e ampliar a flexibilidade cognitiva.

suscitou nela um ajuste rudimentar de suas vocalizações na língua, mesmo ainda longe da imagem acústica esperada para a palavra alvo. O objetivo era levá-la a perceber que não podia falar qualquer coisa, era preciso se submeter às regras impostas pela língua. Foi incluída muita contação de história e seu reconto, admitindo-se que as respostas de FS combinasse sons e gestos de apontar as figuras, por exemplo. Essa condição estendia-se também às atividades destinadas à verificação de sua compreensão quanto ao material lido pela fonoaudióloga quando ela indicava as cenas referidas. Na clínica, as atividades também eram de recriação de cenas cotidianas, nas quais alternavam-se os papéis executados por nós duas, por exemplo: brincar de casinha, de fazer comida, de aluno e professor (mesmo sem ela frequentar a escola), de montar álbum de retrato, de fazer convite de aniversário, de vender roupas etc. A proposta de priorizar atividades envolvendo *ação* era, dentre outras, a de equilibrar o trabalho realizado com palavras (substantivos), adjetivos e verbos em frases como unidades de sentidos.

Se considerarmos que a praxia de fala, quando dentro do esperado, inclui a constituição da representação mental do movimento organizado e por consequência a sua memória, podemos entender, então, que, na Apraxia de Fala Infantil sem comorbidades, existe uma questão de memória.

Em 2018, coordenei e participei majoritariamente da produção de um artigo, com duas outras fonoaudiólogas, em que assumimos a questão da AFI como uma questão de memória (Navarro; Silva; Bordin, 2018). Mas qual tipo de memória?

Na Cena 7, voltada para crianças com TDAH, vimos como a desatenção interfere negativamente na construção de diferentes memórias, especialmente, na operacional, também chamada de memória de trabalho (MT). Relembro que essa memória retém informações úteis e válidas para o raciocínio imediato e a resolução de problemas, sendo esquecida a seguir. Assim a memória de trabalho/operacional é condição crucial para que qualquer tipo de aprendizagem se torne aquisição, armazenagem (inscrição no sistema nervoso) e evocação (lembrança).

Outras memórias sustentam aprendizados específicos mediando as relações entre o meio ambiente e os sistemas neurofuncionais, tais como: (i) *Semântica*, que abrange o compartilhamento de significado recobrindo o conhecimento geral e as proposições sobre o mundo (categorias semânticas, compreensão e conhecimento explícito); (ii) *Declarativa*, que se divide em *explícita* (memória semântica de palavra, memória de longo prazo de algo sobre o qual se tem consciência) e *implícita* (memória procedural ou para realizar procedimentos, habilidades, hábitos e comportamentos condicionados); (iii) E*pisódica*, que é chamada de memória *autobiográfica* e refere-se ao que a pessoa experimentou na vida, remetendo a eventos espaço-temporais situados, sensíveis às variações contextuais, sendo ativada diante de toda a ação, revelando um conhecimento tácito, sem esforço (Robin *et al*., 2008).

Diferentes estudos (Baddeley, 2000, 2003) ocupam-se de estudar a relação entre AFI e déficit da memória operacional ou de trabalho (MT). Dos estudos realizados por Baddeley, desde a década de 1990, resultou a consolidação de um modelo de MT formado por: (i) um processador de atenção com capacidade limitada; (ii) um sistema executivo central como controlador de três subsistemas que armazenam informações: (a) de natureza verbal promovida pelo laço fonológico, (b) de um sistema duplo formado por códigos acústico-fonológicos e que impede sua desintegração e (c) por um sistema referente aos objetos e às relações espaciais favorecidas pelo esboço visuoespacial; (iii) um *buffer* (retentor) episódico, que funciona como um subsistema auxiliar com a função de integrar vários domínios (visuais, verbais e perceptuais decorrentes de subsistemas como a alça fonológica e esboço visuoespacial) à *memória de longo prazo* (episódica e semântica), transformando-os [51].

Nesses estudos, a relação entre a MT e o processamento de fala/linguagem seria um caminho de mão dupla, no qual, por exemplo, alterações no subsistema da alça fonológica reverberaria na aquisição da língua materna e as quais alterariam também o processamento da MT.

Essa apresentação teórica, mesmo que concisa, entre MT e AFI, sustentam as observações clínicas intuitivas de que FS mostrava-se com dificuldades para armazenar, evocar e sistematizar os movimentos da fala realizados na relação tempo e espaço, ainda que seu desempenho atencional fosse bom.

Vimos acima que o *buffer* episódico, que remete à memória procedural e, ainda, à memória episódica, colabora para que, depois de um tempo de aprendizagem da praxia envolvida na ação, não seja mais preciso pensar para realizá-la no espaço e no tempo: as memórias procedural e episódica estabilizam essa aprendizagem. Diante da fala, a memória práxica garante que, conforme a criança segue atravessando as fases de aquisição de fala,

---

[51] Sugestões de leitura: capítulos *What is memory?*, *Episodic memory: organizing and remembering* e *Working memory* do livro *Memory*, de Baddeley, Eysenck e Anderson (2009).

precisará cada vez menos pensar na produção de cada movimento dos OFAs envolvidos nos fonemas/sons, em suas combinações e sua fonotática para falar uma palavra[52]. Ela simplesmente fala!

Na criança com AFI, não acontece isso e, a partir da análise realizada, constata-se que nela a memória práxica precisa de mais tempo e mais recursos para se efetivar. Dentre os recursos possíveis estão a ampliação da pragmática e a repetição contextualizada, entendendo-se neste caso, a habilidade do adulto (fonoaudiólogo e familiar) em aproveitar as oportunidades diárias para ajudar a criança a fazer de novo, e não a submissão da criança a longos treinos massivos e estressantes.

O trabalho fonoaudiológico realizado com FS (ou com qualquer outra criança com AFI) dirigido para a efetivação de uma memória procedural e episódica exigiu muita repetição contextualizada e repercutiu, dentre outros sistemas, na ativação da alça fonológica, no processamento auditivo e na consciência fonológica, assim como na integração sensorial de atos motores combinados e refinados, na atenção e nas funções executivas. Esse conjunto de procedimentos, em diferentes dimensões, interveio para que circuitos neurais fossem mais ativados e se mostrassem mais facilitados para eventos de respostas mais próximas do esperado, até se chegar ao pretendido.

Esses ajustes, convocados nas diferentes atividades executadas, têm a capacidade de promover possibilidades de mudanças que vão se constituindo, por exemplo, através das memórias proprioceptivas dos fonemas e de suas combinações, das memórias auditivas das imagens acústicas correspondentes, das memórias das estruturas fonológicas e frasais admitidas pela língua em distintos eventos espaço-temporais[53]. Assim, essa mudança vai acontecendo em camadas neurofuncionais e linguísticas, por meio de diferentes memórias e aprendizagens e se superpõem em seu tempo próprio e o da criança em desenvolvimento. Esses processos não são visíveis, mas vão se materializando também nos domínios linguísticos que passam a ser "requisitados" pela intenção de fala.

---

[52] Freud (2013), em 1891, no estudo que desenvolveu em seu doutorado sobre as afasias, identificou como "encurtamento funcional" o fenômeno cerebral decorrente da repetição neurofuncional de um mesmo trajeto que se torna automático.

[53] Não podemos perder de vista que a produção fonoarticulatória de qualquer unidade de sentido ocorre no espaço e no tempo devidos, seja ela uma palavra ou uma sílaba, uma frase, uma narrativa etc.

Outro objetivo que considero no plano terapêutico com crianças com AFI é a produção de desenho como unidade de sentido (baseado em histórias, na rotina de vida, lista de supermercado etc.), quando apresentam dificuldades em relação a isso, como foi o caso de FS.

Esse é um achado clínico intuitivo sem comprovação científica, mas de possível causa neurofuncional. O córtex motor é dividido em córtex motor primário (ou área 4 de Brodmann) e áreas pré-motoras, localizado no giro pré-central tem grande representação dos músculos da fala e das mãos[54]. O córtex motor primário parece não participar diretamente do planejamento da sequência do movimento dos músculos da fala e das mãos, mas sim das definições de elementos específicos do movimento, como a direção, velocidade, aceleração e força (Kolb; Whishaw, 2009).

Chamo a atenção para o fato de que não estou afirmando que a criança com AFI que não desenha resolverá seu problema mais rapidamente se passar a desenhar. Não é isso! Só estou partilhando uma observação do acompanhamento longitudinal de FS que se mostrou bem positiva como objetivo terapêutico diante da construção de histórias visuais em sequência, por exemplo.

Com a continuidade do acompanhamento clínico e da prática familiar, FS começou a apresentar evolução em camadas e começou a falar e, quando isso aconteceu, questões sintáticas importantes foram reveladas. Sua fala era composta de muitos substantivos e alguns verbos no infinitivo, mesmo com a realização frequente de trabalho com verbos nas ações vivenciadas na rotina de vida, nas histórias etc. Então, o trabalho com *dêixis* passou a ser mais enfatizado ainda.

Por que é importante trabalhar a *dêixis*? Porque os elementos dêiticos promovem a relação entre linguagem e tempo do contexto enunciado na estrutura da língua, durante o evento da fala. Ou seja, enquanto se fala de um assunto, as palavras vão sendo selecionadas nas categorias lexicais e combinadas na estrutura da língua (morfologia e sintaxe) para que a fala fique impregnada de sentido no tempo e no espaço referido na dialogia com o interlocutor. Assim, os elementos dêiticos, por um lado, são os pronomes, marcações de tempos verbais, advérbios de tempo e lugar etc. e, por outro, dão visibilidade para a identidade dos participantes na situação de comunicação, suas localizações e orientação no espaço (eu-aqui-agora) (Ferreira Júnior; Cavalcante; Azevedo, 2011).

---

[54] Para melhor visibilidade dessa relação, sugiro ao leitor pesquisar sobre o "Homúnculo de Penfield".

Com o trabalho fonoaudiológico e a prática familiar, a subjetividade de FS foi se constituindo, por entre a costura do que ela sabia e do que nem desconfiava (de não falar a mesma língua de sua comunidade, por exemplo) e em meio ao que a AFI trazia como efeito primário e como repercussão de suas questões de fala. Destaco que nesse processo era difícil convencê-la sobre a existência de palavras homônimas. Para ela era muito difícil, por exemplo, "aceitar" que a palavra "vaso" não se referia apenas ao "vaso sanitário", mas também a um recipiente para se colocar flor. Nesse caso, insistia em chamar o vaso de flor de "copo grande". Depois, quando começou a falar frases mais longas, além das variadas trocas articulatórias, seguiu-se episódio de gagueira desenvolvimental que relacionei a processos de maturação (fisiológica e neuroanatômica) vinculados às habilidades metalinguísticas (Merçon; Nemr, 2007). Na continuidade desse atendimento clínico que foi se mostrando tão promissor, por meio de estratégias diversas, incluí o uso de letras como possibilidades de materialização do som que é sempre tão fluído, então, aos 7 anos, FS também entrava nos processos de aquisição de leitura e escrita.

9.4.2 A família nesse cenário

Os objetivos terapêuticos foram partilhados com a mãe, que permanecia nas sessões e, por vezes, era necessário que a mãe experimentasse, no próprio corpo, o que replicaria em FS na rotina familiar. Entretanto, é importante ter em mente que atividades envolvendo a relação repetição/memória/aprendizado presentes em todo o acompanhamento voltado para a AFI, ainda que contextualizadas, podem encontrar resistência por parte da criança. Assim, relembro ao fonoaudiólogo que o ideal é fazer poucas vezes, desde que diariamente, e, sempre, alternando com atividades nas quais a criança demonstre mais alegria em fazer.

A família de FS não tinha recursos para que ela recebesse outros acompanhamentos clínicos além do fonoaudiológico e a consulta tardia (por volta dos 6 anos) com o neurologista não contribuiu em nada quanto à ampliação do conhecimento sobre o que FS apresentava.

No trabalho fonoaudiológico partilhado com a mãe e, por vezes, com a avó, estava imposta a elas a responsabilidades em ajudar outros membros da família a interagirem com FS, especialmente, o pai. No meu encontro com ele, seu relato era sobre a angústia progressiva que sentia quando a filha começava a falar empolgada sobre algo que ele nunca entendia e, por isso, ficavam juntos apenas quando a alimentava ou assistiam à televisão – ou seja, quando a fala de FS podia ser controlada.

A inclusão de FS na rotina diária e em atividades envolvendo as funções executivas colaboraram para que ela atingisse maior maturidade, inclusive porque se distanciou daquela situação em que o contexto de ação e de interação era muito reduzido e controlado (ampliação de uso da fala/linguagem/pragmática).

Conforme delineado na Cena 2, o trabalho com a família se sustentou a partir de explicações teóricas traduzidas em linguagem simples sobre a relação entre língua, fala, linguagens e cognição; sobre a importância de a criança frequentar outros ambientes e de interagir com outras pessoas; sobre a necessidade de ela ir para a escola, por exemplo. Isso só aconteceu por volta dos 5 anos e meio de idade, quando sua fala, já com frases simples, tornou-se mais compreensível e os episódios de choro mais controlados. Para fortalecer os pais nessa decisão, que foi difícil para eles, mediei, com a escola pública municipal, a acolhida de FS.

Nesse cenário envolvendo a AFI, por todo o acompanhamento que costuma ser longo, elementos de sustentação clínica fazem fronteira com o saber técnico e precisam ser considerados sob o risco de esvaziar as possibilidades de encontro da tríade fonoaudióloga-criança-família.

A sustentação dos encontros fonoaudiológicos, explicitados na Cena 2, depende da empatia "técnica" e verdadeira envolvida no enfrentamento das muitas suposições e sofrimentos dos familiares. Então, diante das incertezas sobre o que aconteceria nesse acompanhamento e da morosidade nele implicado, trabalhei, em todos os encontros com a mãe, o aguçamento de sua percepção frente às mudanças tênues e reais apresentadas pela filha, pois elas facilitariam futuras conquistas. Observo que, quando a família valoriza as micromudanças, a questão de "quanto tempo vai demorar?" se dissolve, pois, essas observações já são significadas pela própria família como resultados.

Outro cuidado importante estendeu-se à proteção que a mãe concedia à FS e, principalmente, ao papel assumido por ela como detentora do saber e da compreensão de todas as falas de FS: sua maior interlocutora e tradutora.

No percurso típico da aquisição de fala e linguagem da criança, a mãe (pai e adultos) significa para a criança a sua fala incompleta, aproximando-a do alvo esperado na língua (fonética, fonológica, sintática e semanticamente). No caso de crianças com AFI, as mães fazem esse trabalho também. Porém, quando observam que o tempo vai passando e o(a) filho(a) não consegue regularizar sua fala, pode acontecer que, diante de uma fala ininteligível do filho(a), passem a estender essa significação ao outro em forma de tradução, por exemplo: "Ela está falando que gosta de brincar com bonecas pequenas!".

Na Cena 2, com Maingueneau, entendemos que não é possível para alguém significar ou traduzir adequadamente e o tempo todo as falas do outro, pois: a subjetividade do sujeito conta, a língua não é transparente e ambas interferem em nossas enunciações – para quem falamos, de que lugar falamos e sobre o que falamos (pragmática).

Exercer o papel de tradutora da filha em ambientes familiar e social não é privilégio da mãe de FS. Em 2021, participei da escrita de um artigo com outra fonoaudióloga, intitulado *Fonoaudiologia, mãe, criança: encontros e desencontros na cena terapêutica de fala e linguagem*, tratando exatamente dos delineamentos linguísticos de um menino com AFI e o de sua mãe, que também exerce o papel de sua tradutora (Silva; Bordin, 2021).

Nesse artigo, baseado na análise de dados linguísticos da criança e da mãe, foi muito interessante conhecer as estratégias usadas pela mãe para proteger o filho dos medos que eram dela. Medos legítimos que diziam respeito aos julgamentos sociais, às dificuldades de aprendizagem que ela imaginava que ele teria, à sua dificuldade para deixar de traduzir a fala do filho e permitir que exercesse sua própria fala e com isso "enfrentasse" o mundo que passava a se apresentar para ele.

Assim, no cenário clínico da AFI, em um dado momento, a mãe (ou outro familiar) precisa desenvolver consciência sobre o quanto essa relação linguística uníssona e idealizada precisa começar a se tornar dual e tangível, sem que ela e a criança sucumbam. Esse é um momento delicado para as mães e para os filhos, já que se confrontarão com uma realidade menos conhecida.

Diante de todos esses apontamentos, reconheço que o papel do fonoaudiólogo é essencial tanto na estabilização da tríade quanto fora dela, no intercâmbio com a escola e com outros profissionais frente aos processos envolvidos na AFI, no desenvolvimento infantil e na subjetividade do sujeito que se constitui nesta condição.

9.5 Quando o elo fragilizado é a linguagem

Neste cenário, o domínio da linguagem está em questão e ainda que a criança possa falar, do ponto de vista fonético-fonológico e sintático, lhe escapam os sentidos a serem partilhados. Sempre que falamos com alguém, nós nos filiamos às redes de sentidos minimamente comuns, recrutados nos diferentes usos que fazemos da linguagem, moldados na estrutura da língua e na materialização e fluência da fala. Entretanto, na impossibilidade de partilhar um sentido, a criança pode se mostrar: indiferente, silenciosa, com dizeres incompreensíveis, em fuga de situações de fala etc. – contextos que explicitam a repercussão da alteração do domínio das linguagens na língua e na fala.

A fragilização do elo da linguagem pode não afetar diretamente a fala, a fonologia da língua, mas a subjetividade de um sujeito que se constitui sempre a partir da linguagem do outro, que, antes de ser palavra, conforme vimos com Winnicott, é a materialização do afeto.

Por quinze anos, entre 1999 e 2014, acompanhei longitudinalmente LJ, desde os 3 anos e 10 meses de idade, depois adolescente e adulto, sem nenhuma alteração visual aparente que denotasse nele algum problema e com o diagnóstico de Autismo Infantil. Após os seis primeiros anos de nossos encontros, período que será considerado nesta cena, as análises de dados de sua fala e linguagem foram objeto de estudo do meu mestrado (Bordin, 2006), cuja proposta era analisar a questão: como LJ habita a linguagem?

Começo esta apresentação, retratando a angústia da mãe em percorrer uma verdadeira "via sacra" para descobrir o nome do que o filho apresentava. Na época do início de nosso contato, ela assim definiu o filho: "[...] *uma criança autista, um menino muito inteligente, muito nervoso e que não consegue se comunicar, embora pareça estar começando a falar* [...]" (Bordin, 2006, p. 18). Quando lhe perguntei quem o diagnosticou, ela disse que nenhum médico escreveu que ele tinha autismo, mas lhe falavam sobre essa possibilidade.

Sua procura por explicações para o comportamento do filho iniciou-se quando ele tinha 8 meses de idade, mesmo com os familiares dizendo que ela estava equivocada, procurando por algo que não existia. Ela estranhava o fato de ele olhar muito pouco para ela durante as mamadas, reagir pouco à fala dela e dos outros. Devido a sua insistência, LJ iniciou acompanhamento fonoaudiológico aos 2 anos de idade, mesmo sem que nenhum médico jamais tivesse indicado esse atendimento.

Antes de eu começar a acompanhá-lo, ele já havia feito fonoterapia com duas profissionais diferentes e mantinha-se em acompanhamento psicoterápico. Cerca de um ano depois de iniciar comigo, LJ recebeu o diagnóstico de "Autismo Infantil", de acordo com o DSM-IV, de 1994, nosologia que fazia parte da classificação geral do "Transtorno Global do Desenvolvimento"[55].

A incidência vigente e defasada do DSM-IV-1994 designava cerca de quatro a cinco casos para cada 10.000 nascimentos, sendo uma menina para cada quatro meninos. Em 2005, Gillberg, pesquisador e psiquiatra infantil sueco, destacava o índice de 1% da população mundial sendo duas meninas para cada quatro meninos, reportando cinco a dez vezes mais casos do que nas décadas de 1960 e 1970 (Gillberg, 2010).

Reporto estes dados para marcar que, há pouco mais de duas décadas, médicos se mostravam resistentes em dar o diagnóstico de autismo, o qual não era identificado precocemente e, por isso, apresentava baixa incidência[56].

Desde essa época, o autismo: (i) tornou-se um espectro para dar conta das diferentes particularidade dos sujeitos autistas; (ii) pode ser acompanhado de deficiência intelectual; (iii) pode estar presente em crianças que gostam de receber afeto; (iv) tornou-se um dos quadros mais estudados em grandes centros de pesquisas, com apoio de laboratórios farmacêuticos, em busca de suas causas; (v) em centenas de pesquisas encontramos diferentes causas, sem que um único marcador biológico tenha sido identificado até agora; (vi) passou a ser diagnóstico de pessoas adultas; (vii) passou a ser relatado por autistas adultos em livros (em coautoria), ajudando-nos a entender melhor como se sentem; (viii) mobilizou familiares de crianças e adultos assim diagnosticados a se organizarem na busca por proteção de seus direitos; (ix) passou a ser um diagnóstico multidisciplinar com triagem cada vez mais precoce; (x) passou a apresentar incidência cada vez mai alta, atualizada em março de 2023 pelo Centro de Controle e Prevenção de Doenças (CDC)/EUA em um caso para cada 36 crianças de 8 anos. No Brasil, devido à inexistência de dados, quando se aplica essa taxa, chega-se a cerca de 5,95 milhões de crianças autistas (Paiva Junior, 2023).

---

[55] Englobando o Autismo infantil, Autismo atípico, Síndrome de Asperger, Transtornos Desintegrativos da Infância, Transtorno com hipercinesia associado ao Retardo Mental e a movimentos estereotipados.

[56] Devido à otimização do espaço deste gênero de escrita, optei por não referir o histórico do quadro clínico do autismo que passou por Maudsen (1867), Sanctis (1908), Bleuler (1911), antes de se tornar conhecido através de Leo Kanner, Hans Asperger, Michael Rutter, Lorna Wing, Christopher Gillberg, dentre muitos outros.

O DSM-V–TR, revisado em março de 2022, continua validando prioritariamente, para o diagnóstico de TEA, os critérios de: déficits persistentes na comunicação e interação social em vários contextos e padrões repetitivos e restritos de comportamento, ambos presentes desde o início da infância. Além disso, foram mantidos os níveis 1, 2, 3 (leve, moderado e severo) em função do suporte que esses indivíduos necessitam (American Psychiatric Association, 2022).

Entretanto, a revisão da Classificação Internacional de Doenças Mentais, CID-11, de janeiro de 2022, engloba no TEA outros transtornos, antes especificados como "Transtorno Global de Desenvolvimento" e particulariza os tipos de autismo em função de prejuízos na linguagem funcional e a presença de deficiências intelectual, distinguindo neles os níveis de suporte e de gravidade, tais como: 1. Leve (necessidade de pouco apoio) - TEA sem Deficiência Intelectual (DI) e com leve ou nenhum prejuízo de linguagem funcional, ou TEA com DI e com leve ou nenhum prejuízo de linguagem funcional; 2. Moderado (necessidade de apoio substancial) - TEA sem DI e com ausência de linguagem funcional, ou TEA com DI e com ausência de linguagem funcional; 3. Severo (necessidade de apoio muito substancial) - TEA sem DI e com ausência de linguagem funcional, ou TEA com DI e com ausência de linguagem funcional.

Depois de tantas mudanças, novas especificações continuam surgindo quanto ao tipo ou comorbidade do TEA, na aparente tentativa de se estabilizar o conhecimento sobre o que acontece "por dentro" da criança autista. Nesse cenário, contudo, ainda que muito se tenha caminhado e muito ainda falte, fundamental é o trabalho precoce do fonoaudiólogo na tríade e na parceria com a escola e outros profissionais envolvidos com a criança acompanhada.

Na Cena 4, elenquei algumas das explicações para a ocorrência do autismo, abrangendo a genética, a dificuldade da integração sensorial multimodal, a Teoria da Mente, as inflamações em período gestacional (causas do meio ambiente) etc. Minha compreensão sobre o autismo passa pelas causas genéticas e necessariamente pela questão de integração sensorial multimodal devido à intensa relação entre os sistemas sensoriais e a linguagem.

Nos suportes teóricos retratados nesse livro, marcou-se a importância dos momentos iniciais de vida da criança em relação ao desenvolvimento da circuitaria neuronal responsável pelas percepções multimodais e interações com a mãe e os outros. Considero essa uma possível causa deflagradora de outras questões que o autismo traz, reflexão que desenvolvo a seguir.

Com o propósito de considerar nesse cenário a linguagem como o elo fragilizado, começo explicitando que, por este motivo, frente à criança autista, o fonoaudiólogo:

> [...] não é um interlocutor privilegiado, como supõe o senso comum, dado que detém conhecimentos teórico-científicos sobre a linguagem. Ao contrário, trata-se de um interlocutor como outro qualquer, que se vê às voltas com o silêncio, com o não olhar, com a indiferença e muitas vezes não sabe o que dizer. [...] Os caminhos que eu e LJ temos trilhado não são pré-existentes, fazem-se a partir dos encontros e dos desencontros dessa relação entre um paciente e sua fonoaudióloga. Tal relação, às vezes, ocorre de maneira interativa; às vezes, dividida; e, às vezes, torna-se impossível. (Bordin, 2006, p. 10)

Chamo a atenção aqui para o fato de que os critérios médicos do DSM que compõem o diagnóstico nosológico de TEA têm, na área da linguagem, seu indicador mais forte. Entretanto, para além da nosologia, a descrição funcional e o trabalho com os sistemas linguísticos (língua, linguagens, fala, leitura e escrita) na relação com as Funções Psicológicas Superiores são de competência da Fonoaudiologia.

Faço esta distinção porque, por vezes, o fonoaudiólogo assume os critérios médicos (DSM e CID) de linguagem como conceitos prontos e explicativos para a fala da criança com TEA, sem buscar compreendê-los. Por algum tempo, eu mesma privilegiei esses pré-conceitos como explicações para a fala de LJ. Refiro-me, por exemplo, ao critério de "ecolalia". A presença da ecolalia nos diferentes espectros autísticos pode ser um bom sinal e ela, não sendo exclusiva do autismo, pode estar presente em crianças com DI severa ou crianças e adultos com sequelas de quadros neurológicos.

A análise de dados de fala e linguagem de LJ mostrou-me que suas repetições nem sempre eram pura ecolalia, por vezes, tratava-se de uma *re-petição*, um pedir de novo. Quando me dei conta desse equívoco, passei a reconhecer nesse sujeito, mesmo em meio a interações absolutamente instáveis, a possibilidade de um funcionamento linguístico, e não apenas sintomas ou critérios linguísticos de uma patologia.

No caso de crianças atravessadas pelo autismo, a linguagem (e os sistemas a ela relacionados) será absolutamente atingida. Por quê? Retomemos os dizeres de Maingueneau apresentados na Abertura desse livro. Para o autor, a *cena enunciativa* é a formação discursiva, formação de sentidos, que produz lugares de enunciação por meio da heterogeneidade (mostrada e constitutiva) das vivências que experimentamos na/pela língua que falamos e se compõem de: *enunciador/coenunciador*, espaço (topografia) e *tempo* (cronografia).

Ou seja, falamos (com palavras ou silêncios) assumindo o papel de interlocutor (iniciando a conversa ou respondendo a ela), a partir de lugares que ocupamos e que são marcados socialmente (identidade sexual, profissão, nível social, cor da pele, nacionalidade, educação formal etc.), que acontece em determinado tempo histórico (na cultura do tempo em que vivemos, por exemplo: a mulher no século XVIII na Europa, a mulher no século XX no Brasil, a criança na era digital etc.). Porém, desde muito cedo, as crianças com TEA ficam apartadas desse suporte discursivo (em diferentes graus ou níveis), da herança cultural de sua comunidade, da constituição de sentidos (público e privado) veiculados pela língua nas interações sociais e dialógicas ou pela escrita, leitura, artes, piadas, provérbios etc. E por que ficam apartadas?

Conforme vimos com Wallon e Winnicott na Cena 5 e nos referenciais teóricos elencados no início desta Cena 9, o mundo é primeiramente percebido, sentido e vivenciado no corpo e de maneira uni e multimodal. Essas são ocorrências fundamentais para a organização dos sentidos que atribuímos ao mundo e para a conformação do arcabouço neurofuncional envolvendo as áreas cerebrais somestésicas, de linguagem, dentre outras.

Com Luria, vimos na Cena 4, que os sistemas sensoriais são responsáveis pela obtenção de informação sobre o meio externo e sobre nosso próprio corpo. É a integração dessas sensações no sistema nervoso (mielinização) que possibilita à criança a apropriação do corpo como agente da imaginação e ação, instrumento vital para seu desenvolvimento cognitivo-emocional. É dessa integração sensorial, envolvendo o corpo, que emerge a planificação motora dos gestos e das mímicas, a coordenação motora e a intencionalidade como antecipações não verbais que culminarão na manifestação da linguagem falada, propriamente dita.

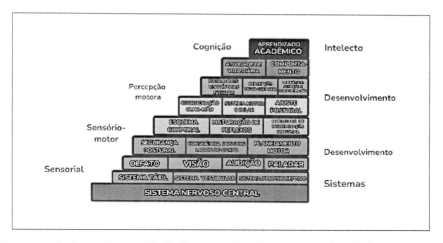

Fonte consultada: Williams e Shellenberger, 1996. Ilustração: Bárbara Tahira, 2024

Desde o nascimento, a criança no espectro autístico parece apresentar-se com uma barreira de diferentes níveis para entrar no *envelope multimodal* e na estrutura do *envelope psíquico*, que coocorrem na relação primeira com a mãe (ou com quem executa a função materna). Quando a criança escapa dessas instâncias organizadoras, seu desenvolvimento denunciará essa fragilidade[57].

Para esta criança, devido às barreiras multissensoriais que experimenta, o mundo mostra-se desorganizado (também em diferentes níveis). Suas entradas nele acontecem sob uma percepção modificada de seus aspectos, inclusive, em relação à presença do outro e ao próprio corpo. Pode ser, por exemplo, que o destaque seja a percepção de uma luz mais forte, de um som mais chamativo, de algo que se move, enquanto todo o resto se apaga.

Como vimos na Cena 7, no exemplo da bicicleta e do cachorro, é porque estamos mergulhados na multifatoriedade sensorial que nossas percepções recrutam experiências (ou promovem aprendizagens) que modulam nossa percepção e interpretação do que vemos. Em crianças com TEA, tais percepções podem motivar na criança a necessidade de um movimento repetitivo do próprio corpo como gerador de alguma sensação boa ou expressão de desconforto.

---

[57] Não é apenas o TEA que provoca essa barreira. Crianças em abandono psíquico precoce também podem se apresentar assim.

Adultos, com autismo desde criança, escrevem livros detalhando suas percepções de mundo e/ou do próprio corpo: Temple resistia em passar pelas portas de vidro de blindex porque tinha certeza de que seu corpo se estilhaçaria (Grandin; Scariano, 1999). Mukhopadhyay (2011) explica, pela escrita e não pela fala, que tem necessidade de ficar girando em círculos para que consiga juntar, em um todo, o seu corpo percebido por ele como desmembrado em partes estanques (pernas, braços, mãos, pés etc.). É assim que a criança, no interior do TEA, pode integrar com particularidades seus sistemas sensoriais e neurofuncionais, os quais incidem na linguagem e em todo o seu desenvolvimento cognitivo-emocional.

Em meio a este panorama perceptivo, no caso de LJ era difícil compreender com clareza, por exemplo, quando e como o outro era por ele revestido de interesse. De qualquer forma, em cada um de nossos encontros, considerei como sinal de progresso quando o olhar dele (ou de outra criança com TEA) se demorava mais naquele que lhe falava ou quando procurava por quem o chamava. Interpreto esses fragmentos de interações como abertura de novas possibilidades.

O acompanhamento longitudinal de LJ pode ser caracterizado por períodos de evolução, de estagnação, de avanço e de retrocesso. Dele destacarei que: (i) as atividades privilegiaram a construção simbólica; (ii) entre os cinco e seis anos, a fala do outro começava a fazer mais efeito em sua fala, mesmo em frequência menor que a presença maciça da ecolalia e/ou da dispersão; (iii) em relação à ecolalia, conferi a ela diferentes papéis, em diferentes ocorrências: (a) diferentes funções de fala, (b) aparente relação entre o que LJ estava vivendo e as lembranças visuais ou auditivas que essa cena lhe convocava; (c) impossibilidade de lhe atribuir qualquer relação; (d) diminuição de suas ocorrências, conforme o tempo de interação de LJ aumentava; (iv) em uma mesma sessão, observava em LJ diferentes dimensões de subjetividade com diferentes durabilidades: total desinteresse pelo outro, momento de procura pelo outro para contar alguma coisa que estava fazendo, deslizamento para ecolalia, breve engajamento na fala da terapeuta; (v) mesmo com visíveis progressos, intensas e constantes dificuldades se impunham para se estender o tempo de dialogia, de permanência na interação com o outro partilhando um assunto comum.

Assim, as dificuldades de linguagem de LJ repercutiam nos domínios da língua e da fala, tornando os sentidos desmembrados e impossibilitados de significação. Colaborava para isso o fato de ele falar de repente, sem dar pistas ao seu interlocutor sobre o que ia falar e, diante de mal-entendidos, não costumava repetir seus dizeres quando solicitado. Por vezes, ao contar que jogou bola no final de semana, associava a essa cena vivida a ecolalia da fala de um comercial de televisão em que um menino, como ele, também fazia a ação de jogar bola. Sua predileção por esta forma de dizer, provocava em mim, sua interlocutora, tentativas de atribuição de sentido, a partir do que ouvia dele, do contexto de sua fala e do que conhecia sobre suas experiências de vida. Quando isso dava certo, era como se eu "completasse" a sua fala colando um "adesivo informativo" na manifestação de sua fala intencionada. Isso, por sua vez, não demandava continuidade, mantendo-se como uma ideia solta, sem a combinação com outras no eixo metonímico de Jakobson.

Essa condição, por um lado, é evolução e retrata a intenção de fala de LJ dirigida ao outro, cerne da questão de linguagem que ele apresenta. Por outro lado, é antinatural, pois somos imersos em sentidos e estamos fadados a interpretar o tempo todo o que escutamos, ou o que lemos e vemos. Então, tanto na fala quanto na escrita, não estamos atrelados aos sons e às letras que se apagam diante da supremacia dos sentidos veiculados por eles. É por isso que deciframos mensagens escritas em que a organização das letras está alterada, por exemplo.

Diferente disso, na busca pela interação com LJ, os sons de sua fala se tornam excessivamente presentes, enquanto, como sua interlocutora, continuo a buscar um sentido para eles. É dessa maneira que o autismo de LJ também me atinge e me desorganiza como falante natural da mesma língua que ele.

Entretanto, surpreendente bom era seu desempenho quando não dependia do discurso para organizar, selecionar ou combinar os feixes de sentidos. Nessas ocasiões, demonstrava facilidade cognitiva para situações de jogos com regras fixas, jogos envolvendo raciocínio matemático ou memória visual. Em função do bom e precoce reconhecimento de padrões repetitivos, aos 6 anos, apresentou-se hiperléxico. É importante distinguir que, nessa condição, ele decodificava as letras e chegava à palavra por meio do significante escrito, mas o sentido era literal, não discursivo, nem pragmático.

No acompanhamento de LJ, o trabalho visando à memória discursiva e seus efeitos na linguagem foi bastante intenso e voltado para a emergência de um fio organizador sobre diferentes acontecimentos de sua história de vida, de sua rotina, de retomadas do vivido recente, de histórias diversas. Fez parte dessa prática clínica a inclusão de atividades externas ao consultório e, com a autorização da mãe, andávamos pelo quarteirão ressaltando tudo o que acontecia, íamos à farmácia e à mercearia comprar algo de que gostasse. O objetivo era levar LJ a executar, no mundo real, o que já havia vivenciado na sessão por meio da fala, histórias e imagens. E, ainda, aquelas experiências externas eram retomadas por meio de narrativas e composições de desenhos.

A reprodução de desenhos, desta forma, também foi privilegiada como instrumento para "alinhavar" fatos cotidianos e como forma de comunicação: o início deu-se com o desenho de objetos isolados presentes em sua vida, depois lista de compras, composição de pequenas histórias com duas cenas, depois desenhos mais complexos e com inscrições escritas (da terapeuta e depois dele) retratando seu uso social (bilhetes, convites, balão de histórias em quadrinhos etc.). No entanto, assim como as suas escolhas de brinquedos se repetiam, também desenhava, a cada época, sempre a mesma coisa, com os mesmos detalhes, além de apresentar muita resistência frente a novas propostas da terapeuta.

Mas por que LJ, atravessado pelo TEA, apresentava-se com dificuldade de contar, de falar *sobre* o que havia feito no dia anterior, ou antes do nosso encontro na sessão, ou ainda sobre o que iria fazer?

Retomo que LJ apresenta-se com uma boa memória de estocagem e com muita dificuldade na constituição da memória discursiva. A memória discursiva resulta de nossas inscrições no mundo na/pela linguagem que, de tempos em tempos, são retranscritas, sempre a partir de nossas experiências de vida (e por toda a existência), nas diferentes interações sociais e afetivas que experimentamos. Trata-se também de uma memória biográfica e remete a nossa constituição subjetiva como sujeitos na e pela linguagem.

Para melhor compreensão dessa questão, recorro a Benveniste (1988), para quem é em torno do sujeito que fala que o tempo e o espaço se organizam. O espaço seria o *aqui* e o tempo, o *agora* do ato de enunciação. Para esse autor, a discursivização é o mecanismo criador da pessoa (*pronome eu*), do espaço, do tempo da enunciação.

Essa seria uma explicação possível para a dificuldade que as crianças atravessadas pelo autismo experimentam quanto ao "uso" do pronome "eu", o que não foi diferente com LJ. Ao longo de seu acompanhamento, a referência do pronome "eu" foi uma questão difícil e demorada para se estabilizar. Quando ele tinha entre 4 e 5 anos de idade, já aparecia, em algumas situações, o uso desse pronome, porém essa presença estava vinculada muito mais à orientação que recebia quanto ao uso formal da língua do que pela exteriorização da marca psíquica de uma pessoa, como uma identidade própria. O uso desse pronome só começou a sedimentar-se por volta dos 8 anos, mas ainda era permeado com episódios de referência ao nome próprio, explicitando sua dificuldade em se constituir como sujeito psíquico e social.

Na criança com TEA, esse conjunto de instâncias linguísticas envolvendo a constituição da subjetividade do sujeito, o aspecto discursivo e o sentido revelado na sintaxe/gramática da língua põe em questão os conceitos de *atividade epilinguística* e de *Pragmática*.

Franchi (1992), baseado nos estudos realizados por Antoine Culioli (desde a década de 1980) sobre *atividades epilinguísticas,* explica-nos que elas possibilitam a reflexão sobre o que falamos e compreendemos da fala do outro, à medida que, como falante, desenvolvemos os recursos da *língua* dirigidos às esferas pessoais e/ou sociais, em uso eficiente da linguagem verbal nas situações e finalidades em que são empregadas na pragmática. Entre os exemplos de uso dessas atividades na fala e na escrita, estão: quando reformulamos nossa fala ou escrita para nos tornarmos mais bem compreendidos; quando controlamos nossa fala/escrita para tornar nossa expressão o mais fiel possível aos nossos propósitos discursivos para informar, opinar, convencer, emocionar, satirizar, pedir desculpas, brincar com a linguagem etc.

Observe que a conscientização dos recursos da língua para a promoção de efeito de sentido sempre está dirigida ao outro, em função do que se quer falar e da intenção nesse dizer. Como exemplo, quando se quer a ajuda de alguém em uma tarefa, não se pode usar os recursos que se usaria para dar uma ordem a alguém.

As atividades epilinguísticas resultam, então, de um conhecimento intuitivo do falante sobre os recursos de efeitos e de sentidos da língua envolvidos na emissão e na compreensão e que vão se tornando mais ou menos conscientes. Ou seja, tais atividades recobrem os processos e as operações que o sujeito faz sobre a própria linguagem faladas ou escrita (no jogo entre a exterioridade do mundo e a interioridade do sujeito), envolvendo um trabalho sobre a língua e suas propriedades, sempre direcionado ao controle sobre a própria produção linguística dirigida ao outro.

Em função de tudo isso, a questão de linguagem que incide na língua e na fala aparecem na análise de dados orais e escritos de linguagem de LJ revelando sua dificuldade de compreensão do que lhe é dito, ou do material lido, apesar de ele demonstrar boa cognição. Suas dificuldades de compreensão do que lhe é dito parecem passar, por exemplo, pela sua tendência de interpretação literal porque não alcança o contexto de sua ocorrência ou, ainda, pela organização sintática da frase que o leva a desprezar as relações de sentidos que as orações subordinadas destacam.

Desde que LJ demonstrou interesse por letras, diferentes atividades foram incorporadas às sessões, inicialmente muito simples e depois mais sofisticadas, inspiradas nos acontecimentos de sua vida, em filmes (mesmo que assistisse apenas a uma parte dele), desenhos e os temas trabalhados na escola.

A organização dessas atividades incluía: a leitura de diferentes gêneros em voz alta com entonação, a produção de escrita de diferentes gêneros: narrativo (com construção de personagens e de espaços dos acontecimentos), descritivo e expositivo (especificando características de objetos, pessoas e lugares), injuntivo (interpretando e criando manuais, receitas, instruções de viagens etc.).

Com o tempo de acompanhamento, a produção escrita espontânea de LJ deu visibilidade à sua extrema dificuldade em deslizar de uma ideia para outra, mostrando suas questões epilinguísticas e metonímicas, além da repetição de palavras como recurso de apoio. O que está na base dessa dificuldade extrema é a barreira que se ergue entre os acontecimentos da vida e sua interpretação possível, a partir de sua subjetividade que se caracteriza como demasiadamente fragmentada.

Finalizando esse cenário, minha resposta sobre como LJ habita a linguagem, a partir da análise de dados de linguagem falada e escrita de 6 anos de acompanhamento longitudinal, no qual ele apresentou muita evolução, passou por diferentes observações. Os sistemas sensoriais se efetivam perceptualmente também na e pela linguagem e, alterados, acometem a constituição de sua subjetividade e suas possibilidades discursivas de produção de sentidos sociais e biográficos. Assim, suas falas, ora com problemas de coesão e de sentidos para o outro, ora impregnadas de interpretação literal (como se a língua fosse um código), trazem o *non-sense* e o desvio do sentido, revelando mais fortemente o seu percurso pela *língua e* pela *insuficiente escuta que tem do outro*. E é nesse intervalo particular entre distanciamentos e aproximações mais marcados do outro e de si próprio que ele segue se constituindo em meio a linguagem que lhe é possível.

Desse modo, parece-me importante destacar que, quando o DSM ou o CID iluminam as questões de linguagem da criança com TEA como critérios de dificuldades de comunicação e de interação social, destacam apenas a parte visível e aparente de um problema muito mais amplo e complexo que envolve a cognição, os diferentes tipos de memória, as lembranças autobiográficas e, devido a isso tudo, o risco eminente de futuros transtornos psiquiátricos.

9.5.1 A família nesse cenário

Diferente do contexto esperado para a tríade[58], nesse caso de LJ, a mãe esteve mais fora da sala do que dentro. No início do atendimento longitudinal, a mãe permanecia na sala e ele recorria a ela e se mostrava resistente ao que eu lhe propunha. Quando passou a permanecer sozinho, esse cenário mudou positivamente. Exceções eram as situações em que se encontrava triste ou estressado. Um desses episódios, por exemplo, relacionava-se à primeira escola pública que ele frequentou e que não tinha habilidade para lidar com ele, além de não cumprir os acordos feitos em nossas reuniões.

A composição do cenário clínico era distribuída em um tempo inicial com a mãe, quando ela me colocava a par dos últimos acontecimentos da vida do filho, com o objetivo de me dar conteúdo para explorar com ele nas diferentes atividades realizadas na terapia. Isso acontecia quando eu me encontrava com eles na sala de espera. Depois a criança permanecia comigo e, no final da sessão de uma hora (duas vezes por semana), a mãe entrava na sala e conversávamos sobre o que se realizou na sessão e o que seria mantido como objetivo na rotina diária em casa.

A parceria com a mãe foi próspera e incluiu a análise de questões teóricas e práticas de linguagem, sistemas sensoriais, dentre outros. Nessa parceria, as questões de linguagem de LJ foram ressignificadas desde o seu nascimento, porque não é simples para uma mãe (ou pai) perceber que seu bebê não olha para ela. Além disso, a procura solitária dela por explicações sobre o filho não foi um percurso fácil, afinal uma criança que

---

[58] No acompanhamento de crianças com TEA, os arranjos são fluidos e há situações em que a família permanece por um tempo dentro da sala, depois se retira, para depois retornar e sair de novo. Essa fluidez tem relação direta com o que provoca o melhor rendimento terapêutico para a criança e, mesmo nessa condição, estrutura-se como uma tríade.

não mostra sinais de alteração parece sofrer mais julgamentos, os quais se transformam em preconceitos devido à falta de conhecimento sobre o que acontece com aquela criança.

Em um acompanhamento longitudinal tão duradouro, muitas situações assim aconteceram: cada uma das escolas desfavoráveis (especial ou regular, pública ou particular), cada minimização do problema por familiares ou alguém do círculo social, cada exclusão imposta ao filho intensificava a dor dessa mãe que precisava juntar os pedaços enquanto gerava uma nova força. De vez em quando, observava nela um cansaço sem fim. Ela tinha outros dois filhos, mas sozinha lutava pelo filho e conquistou recursos inimagináveis em sua condição social.

LJ era considerado na escola como uma criança com autismo de alto funcionamento, como se isso tornasse o problema pequeno. Obviamente, seu desempenho era melhor do que o de muitas outras crianças do espectro, mas vimos, no raciocínio clínico apresentado, que a matriz funcional autística torna o funcionamento na linguagem disfuncional como a grande questão. Trata-se de uma condição que pode melhorar, mas não muda. É desse ponto de vista que é difícil definir o que seria a necessidade e os critérios que definem um suporte leve, ou um suporte extremo, por exemplo.

A minha relação com a escola se tornou efetiva e muito produtiva quando LJ migrou para uma escola particular regular por volta dos 11 anos de idade. Houve o estabelecimento de um trabalho fonoaudiológico vinculado ao programa pedagógico escolar e com a família, o qual facilitou muito seu percurso escolar. Essa situação era diferente de quando frequentava, antes disso, uma escola particular especializada em crianças especiais. Depois, muitos anos mais tarde, quando LJ já estava cursando o ensino médio (em uma cidade em outro estado), novamente a escola se mostrou como uma instituição despreparada e desumana. Situação que nos pegou de surpresa, pois imaginávamos que essa questão não retornaria.

Nas inúmeras situações em que busquei e busco parcerias com as escolas em função da criança em comum, confirmo a ideia de que a metodologia da escola é um fato relevante diante de como interpreta e pratica a "inclusão", mas importante mesmo é a existência de professores e profissionais que somam conhecimento com boa vontade. Só conhecimento não é suficiente, assim como só boa vontade também não. Quando o professor compreende o que a criança precisa torna-se mais fácil para ele encontrar o recurso técnico necessário. Entendo que é precisamente essa combinação que faz prosperar a parceria entre o professor e a fonoaudióloga.

9.6 Quando os elos fragilizados são a língua e a linguagem

Retomo o propósito de que a relevância dessa escrita é a análise de como a criança se apresenta, não apenas como um diagnóstico, mas como oportunidade de compreensão sobre o fenômeno envolvendo a língua e a linguagem e suas repercussões no sistema linguístico, no (neuro)desenvolvimento infantil e na subjetividade desse sujeito. Isso é útil principalmente quando a idade da criança limita o alcance da avaliação fonoaudiológica completa.

Essa compreensão trará robustez e maior alcance à eficácia do trabalho fonoaudiológico envolvendo a criança, a família e outros profissionais. Além disso, tal compreensão se mostra necessária visto que muitos diagnósticos nosológicos ou funcionais encontram-se em construção e demandam ainda por pesquisas e, enquanto isso, correm o risco de banalização: "Tudo é TDAH!", "Tudo é Alteração do Processamento Auditivo!", "Tudo é TEA!".

Não me refiro obviamente àqueles cenários clínicos em que, por exemplo, uma criança não apresenta problemas de desenvolvimento, mas comete trocas fonoarticulatórias devido ao traço de sonoridade. Não que este seja um trabalho fácil ou rápido, mas de bom prognóstico e de repercussões mais estabilizadas. Sabemos, por exemplo, que nele, para além das questões proprioceptivas envolvidas na produção da sonoridade, privilegia-se a consciência fonológica, o processamento e a memória auditivos, os processos fonológicos (sonorização e dessonorização) dos fonemas envolvidos em diferentes contextos fonológicos e pragmáticos, e, por fim, sempre que possível, busca-se assegurar um tempo de automatização dessa aquisição antes de a criança iniciar os processos de leitura e escrita. Isso ocorre em função de a literatura mostrar o risco de repercussão dessas alterações de fala na aquisição dos processos de leitura e escrita.

Refiro-me a diagnósticos que permanecem instáveis nas diferentes áreas do saber. Vimos como o diagnóstico de autismo/TEA ainda está sujeito a diferentes interpretações em relação a diferentes comorbidades que podem confundir o fonoaudiólogo em sua prática, por exemplo: a associação que a ASHA faz entre AFI e TEA.

Para o discernimento de que a criança com autismo também se apresenta com AFI, me parece necessário considerar que ela tenha intenção de fala e alguma incursão pela linguagem. Ou seja, a AFI dificulta a fala e tem projeção no processo de interação, mas não prejudica a intenção de fala, que é uma questão central no autismo. Então, parece que a identificação dessa relação possível necessita de mais subsídios clínicos e científicos para auxiliar o fonoaudiólogo que atua na prática clínica com a criança.

Outro diagnóstico que considero em construção é o "Transtorno do Desenvolvimento de Linguagem" (TDL), que tem na Fonoaudiologia sua principal área de atenção. Grande tem sido o esforço na busca da formalização do conhecimento multidisciplinar sobre TDL e o *Catalise* (A e B) é o mais importante instrumento para isso (Bishop, 2020). Entretanto, a excelência de suas ponderações parece não resolver dilemas que se apresentam, por vezes, na realidade da prática clínica fonoaudiológica diária de avaliação e acompanhamento destas crianças.

Na varredura que fiz sobre as prevalências do TDL e da AFI, encontrei índices variados que giram entre 7% e 8% da população infantil para o primeiro e até 1% para o segundo, sendo ambos mais comuns em meninos. Apesar dessa disparidade, o TDL é menos conhecido e existe uma força tarefa entre fonoaudiólogos e foniatras que o estudam em relação à sua tão necessária divulgação. Justamente por isso, os fonoaudiólogos precisam saber mais sobre TDL e conhecer mais sobre como profissionais de outras áreas avaliam nessas crianças questões clínicas de *linguagem*, afinal sabemos que o entendimento que um profissional tem sobre a linguagem interfere em sua atuação.

A exclusão no TDL, por um lado, de critérios como surdez, TEA, deficiência intelectual profunda e alterações sensoriais e a inclusão, por outro, de presença ou ausência de atraso na fala, de dificuldade de aprendizagem, de apraxia, de problemas emocionais, de processamento auditivo alterado, de questões de linguagem compreensiva e receptiva, de presença de alterações fonológicas, de mais chance de dislexia, entre outros, explica, na criança, a repercussão das alterações que apresenta nos processos de aquisição de linguagem, entrada na língua e o desenvolvimento de sistemas linguísticos e afins: porém, isso pode também nos levar a equívocos.

Seguindo esse raciocínio, talvez, alguns fonoaudiólogos poderiam dar atualmente à FS (a criança que mencionei no início desse capítulo e que esteve presente em minha tese de doutorado) o diagnóstico de TDL, o que poderia não ser confirmado por sua evolução. Embora não seja tão diferente do que foi realizado com FS, o trabalho que realizo com crianças com TDL (orientado pela repercussão nos outros sistemas linguísticos e afins), a depender de sua gravidade, compõe-se de muito mais etapas, de mais ênfase em todos os sistemas considerados e pode não ter data para terminar.

Cada um dos critérios incluídos no TDL, se considerados como diagnósticos primários (e seus níveis de gravidade), influencia funcionalmente a rotina de vida da criança e altera seu percurso na linguagem, no neurodesenvolvimento e na constituição de sua subjetividade por diferentes motivos, dentre eles: por se constituir como barreira na interação social e cultural com o outro (discursividade), por incidir na relação entre sistemas sensoriais e linguagens, por afetar o desenvolvimento de outros sistemas dependentes da linguagem (atenção, cognição, flexibilidade cognitiva, FE/controle inibitório, diferentes tipos de memórias etc.) e por interferir na formação da consciência fonológica e na sua relação fundamental com os processos de leitura e escrita.

Além do Catalise, os manuais médicos DSM-5-TR (American Psychiatric Association, 2022) e CID-11 (Organização Mundial da Saúde, 2022) incluem, sob diferentes nosologias, o "Transtorno do Desenvolvimento da Linguagem". No DSM, essa inclusão acontece nos "Transtornos da Comunicação - 315.32" sob critérios como: dificuldades persistentes na aquisição e no uso da linguagem em suas diversas modalidades (falada, escrita, linguagem de sinais ou outra), déficits na compreensão ou na produção da fala, vocabulário reduzido, dificuldade marcante na pragmática, estrutura limitada de frases, prejuízos no discurso, limitações funcionais no desempenho acadêmico e profissional, ausência de deficiência auditiva ou outro prejuízo sensorial, motor ou neurológico, não sendo mais bem explicado por deficiência intelectual ou por atraso global do desenvolvimento.

Na última versão do CID-11 (2022), o "Transtorno do Desenvolvimento da Linguagem (6A01.20)"[59] é caracterizado como ocorrência da primeira infância, com critérios de dificuldades persistentes na aquisição da linguagem, na recepção, na expressão ou no uso da linguagem (verbal ou não verbal), além de capacidade intelectual funcional abaixo do esperado. Tais dificuldades não são explicadas por transtornos neurológicos, sensoriais, auditivos ou por TEA.

---

[59] Seguido de outras nosologias como Distúrbios do desenvolvimento da fala ou da linguagem (6A01), Transtorno do Desenvolvimento da Linguagem com Prejuízo da Linguagem Receptiva e Expressiva 6A01.20 etc.

De maneira geral, todas essas dificuldades são persistentes mesmo quando a criança apresenta melhoras com o acompanhamento fonoaudiológico, familiar e escolar. Isso me parece lógico à medida que a linguagem está implicada em cada um dos novos desafios de interpretação e de aprendizagens que se dão a partir das experiências do sujeito e das demandas dos seus ciclos de vida (aprendizagem espontânea e formal, formação profissional etc.). Além disso, o TDL não se deve a causas emocionais ou pobre exposição à linguagem da criança, nem tem uma causa única definida, podendo envolver aspectos embrionários e/ou genéticos.

Sigo na reflexão sobre este tema e, além das atualizações que busco sobre ele, mantenho em construção um raciocínio clínico baseado na análise de sua repercussão em outros sistemas. Como pensar o TDL? Vimos que, na AFI, a praxia de cada movimento fonoarticulatório não é selecionada e combinada no interior do contexto fonológico da palavra, fatos que interferem na formação da MT, incluindo seu efeito na memória episódica (*buffer* episódico) e, portanto, com repercussões na língua, na linguagem, na cognição, na FE etc.

Estudos realizados com crianças com TDL, como o desenvolvido por Acosta Rodríguez, Ramírez Santana e Hernández Expósito (2017) sobre a relação entre funções executivas e linguagem, indicam que elas apresentam funções executivas disfuncionais tanto para tarefas verbais quanto não verbais, sugerindo desenvolvimento cognitivo geral rebaixado. Dificuldades na MT também foram referidas como impeditivas para que essas crianças se lembrem ou processem rapidamente as informações recebidas, interferindo na compreensão da linguagem, nos processos de aprendizagem e na sua estabilização como memória. Assim, no TDL, evidencia-se uma associação prejudicada entre a MT, a atenção, o processamento linguístico, a FE e a produção e compreensão verbal (Baddeley, 2000; Bishop, 2006, 2014; Bishop *et al.*, 2012).

Entretanto, o volume de critérios de exclusão e de inclusão que caracterizam o TDL, bem como, os achados relativos à atenção, a MT, a FE e a outros sistemas neurofuncionais, não me parecem que encerram as possibilidades de explicação para o impedimento de uma criança em se tornar falante natural de sua língua materna: questão central da criança com TDL.

A dificuldade (em diferentes níveis) que a criança parece experimentar é a de se apropriar da língua a qual está exposta como fonte de sentidos, no qual circula toda a herança cultural e histórica de sua comunidade, o que, por sua vez, estrutura a relação entre língua, linguagens, aprendizagem e memória. É também por meio dessa competência linguística que a criança categoriza suas sensações em percepções, suas intenções e desejos, seus valores morais e regras sociais. Além disso, é a partir de sua intuição de falante natural que se atrela ao funcionamento dinâmico que a língua mantém na atualização do vocabulário ou expressões em contextos de uso. Deste modo, quando a criança é afetada pelo TDL, parece que ela se mantém apartada (em diferentes níveis) da língua materna e é sob essa condição que busca construir seu conhecimento de mundo público e privado.

Dado esse cenário, seria possível pensarmos que essa criança é estrangeira na própria língua? Não!

Conforme nos orientou Ferenczi, na Cena 2, sobre experimentar sentir o que o paciente sente, no caso da criança com TDL, esse é um exercício imprescindível. A resposta negativa à pergunta acima se deve ao fato de que entendemos como estrangeiro aquele que vem de outro país e domina a língua desse lugar. Então, ele tem sua língua e quando chega nesse novo país, ainda que não domine essa nova língua pode desfrutar de uma imensidão de sentidos comuns às duas línguas, mesmo que não saiba falar seus significantes. Na entrada bem superficial em uma nova língua, seria razoável imaginar que o estrangeiro buscaria pela "tradução" do sentido literal partilhado.

Continuemos essa reflexão. Reproduzo aqui, para facilitar a leitura, algo que escrevi no começo desta cena sobre o fato de que "a língua é compreendida em sua natureza discursiva, de caráter indeterminado, em que o sentido não está dado *a priori*, mas na situação pragmática, em meio a práticas com a linguagem, como resultado de processos ideológicos e históricos que produzem efeitos na sociedade, na língua e no cérebro/mente".

No caso da criança com TDL, a depender da gravidade desse transtorno, ela não chega a entrar na língua em funcionamento nem sob uma demanda discursiva própria, nem sob a demanda da compreensão da fala do outro. Ou seja, à criança com TDL pode não ser possível ocupar plenamente o lugar de um falante natural da própria língua e, como consequência, transitará entre retalhos da língua tanto em sua compreensão quanto na expressão. Então, não é difícil inferir que algo sempre permanecerá mais em falta para esta criança quando a linguagem e a língua se mostram como elos fragilizados, com repercussão em sua fala, nos referidos sistemas subjacentes, no neurodesenvolvimento e em sua subjetividade.

Diante de tanta dificuldade, essa criança, por vezes, pode agir como uma criança com autismo que repete palavras alheias; como uma criança com DI que mostra a compreensão de uma coisa hoje e amanhã não sabe do que se trata; como uma criança desatenta, porque o mundo se mostra mais interessante pelo aspecto visual do que pelo auditivo que lhe é tão difícil de processar; como uma criança muito comprometida psiquicamente, porque, não entendendo o que se espera dela, faz e fala coisas sem sentido; como uma criança com AFI que, tendo uma ideia na cabeça, pode não conseguir materializa-la pela fala na língua.

Para pensar os desdobramentos de TDL, retomo a teoria de Chomsky. Nela a criança nasce com um *Dispositivo de Aquisição da Linguagem* (DAL), de base genética, inerente à espécie humana, que permite à criança assimilar os princípios e parâmetros que regem a língua a que está exposta e, através da *Gramática Gerativo-Transformacional,* diante de um conjunto de elementos básicos de regras, progressivamente, ela produz e compreende palavras e as transforma em uma infinidade de sentenças com combinações cada vez mais complexas.

Ainda que a visão cognitivista de Chomsky privilegie uma concepção de linguagem diferente da considerada aqui, é inegável sua colaboração sobre a aquisição de linguagem, conforme mencionei também no início desta cena. A teoria chomskyana vem sendo bastante estudada em diferentes áreas e, em especial, na da Inteligência Artificial e Neurociências. Neurologistas da Universidade de Hamburgo (Alemanha), através de tomografia de ressonância magnética nuclear, confirmaram a hipótese de que as normas condizentes com a gramática universal chomskyana estariam armazenadas na área de Broca e que a linguagem em funcionamento depende da ativação organizada dessa região. Por outro lado, analisaram que o emprego de outras regras linguísticas, sem relevância sintática, envolveu atividades em muitas outras regiões cerebrais[60].

Diante da teoria desenvolvida por Chomsky, me permito fazer conjecturas nesse ensaio reflexivo que uma criança com TDL, em alguma medida, desde seu nascimento, apresenta-se com o DAL, de característica genética, alterado. Essa barreira incidiria na criança acometendo: (i) a percepção quanto ao princípios e parâmetros que regem a língua à qual está exposta; (ii) a composição da relação significado e significante como signo linguístico que, devido

---

[60] Encontrei apenas esse estudo referindo a relação entre a teoria chomskyana e áreas cerebrais. Tal estudo pode ser consultado no artigo *Linguagem é uma questão de "hardware"* (Valente, 2003).

às alterações de processamento linguístico da criança, pode não chegar a se particularizar como palavra; (iii) a memorização da palavra como unidade de sentido na língua necessária para ser classificada no estatuto das categorias semânticas; (iv) a possibilidade de uso da *Gramática Gerativo-Transformacional* como garantia de infinitas combinações na estrutura da língua. Reafirmo que essas minhas reflexões são apenas especulações frutos de um raciocínio clínico intuitivo, sem embasamento científico reconhecido.

Seguindo com essa análise, com Jakobson, pondero, ainda, que a criança com TDL tem muita dificuldade para estruturar o eixo paradigmático no qual as palavras estão organizadas em rede de sentidos, em categorias semânticas, para depois combiná-las na sintaxe. Então, parece-me fundamental o entendimento de que a questão da criança com TDL não é falar a *palavra*, mas, antes disso, *organizar os feixes de sentidos que a compõem*. Dito de outro modo, é necessária a construção do sentido da palavra[61] (que envolve antes as sensações interpretadas na linguagem pelo outro), para que as operações de linguagem *expressiva e receptiva* de selecionar as palavras (eixo paradigmático) e de combiná-las (eixo metonímico), convocando as relações sintáticas e contextuais, sejam acessos possíveis em algum momento.

Existe uma economia neurofuncional quando as palavras se particularizam e se classificam semanticamente porque há generalização nisso. Quando pensamos em falar uma categoria, por exemplo, "produtos de higiene", imediatamente surgem diferentes imagens e nomes na nossa mente. Não é preciso pensar muito, como seria necessário se fosse em uma língua que não conhecemos bem. No caso da criança com TDL, parece que, a todo momento, a associação entre - imagem acústica e visual, significado e significante -, precisa ser refeita, porque não se torna memória interferindo para que ela se apodere da própria língua.

Complica mais ainda esta condição o fato de a língua não ser um código estático. Ao contrário disso, a língua é dinâmica e seu uso é regulado pelo contexto linguístico de fala (Pragmática), em função do efeito de sentido que ela promove, e pode incluir a paráfrase, o duplo-sentido (metafórico e literal), a ambiguidade, a ironia, o humor etc. Assim, ao se falar uma língua, além do trabalho neurofuncional para a ocorrência da fala, tem-se que par-

---

[61] É o outro que nos diz com palavras da e na língua o nome das coisas, sentimentos etc.

tilhar o mesmo sistema de comunicação de uma comunidade com análises rápidas de sentidos sustentadas pela experiência de vida, pela memória histórica e pelo sistema de atenção[62].

Temos que considerar também que, na condição de falante de uma língua, as palavras se organizam semanticamente e a combinação delas também impõe categorias de funcionamento quanto aos aspectos morfológicos (voltados para a estrutura, para a formação da palavra e o pertencimento desta a uma classe gramatical), sintáticos (referentes à relação entre as palavras dentro da oração, observando o papel que desempenham – sujeito, predicado, adjunto adverbial etc. – ou a relação gramatical entre os termos – concordâncias verbal e nominal, regência etc.), semânticos (ressaltando o significado/sentido das palavras/orações/textos e envolvendo a polissemia, homonímia etc.). Recupero essa informação para explicitar a necessidade de se trabalhar as frases com a criança com TDL e não apenas palavras, por exemplo.

Desse ponto de vista, o trabalho fonoaudiológico com a criança com TDL é amplo e intenso e nenhum aspecto linguístico pode ser negligenciado. Não adianta a repetição de palavras para memorizá-las, pois a necessidade da criança não é essa: só o uso de palavras em contexto de sentido é que promoverá facilitações mnemônicas. Trata-se de abrir para essa criança suas possibilidades de entradas nos diferentes domínios linguísticos, ou, ainda, de atribuir, classificar e combinar sentidos pela fala, privilegiando-se sempre a atenção e a memória.

O TDL é referido há mais de um século com outros termos, sendo um deles o ultrapassado "Afasia Infantil". A inadequação desse nome deve-se ao fato de que, para ser afasia, ou seja, para que se possa dizer que há a falta/perda da fala, um dia essa criança teria que ter tido pleno funcionamento linguístico. Em função desse equívoco, o termo foi esquecido. Entretanto, diante de uma criança com TDL, por vezes, lembro-me de afásicos verbais adultos que sabem o que querem dizer, mas não conseguem acessar a palavra. Nessas condições, fico em dúvida se a criança estabilizou ou não a aprendizagem que envolve aquela palavra, ou se ela sabe o que quer dizer, mas não acessa a palavra.

---

[62] Professores de língua estrangeira explicam que, mesmo falando uma língua com certa proficiência, nem sempre a interpretamos em contextos de humor. Isso se deve ao fato de que são os fatos culturais que tornam uma referência de fala engraçada ou não.

Reforço, assim, que, diante da criança com TDL, um importante cuidado a ser mantido recobre a combinação de feixes de sentidos que formam as palavras e, quando isso começa a acontecer, caminhos promissores se abrem. Entretanto, quanto mais cedo e mais comprometida a criança se mostra, mais difícil também são os caminhos a serem percorridos. Diante da complexidade envolvida no TDL entende-se por que esse diagnóstico é comumente realizado em torno de 4 e 5 anos e, a cada momento, a criança pode parecer apresentar, conforme já referido, um diagnóstico diferente: TDAH, DI, TEA etc.

9.6.1 A família nesse cenário

Diante do que foi exposto até aqui, dentro do período da primeira infância, parece-me possível entender o TDL como um espectro que atinge as crianças com diferentes intensidades, provocando diferentes repercussões. Desse modo, o que norteará a composição de um programa de intervenção fonoaudiológica estendido à família serão a avaliação dos domínios linguísticos, realizada com instrumentos condizentes com a idade da criança, e a análise de sua rotina de vida. A criança com essa alteração frequentemente conta com diferentes profissionais e, dentre eles, considero fundamental a presença do psicólogo, porque o TDL costuma incidir fortemente no emocional da criança e da família. Interfere nisso a falta de compreensão sobre esta nosologia pela sociedade, pela escola, por diferentes especialistas médicos e clínicos, impactando na falta da preservação dos direitos políticos e públicos que esta criança deveria ter.

A proposta do trabalho fonoaudiológico envolvendo a tríade fonoaudióloga – criança – família precisa ser bem estruturada, especialmente, porque pode se tornar extensa e morosa. É preciso que o fonoaudiólogo saiba o que a criança gosta de fazer e invista com criatividade na busca de recursos lúdicos voltados para a manutenção de seu interesse. Por outro lado, é preciso estar atento ao desempenho prático e emocional da família em relação às dificuldades enfrentadas pela sua criança em casa, nas interações sociais/familiares e no espaço pré-escolar, o que inclui um contato muito próximo do fonoaudiólogo com os profissionais que cuidam dela, em especial, por exemplo, com os profissionais que têm contato direto com ela na escola (professor, coordenador, faxineira etc.).

Muitos são os aspectos clínicos a serem considerados nesse cenário e envolvem: linguagem receptiva e expressiva, semântica (categoria semântica/

vocabulário), fonologia, pragmática, processamento fonológico, consciência fonológica, memória de trabalho fonológica e auditiva, sintaxe, entre outros. É a realidade da avaliação e a análise de rotina da criança que abrirão as propostas para a criança e para a família. Para a participação dessa família na tríade, segue-se o mesmo alinhamento teórico e ético que das outras famílias já apresentadas.

Um cuidado que tenho frente às famílias é de realizar uma orientação a respeito do procedimento que podem adotar junto de suas crianças: fazer uso de pistas visuoespacial sempre que a compreensão da criança se encontre mais dificultada; evitar falar com ela em ambiente ruidoso (com televisão ou rádio ligados, pessoas conversando); se em uma atividade ela se distrair, retomar a atividade chamando-a pelo nome; usar frases mais curtas, objetivas e pausadas para dar a ela tempo para pensar sobre o que lhe foi falado e tentar ajustar uma resposta; falar com ela na altura de seus olhos; usar gestos sempre que necessário; na realização de alguma atividade, não combinar muitos estímulos em uma mesma situação; falar o nome da criança antes de pedir algo a ela; dividir, em pequenas etapas de execução, o que for pedir para ela fazer; quando a criança falar incorretamente, dar a ela o modelo correto da palavra; dar informações à criança sobre o que se espera que ela faça nos diferentes contextos de vida; ajudar a criança a identificar a informação mais importante em uma frase que ela ouve; ajudá-la a relacionar novas palavras e conceitos com o que ela já sabe, pois a aprendizagem acontece em espiral passando pelo antigo no enlaçamento com o novo.

9.7 Domínios linguísticos fragilizados com repercussão na saúde mental

Finalizo esta cena com este tópico porque trata-se de um assunto que me parece pouco discutido na Fonoaudiologia. Na escrita das diferentes cenas, repetidas vezes escrevi sobre a forte relação existente entre língua, linguagens, fala, neuroplasticidade, sistemas sensoriais, sistemas de atenção, diferentes tipos de memórias, cognição e funções executivas. Também chamei a atenção para o quanto essa relação está implicada no neurodesenvolvimento e na constituição da subjetividade da criança que envolve toda a sua constituição como sujeito: sua identidade e seu mundo, tudo aquilo que lhe diz respeito do ponto de vista mental, psíquico.

Percebo como fonoaudióloga uma tendência da área em privilegiar a questão da alteração da linguagem incidindo muito mais na cognição e muito menos na saúde mental infantil. E isso ocorre porque, obviamente, parece lógico que, se a criança se mantém muito imatura linguisticamente, poderá estabelecer, ainda na primeira infância, menos relações de sentido, ter conhecimento de mundo mais reduzido, menos possibilidade de compreender e de se expressar sobre acontecimentos, de contar história e, futuramente, poderá ter dificuldade no desenvolvimento dos processos de leitura e escrita, por exemplo. Porém, além desse comprometimento cognitivo é preciso considerar que questões psíquicas podem ocorrer, demonstrando a necessidade de uma atenção continua com a saúde mental dessa população.

Em relação ainda à cognição, vimos que crianças com acometimentos severos de linguagem têm muito mais dificuldade para estabilizar qualquer tipo de aprendizagem de base semântica, o que pode gerar prejuízo cognitivo funcional que, se não for remediado, pode se tornar definitivo. Entretanto, também as esferas psicológicas são afetadas em decorrência de questões de ordem semânticas e pragmáticas gerando limitações quanto a flexibilidade cognitiva e psíquica.

Sobre este propósito, encontrei pouquíssimas pesquisas voltadas para a relação entre o desenvolvimento da linguagem e o desenvolvimento psicossocial e emocional da criança, e reproduzo aqui brevemente os achados da pesquisa desenvolvida por Beitchman e Brownlie (2010). Os autores concluíram que há fortes evidências de associação entre comprometimento de fala e linguagem severo e transtornos psiquiátricos e que, para crianças com transtorno de linguagem, os riscos são mais alto também para TDAH, transtorno de ansiedade na infância e adolescência e problemas comportamentais persistentes por toda a vida adulta.

Interpreto os referidos achados a partir da teoria de Wallon apresentada na Cena 5. Para ele, a linguagem e o desenvolvimento psíquico se performam em total dependência. Ele explica que, com o surgimento da função simbólica (processo de mielinização das áreas frontais, occipitais), por volta dos dois anos, a criança passa a planificar e a representar suas ações cotidianas em um novo *plano virtual*, promovendo a inteligência discursiva: *o mundo representado*. A dialética entre o simbólico e o imaginário sustentará a função de imaginação em oposição ao mundo real. Esse mundo representado pela criança também se volta para ela na tarefa de *construir-se a si mesma*.

Wallon analisa que, ao longo do percurso no qual a criança constitui a própria personalidade, há o predomínio do polo afetivo na busca da superação da oposição entre o mundo virtual e real, o que acaba por promover um grande salto em seu desenvolvimento.

Nesse período, chamado de *personalismo*, a criança experimenta crises entre o desenvolvimento cognitivo e o desenvolvimento emocional e ganha *consciência* de si e da necessidade de ser aceita pelo outro. Nesse vai e volta entre si e o outro, ela transforma-se, constrói a si mesma e passa a se interessar mais ainda pelo mundo exterior atribuindo-lhe significados mais sofisticados.

Quando Wallon apresenta a tarefa da criança em "construir-se a si mesma", considera principalmente que essa construção é efeito da linguagem (lembrando que se inicia no *envelope psíquico* com a mãe). Esse efeito possibilita à criança sua inserção social, sua diferenciação psíquica entre o "eu" e o "outro" na construção de uma identidade e, progressivamente, no "gerenciamento" de funções executivas motivadas pelas novas vivências significadas e imaginadas no mundo exterior.

Parece possível analisar que, quando a criança fica à margem da possibilidade linguística e cognitiva de atribuir significados às próprias experiências e ao outro, ela passa a trilhar um caminho que espelha uma "realidade caótica" de difícil partilhamento porque o outro é muito menos representado do ponto de vista mental, cognitivo, emocional e social. Diante disso, essa criança teria muito pouca possibilidade de se subjetivar na linguagem, espelhando uma condição psíquica correspondente. Conforme apresentado, podem existir questões severas de linguagens nas crianças com TEA ou com TDL que, nessas circunstâncias, podem reproduzir essa realidade.

O estudo escrito por Ronzani *et al.* (2021), voltado para a relação entre comorbidades psiquiátricas e TEA, conclui pela sua alta prevalência devido ao fato de ambas as nosologias apresentarem mecanismos fisiopatológicos semelhantes, além de sobreposição de sintomas. A semelhança entre essas duas condições dificulta o diagnóstico de associação entre elas, mas, quando isso é considerado, melhoram-se os prognósticos e os desfechos do acompanhamento de pacientes com TEA.

Outro estudo sobre este tema foi desenvolvido por Esper e Nakamura (2023), analisando os significados dos problemas mentais na infância e dando relevância à complexidade existente para que sejam realizados a avaliação e o diagnóstico de crianças com problemas mentais. Os autores pontuam que contribui para esse mascaramento o fato de tais transtornos se manifestarem durante os primeiros cinco anos de vida e poderem ser acompanhados de déficit cognitivo, motor e de linguagem. Outro agravante dessa complexidade seria o fato de que a avaliações dessas crianças se pautam em informações obtidas com a própria criança e com adultos (pais, profissionais da saúde e professores) que apresentam diferentes noções sobre os comportamentos infantis e sobre a ideia de sofrimento, o que interfere quando são incluídas crianças cujos comportamentos, emoções e sentimentos podem ser classificados, segundo o estudo, como "problemáticos", "perturbadores" ou "não conformes". Os autores reafirmam a importância de que os problemas mentais na infância sejam considerados, observando-se que isso envolve a avaliação da criança a respeito de "quem olha", "o que se olha" e "como se olha".

9.8 Finalizando...

A Cena 9 finaliza este livro e recobre temas importantíssimos para a Fonoaudiologia. O propósito de deixar por último uma cena tão densa foi autenticar a relação entre *fonoaudiologia, criança, família, língua, linguagens, fala, sentido, elos linguísticos fragilizados* como a pauta inscrita, direta ou indiretamente, em cada página aqui produzida. Elegi o período da infância da criança como a parte mais importante de sua história, motivo pelo qual muitas vezes chamei a atenção do fonoaudiólogo para a complexidade dessa vivência infantil. Reitero aqui o meu convite para que o fonoaudiólogo amplie seu olhar sobre cada acompanhamento que realiza, lembrando-se de que fala e linguagem não se resumem a "boca", "cognição" e "desenvolvimento". Diferente disso, sua história de desenvolvimento é que sustentará as possibilidades de a criança (típica, atípica, neurodivergente) explorar e construir, da melhor forma possível, um mundo (interno e externo) percebido, falado e escrito que permanecerá em cada um dos ciclos que atravessará na vida.

Referências

ACOSTA RODRÍGUEZ, V.; RAMÍREZ SANTANA, G. M., HERNÁNDEZ EXPÓSITO, S. Funciones ejecutivas y lenguaje en subtipos de niños con trastorno específico del lenguaje. **Neurología**, Barcelona, v. 32, n. 6, p. 355-362, 2017. Disponível em: https://doi.org/10.1016/j.nrl.2015.12.018. Acesso em: 10 mar. 2024.

AMERICAN PSYCHIATRIC ASSOCIATION. **Manual diagnóstico e estatístico de transtornos mentais**: DSM-5-TR. 5. ed. Porto Alegre: Artmed, 2022.

AMERICAN SPEECH-LANGUAGE-HEARING ASSOCIATION. **Childhood apraxia of speech**. Rockville, MD: ASHA, [2007]. Disponível em: https://www.asha.org/public/speech/disorders/childhood-apraxia-of-speech. Acesso em: 10 out. 2023.

AMERICAN SPEECH-LANGUAGE-HEARING ASSOCIATION. **Speech sound disorders**: articulation and phonology. Rockville, MD: ASHA, [2012]. Disponível em: https://www.asha.org/practice-portal/clinical-topics/articulation-and-phonology. Acesso em: 10 out. 2023.

ANZIEU, D. **O eu-pele**. São Paulo: Casa do Psicólogo, 1989.

AYRES, A. J. **Sensory integration and the child**. Los Angeles, CA: Western Psychological Services, 1979.

BADDELEY, A. The episodic buffer: a new component of working memory? **Trends in Cognitive Science**, Cambridge, MA, v. 4, n. 11, p. 417-423, 2000. Disponível em: https://doi.org/10.1016/S1364-6613(00)01538-2. Acesso em: 10 out. 2023.

BADDELEY, A. Working memory and language: an overview. **Journal of Communication Disorders**, Philadelphia, PA, v. 36, n. 3, p. 189-208, 2003. Disponível em: https://doi.org/10.1016/S0021-9924(03)00019-4. Acesso em: 10 out. 2023.

BADDELEY, A.; EYSENCK, M. W.; ANDERSON, M. C. **Memory**. New York, NY: Psychology Press, 2009.

BARROS, A. T. M. de C. **Fala inicial e prosódia**: do balbucio aos blocos de enunciado. 2012. Dissertação (Mestrado em Linguística) - Centro de Ciências Humanas, Letras e Artes, Universidade Federal da Paraíba, João Pessoa, 2012.

BEITCHMAN, Joseph; BROWNLIE, Elizabeth. Desenvolvimento da linguagem e seu impacto sobre o desenvolvimento psicossocial e emocional da criança. *In*: TREMBLAY, R. E.; BOIVIN, M.; PETERS, R. V. (ed.). **Enciclopédia sobre o desenvolvimento na primeira infância**. [Montreal: Centre of Excellence for Early Childhood Development], 2010. Disponível em: https://www.enciclopedia-crianca.com/desenvolvimento-da-linguagem-e-alfabetizacao/segundo-especialistas/desenvolvimento-da-linguagem-e-0. Acesso em: 19 mar. 2024.

BENVENISTE, É. **Problemas de linguística geral I**. Campinas: Pontes, 1988.

BISHOP, D. V. M. What causes specific language impairment in children? **Current Directions in Psychological Science**, Thousand Oaks, CA, v. 15, n. 5, p. 217-221, 2006. Disponível em: https://doi.org/10.1111/j.1467-8721.2006.00439.x. Acesso em: 10 set. 2023.

BISHOP, D. V. M. Ten questions about terminology for children with unexplained language problems. **International Journal of Language and Communication Disorders**, Oxford, v. 49, n. 4, p. 381-415, 2014. Disponível em: https://doi.org/10.1111/1460-6984.12101. Acesso em: 10 set. 2023.

BISHOP, D. V. M. Changing terminology for children's language disorders: reflections on special issue of Perspectives of the ASHA Special Interest Group. **BishopBlog**, 23 fev. 2020. Disponível em: https://deevybee.blogspot.com/2020/02/changing-terminology-for-childrens.html. Acesso em: 10 set. 2023.

BISHOP, D. V. M. *et al*. RALLI: an internet campaign for raising awareness of language learning impairments. **Child Language Teaching and Therapy**, London, v. 28, n.

3, p. 259-262, 2012. Disponível em: https://doi.org/10.1177/0265659012459467. Acesso em: 10 set. 2023.

BORDIN, S. S. **Fale com ele**: um estudo neurolinguístico do autismo. 2006. Dissertação (Mestrado em Linguística) - Instituto de Estudos da Linguagem, Universidade Estadual de Campinas, 2006.

BORDIN, S. S. **Fala, leitura e escrita**: encontro entre sujeitos. 2010. Tese (Doutorado em Linguística) - Instituto de Estudos da Linguagem, Universidade Estadual de Campinas, Campinas, 2010.

CAVALCANTE, M. C. B. *et al.* Sincronia gesto-fala na emergência da fluência infantil. **Estudos Linguísticos**, São Paulo, v. 45, n. 2, p. 411-426, 2016. Disponível em: https://doi.org/10.21165/el.v45i2.984 Acesso em: 23 abr. 2023.

ESPER, M. V.; NAKAMURA, E. Significados dos problemas mentais na infância: quem olha? O que se olha? Como se olha? **Physis: Revista de Saúde Coletiva**, Rio de Janeiro, v. 33, art. e33035, 2023. Disponível em: https://doi.org/10.1590/S0103-7331202333035. Acesso em: 13 abr. 2024.

FERRANTE, C.; VAN BORSEL, J.; PEREIRA, M. M. de B. Aquisição fonológica de crianças de classe sócio econômica alta. **Revista CEFAC**, São Paulo, v. 10, n. 4, p. 452-460, 2008. Disponível em: https://doi.org/10.1590/S1516-18462008000400005. Acesso em: 23 abr. 2023.

FERREIRA JÚNIOR, J. T.; CAVALCANTE, M. C.; AZEVEDO, N. D. A natureza da dêixis pessoal na aquisição de linguagem: uma abordagem enunciativa. **Calidoscópio**, São Leopoldo, v. 9, n. 2, p. 142-150, 2011. Disponível em: https://doi.org/10.4013/cld.2011.92.06. Acesso em: 23 abr. 2023.

FRANCHI, C. Linguagem: atividade constitutiva. **Cadernos de Estudos Linguísticos**, Campinas, n. 22, p. 9-39, 1992. Trabalho publicado originalmente em 1977.

FREUD, S. **Sobre a concepção das afasias**: um estudo crítico. Belo Horizonte: Autêntica, 2013. Trabalho publicado originalmente em 1891.

GILLBERG, C. **Transtornos do espectro do autismo**. [*S. l.*: *s. n.*], 2010. Palestra proferida no dia 10 de outubro de 2005, no Auditório do InCor, em São Paulo. Disponível em: https://www.ama.org.br/site/wp-content/uploads/2017/08/DrChristopherGillbergnoBrasil.pdf. Acesso em: 10 mar. 2024.

GORDON, E. E. **Teoria de aprendizagem musical para recém-nascidos e crianças em idade pré-escolar**. 3. ed. Lisboa: Fundação Calouste Gulbenkian, 2008.

GRANDIN, T.; SCARIANO, M. M. **Uma menina estranha**: autobiografia de uma autista. São Paulo: Companhia das Letras, 1999.

JAKOBSON, R. Por que "mama" e "papa"? *In*: JAKOBSON, R. **Fonema e fonologia**. Rio de Janeiro: Livraria Acadêmica, 1972.

JAKOBSON, R. **Linguística e comunicação**. 23. ed. São Paulo: Cultrix, 2008.

KOLB, B.; WHISHAW, I. Q. **Fundamentals of human neuropsychology**. 6th ed. New York, NY: Worth Publishers, 2009.

LECANUET, J. P. *et al*. Fetal discrimination of low-pitched musical notes. **Developmental Psychobiology**, Hoboken, NJ, v. 36, n. 1, p. 29-39, 2000. Disponível em: https://doi.org/10.1002/(SICI)1098-2302(200001)36:1<29::AID-DEV4>3.0.CO;2-J. Acesso em: 23 abr. 2023.

MERÇON, S. M. de A.; NEMR, K. Gagueira e disfluência comum na infância: análise das manifestações clínicas nos seus aspectos quantitativos e qualitativos. **Revista CEFAC**, São Paulo, v. 9, n. 2, 174-179, 2007. Disponível em: https://doi.org/10.1590/S1516-18462007000200005. Acesso em: 20 ago. 2023.

MUKHOPADHYAY, T. R. **How can I talk if my lips don't move?**: inside my autistic mind. New York, NY: Arcade, 2011.

NAVARRO, P. R.; SILVA, P. M. V. A.; BORDIN, S. S. Apraxia de fala na infância: para além das questões fonéticas e fonológicas. **Distúrbios da Comunicação**, São Paulo, v. 30, n. 3, p. 475-489, 2018. Disponível em: https://doi.org/10.23925/2176-2724.2018v30i3p-475-489. Acesso em: 11 set. 2023.

ORGANIZAÇÃO MUNDIAL DA SAÚDE. **CID-11 para estatísticas de mortalidade e morbidade**. Geneva: WHO, 2022. Disponível em: https://icd.who.int/browse/2024-01/mms/pt. Acesso em: 10 mar. 2024.

PAIVA JUNIOR, F. Prevalência de autismo: 1 em 36 é o novo número do CDC nos EUA. **Canal Autismo**, 23 mar. 2023. Disponível em: https://www.canalautismo.com.br/noticia/prevalencia-de-autismo-1-em-36-e-o-novo-numero-do-cdc-nos-eua/. Acesso em: 10 jan. 2023.

ROBIN, D. A. *et al*. Visuomotor tracking abilities of speakers with apraxia of speech or conduction aphasia. **Brain and Language**, Maryland Heights, MO, v. 106, n. 2, p. 98-106, 2008. Disponível em: https://doi.org/10.1016/j.bandl.2008.05.002. Acesso em: 10 set. 2023.

RODRIGUES, N. **Neurolinguística dos distúrbios da fala**. São Paulo: Cortez, 1989.

RONZANI, L. D. *et al*. Comorbidades psiquiátricas no transtorno de espectro autista: um artigo de revisão. **Boletim do Curso de Medicina da UFSC**, Florianópolis, v. 7, n. 3, p. 47-54, 2021. Disponível em: https://doi.org/10.32963/bcmufsc.v7i3.4827. Acesso em: 10 abr. 2024.

SCARPA, E. M. A criança e a prosódia: uma retrospectiva e novos desenvolvimentos. **Cadernos de Estudos Linguísticos**, Campinas, v. 47, n. 1/2, p. 19-27, 2005. Disponível em: https://doi.org/10.20396/cel.v47i1/2.8637267. Acesso em: 10 ago. 2023.

SHRIBERG, L. D.; WREN, Y. E. A frequent acoustic sign of speech motor delay (SMD). **Clinical Linguistics & Phonetics**, Abingdon, v. 33, n. 8, p. 757-771, 2019. Disponível em: https://doi.org/10.1080/02699206.2019.1595734. Acesso em: 10 ago. 2023.

SHRIBERG, L. D. *et al*. Encoding, memory, and transcoding deficits in childhood apraxia of speech. **Clinical Linguistics & Phonetics**, Abingdon, v. 26, n. 5, p. 445-482, 2012. Disponível em: https://doi.org/10.3109/02699206.2012.655841. Acesso em: 10 ago. 2023.

SHRIBERG, L. D. *et al*. A diagnostic marker to discriminate childhood apraxia of speech from speech delay: I. Development and description of the pause marker. **Journal of Speech, Language, and Hearing Research**, Rockville, MD, v. 60, n. 4, p. S1096-S1117, 2017. Disponível em: https://doi.org/10.1044/2016_JSLHR-S-15-0296. Acesso em: 10 ago. 2023.

SHRIBERG, L. D. *et al*. Estimates of the prevalence of speech and motor speech disorders in persons with complex neurodevelopmental disorders. **Clinical Linguistics & Phonetics**, Abingdon, v. 33, n. 8, p. 707-736, 2019. Disponível em: https://doi.org/10.1080/02699206.2019.1595732. Acesso em: 10 ago. 2023.

SILVA, A. G. da; VOGELEY, A. C. E. **Esquemas motores vocais e as primeiras palavras**. [*S. l.: s. n.*, 2018]. Disponível em: https://repositorio.ufpb.br/jspui/handle/123456789/28501. Acesso em: 20 out. 2023.

SILVA, P. M. V. A.; BORDIN, S. S.. Fonoaudiologia, mãe, criança: encontros e desencontros na cena terapêutica de fala e linguagem. **Distúrbios da Comunicação**, São Paulo, v. 33, n. 1, p. 25-39, 2021. Disponível em: https://doi.org/10.23925/2176-2724.2021v33i1p25-39. Acesso em: 10 abr. 2024.

SNOW, C. E. The development of conversation between mothers and babies. **Journal of Child Language**, Cambridge, v. 4, n. 1, p. 1-22, 1977. Disponível em: https://doi.org/10.1017/S0305000900000453. Acesso em: 20 out. 2023.

VALENTE, A. Linguagem é uma questão de "hardware". **Deutsche Welle**, 8 jul. 2003. Disponível em: https://www.dw.com/pt-br/linguagem-é-uma-questão-de--hardware/a-914574. Acesso em: 10 abr. 2024.

WILLIAMS, M.S.; SHELLENBERGER, S. How Does Your Engine Run? A leader's guide to the Alert Program for self-regulation. Albuquerque NM: TherapyWorks,1996.